刘珣 崔永华 总主编

国际汉语教师标准丛书

A Series on Standards for Teachers of Chinese to Speakers of Other Languages

中国文化常识

General Information on Chinese Culture

许树安 贾烈英 著

北京语言大学出版社
BEIJING LANGUAGE AND CULTURE UNIVERSITY PRESS

图书在版编目(CIP)数据

中国文化常识／许树安，贾烈英著．—北京：北京语言大学出版社，2011．11（2025.1 重印）
（国际汉语教师标准丛书）
ISBN 978-7-5619-3171-4

Ⅰ．①中… Ⅱ．①许… ②贾… Ⅲ．①汉语—对外汉语教学—教材 ②中华文化—基本知识 Ⅳ．①H195．4 ②K203

中国版本图书馆 CIP 数据核字（2011）第 216233 号

书　　名：中国文化常识
责任印制：邝 天

出版发行：北京语言大学出版社
社　　址：北京市海淀区学院路 15 号　　邮政编码：100083
网　　址：www. blcup. com
电　　话：发行部　82303650/3591/3651
　　　　　编辑部　82303647/3592/3395
　　　　　读者服务部　82303653
　　　　　网上订购电话　82303908
　　　　　客户服务信箱　service@ blcup. com
印　　刷：北京市金木堂数码科技有限公司
经　　销：全国新华书店

版　　次：2011 年 11 月第 1 版　2025 年 1 月第 11 次印刷
开　　本：787 毫米 × 1092 毫米　1/16　印张：16．25
字　　数：294 千字
书　　号：ISBN 978-7-5619-3171-4/H·11217
定　　价：55．00 元

PRINTED IN CHINA
凡有印装质量问题，本社负责调换。售后 QQ 号 1367565611，电话 010-82303590

目 录

总　序

为提高国际汉语教师——在国内外从事汉语作为第二语言教学的教师——的专业素质和教学水平，培养、培训这一领域更多的人才，以满足世界各地日益增长的汉语学习需求，国家汉办组织研制了《国际汉语教师标准》（以下简称《标准》），并于2007年公布。

《标准》总结了国内外汉语教学的实践，借鉴了国内外外语教学，包括TESOL等国际第二语言教学和教师研究的新成果和相关标准，体现了国际汉语教学的特点，为建立一套完善、科学、规范的教师标准体系和国际汉语教师的培养、培训、能力评价和资格认证提供了依据。

《标准》分五个模块、十项标准描述了从事国际汉语教学工作的教师应具备的知识、能力和素质。模块一“语言基本知识与技能”由标准一“汉语知识与技能”和标准二“外语知识与技能”构成；模块二“文化与交际”由标准三“中国文化”和标准四“中外文化比较与跨文化交际”构成；模块三“第二语言习得与学习策略”由标准五“第二语言习得与学习策略”构成；模块四“教学方法”由标准六“汉语教学法”，标准七“测试与评估”，标准八“汉语教学课程、大纲、教材与辅助材料”和标准九“现代教育技术及运用”构成；模块五“教师综合素质”由标准十“教师综合素质”构成。

《标准》以概括的语言，对上述知识、技能、能力进行了简要的描述。为帮助相关人士了解标准的内涵，我们编写了这套辅导丛书。本丛书可以帮助读者进一步理解标准的内容，学习相关知识、技能，也可作为汉语教师培训、辅导、自学的教材以及参加汉语教师资格考试的备考参考。

本丛书拟分为十个分册，各分册名称与《标准》的对应关系如下：

(1)《汉语基本知识（语音、词汇、汉字篇）》和《汉语基本知识（语法篇）》，内容是标准一中的“汉语知识”，包括汉语语音、词汇、语法、汉字四个方面；

(2)《中国文化常识》，内容是标准三“中国文化”中的中国传统文化；

(3)《中外文化比较与跨文化交际》，内容是标准四的“中外文化比较与跨文化交际”；

(4)《汉语语言习得与学习策略》，内容是标准五的“第二语言习得与学习策略”；

(5)《汉语要素教学方法》，内容是标准六“汉语教学法”中的语言要素教学，包括语音、词汇、语法、汉字的教学方法；

(6)《汉语技能培养方法》，内容是标准六“汉语教学法”中的语言技能培养方法，包括听力、口语、阅读、写作能力的培养方法；

(7)《汉语课程与教学理论》，内容包括标准七的“测试与评估”和标准八的“汉语教学课程、大纲、教材与辅助材料”；

(8)《汉语现代教育技术与汉语教学》，内容是标准九的“现代教育技术及运用”；

(9)《汉语教师发展》，内容是标准十的“教师综合素质”。

本套丛书由北京语言大学人文学院和北京语言大学出版社合作组织编写，华学诚院长和戚德祥社长做了大量的组织和指导工作。丛书的编写者都是多年从事对外汉语教学和汉语教师培训的具有丰富教学经验的专家，其中有些专家还曾参与《标准》的研制和相关题库的建设。尽管如此，由于对《标准》个别内容的理解可能有差异，又可能受到学识的局限，本丛书肯定存在不足之处，诚恳欢迎读者给予指正，以便再版时更正。

刘珣　崔永华

编写说明

汉语是一种交际工具，在运用中传递着丰厚的中华文化。因此对于讲授汉语的教师来说，不仅应该具备中华文化的基本知识，还要在此基础上不断提高自己的文化修养，成为一个在语言和文化方面都合格的汉语教师。

自20世纪80年代以来，汉语在国际社会活动中的地位不断提高，世界各地学习汉语的人越来越多，国际汉语教师的需求量也不断飙升。为了满足形势的需要，中国国家汉语国际推广领导小组（国家汉办）于2007年公布了《国际汉语教师标准》，旨在推动国际汉语教师专业素质和教学水平的进一步提高，有助于培养、培训大批合格的汉语教师，以满足世界各地日益增长的汉语学习需求。本书遵循《国际汉语教师标准》编写了有关中国文化的内容。全书的结构也是依照《标准》所提出的有关中国文化的五个方面安排：即第一章介绍中国历史文化基本知识，第二章介绍中国哲学思想与宗教文化基本知识，第三章介绍中国文学与艺术基本知识，第四章介绍中国民俗文化基本知识。关于《标准》中包括的中国国情基本知识，由于其中的很多信息都在不断变化，而且最新信息比较容易在相关网站上找到，本书未涉及。还需要说明的是，中华民族是一个由多民族组成的大家庭，无论是人数最多的汉族还是众多的少数民族，在历史上都为中华传统文化的发展作出了重要贡献，各个少数民族创造的丰富灿烂的独具特色的民族文化都是中华传统文化的重要组成部分，应该给予足够的重视。对于中国少数民族文化应作专门的研究和介绍，本书因篇幅有限，对此未全面展开。

此外，为了方便读者了解基本知识，对于先秦诸子，只是对儒、道、墨、法四家的核心思想和重要观点进行介绍，并非全面评价；对于中国古代、现代文学，也只是介绍其主要部分。

本书第一、二、三章为许树安编写，第四章为贾烈英编写。

我们希望本书能为培养合格的汉语教师发挥积极作用。对于书中存在的缺点、错误，欢迎大家批评指正。

编　者

本书对应的《国际汉语教师标准》模块及原文

模块二：文化与交际

标准三：中国文化

教师能了解和掌握中国文化和中国国情方面的基本知识，并将相关知识应用于教学实践，激发学习者对中国文化的兴趣，使其在学习汉语的同时，了解中国文化的丰富内涵和中国的基本国情。

标准 3.1　教师应了解中国历史文化的基本知识，并运用于教学

标准 3.2　教师应了解中国主要哲学思想与宗教文化的基本知识，并运用于教学

标准 3.3　教师应了解中国文学与艺术的基本知识，并运用于教学

标准 3.4　教师应了解中国民俗文化的基本知识，并运用于教学

标准 3.5　教师应了解中国国情的基本知识，并运用于教学

第一章
中国的历史

第一节　中国古代社会的发展及朝代沿革

一、关于中华古代文明的起源

中华民族有着悠久的历史和丰富多彩的传统文化，为人类的进步与发展作出了巨大贡献。在世界人类发展的历史进程中，曾经有过古埃及、古巴比伦、古印度、古希腊等古老文明，但它们发展到一定时期后都因为种种原因而中断，只有中华文明自古至今从未中断。

20 世纪 80 年代，对远古四川巫山人颌骨、牙齿化石的考古发现和对远古安徽繁昌人遗址的考古发现，把中华大地上人类生存的时间上推到 200 万年前。从而引发了某些学者向“人类起源于非洲”的传统观点提出挑战，他们认为人类的起源地或许不止非洲一处。有关中华文明的起源，还有许多悬念有待我们去破解。过去我们认为，中华文明起源于黄河流域，黄河是中华民族的摇篮。现在考古发掘的新成果使我们的视野更宽广了，思路更开阔了。20 世纪 80 年代初，内蒙古牛河梁红山文化遗址群的发现，充分证实了 5500 多年前那里曾经存在着一个具有国家雏形的原始社会。这一考古发现使中国古代史研究从黄河流域扩展到燕山以北的西辽河流域。红山文化的发展在某些方面先进于同时期黄河流域的中原文化，这引发了学者们对中华文明起源的多种思考和讨论。

20 世纪 60~90 年代，江西万年县仙人洞遗址经过多次发掘，发现了 17000 年前的人骨化石以及精美的陶器、石器、骨器、蚌器等，其中的夹粗砂条纹陶、绳纹陶是目前世界上发现年代最早的陶器。此外，还发现了12000年前的野生稻植硅石和10000年前的栽培稻植硅石，这是现今所知世界上年代最早的栽培稻遗存之一。

1973年以来，考古学家对浙江省余姚县的河姆渡古代文化遗址进行了多次发掘，那里的文化遗存最早可追溯到7000年前。当时的先民们生活在今天的宁绍平原上，已经广泛种植水稻，考古发掘出的稻谷化石换算成新鲜稻谷竟多达12万公斤，可够500人吃1年的，可见当时水稻种植业之发达。更令人惊奇的是，当时人们在建造房屋时已经使用了非常先进的卯榫结构和地板拼合的企口技术，这是中国木结构建筑最基本的两项要素，一直沿用至今，它们是7000年前的河姆渡人在没有金属工具的石器时代发明的。

安徽省境内的凌家滩文化遗址距今5500~5300年，与红山文化同期。它的发现证明，巢湖流域跟黄河流域一样也是中华文明的发源地之一。在这里出土了一个4.25公斤的大石钺，这种礼器石钺的出现，显示当时可能已经存在社会地位的高低之分。祭坛是神权和王权高度集中的表现。在凌家滩发现了迄今为止出土的新石器时代最大的祭坛，而且建筑方式比同时期的红山文化和较后的良渚文化的祭坛都要先进。红山文化的祭坛是用石块堆积的，比较简单；良渚文化的祭坛是用三色土夯实的；凌家滩文化的祭坛则是底层为夯土，第二层为石块，第三层是三合土铺成的。这个祭坛的存在给我们传达了一个重要信息，即早在5000多年前，巢湖流域就可能有国家的雏形存在了。

在凌家滩文化遗址发掘中，发现了3件玉龟和马蹄桶形的玉桶，桶内装有5根玉签。这种马蹄形玉桶曾见于红山文化，都是占卜用的工具，两者处于同一时代却远隔千里，是当时有文化交流还是巧合？玉龟由背甲和腹甲构成空壳状，背甲上刻有龟纹。它们的出土表明我国历史文献中所记载的有关古人占卜之类的传说是有事实依据的。

同时出土的还有玉版，放在玉龟的空壳中。玉版长11厘米、宽8.2厘米，四边有23个小孔，中间刻有八角星和圭形纹饰。古代文献上曾记载有“元龟衔符”的传说，也许这就是一个实物的印证。凌家滩一共出土了6件玉人。玉人那非常薄的耳朵上，还钻有小孔。当时的先民竟能用直径不超过0.17毫米的钻管在玉器上钻出直径0.15毫米的管孔芯，比人的头发还细，而且还必须是快速通过，这是迄今为止发现的最早的微型管钻工艺技术。从现代技术看，这种快速钻眼必然得有机械带动的工具，难道当时的制玉工艺已经有了皮带传动装置？

凌家滩玉雕表现出明显的先进性，其器类、形制、纹饰或雕工不见或罕见于同时代其他地区玉文化，具有重大的意义。凌家滩的玉器已经从饰品功能转向社会功能，突出了玉的礼器作用。自凌家滩文化遗址（安徽省境内）、良渚文化遗址（浙江省境内）、红山文化遗址（内蒙古和辽宁省境内）、兴隆洼文化遗址（内蒙古自治区境内）等广大地区相继发现大量的精美玉器后，很多学者都认为，在中国古代还存在着辉煌的玉器文明，这也是中国古代早期文明起源的重要标志之一。

考古学家根据大量出土文物所传递的史前文明信息，估计出以凌家滩为中心的巢湖地区曾经存在过一个灿烂的文明社会，在距今5500~5300年前它的文化达到了巅峰，而后就消失了，究其原因很可能是水灾造成的。由于凌家滩遗址具有丰富的文化内涵，意义重大，以致有的学者宣称在这里看到了“中华远古文明的曙光”。

良渚文化距今5300~4100年，广泛分布在今太湖流域、宁绍平原、舟山群岛和江苏部分地区。在河姆渡人的艺术作品中已经出现蚕的形象，而在良渚文化遗址中则出土了绢的实物。这种5000年前的丝织品，与现代丝织物几乎别无两样，表明良渚人已经驯养了家蚕，而且掌握了缫丝技术。良渚人还开创了一个辉煌的玉器时代。外壁为方形、中心部位为圆孔的玉琮是良渚文化的典型器物。良渚人采用的玉石极为坚硬，但是上面的纤细花纹可称得上是微雕杰作，线条细到肉眼都难以辨认。先人们竟能够在1毫米宽度内刻画出5条细线。我们至今也没有找到他们制作玉器的工具，这是石器、木器工具时代的先民们留给我们的一个难以破解的谜。2007年底，在浙江余姚良渚文化遗址处发现了一座古城遗址，许多学者认为它距今有四五千年的历史，是目前中国所发现的同时代古城中最大的一座。良渚古城的发现，引发了人们的思索：这是否意味着当时当地又一个雏形国家的存在？

在黄河下游今山东、江苏淮北等地区存在着一些以鸟类为图腾的部落联盟，后来形成以蚩尤为首领的强大的东夷集团。大汶口文化是其中的代表。大汶口墓葬考古显示，在距今5000多年前，一夫一妻制的家庭开始形成，氏族内人人平等的制度遭到破坏，墓葬内陪葬品的多寡明显地表现出贫富的分化。在大汶口墓葬中，有一种陪葬陶器上刻画着引人注目的图像符号，像是太阳升起在山顶。学者们认为这个图像符号是有确定含义的，可以看成是文字的萌芽或最早的文字。大约距今5000年的时候，东夷集团与其西面黄帝、炎帝的华夏集团发生战争，最终融合在一起，形成了最早的华夏族团。

20世纪80年代以来，四川广汉三星堆巴蜀文化遗存的发掘表明，三星堆古蜀国文明是长江上游地区中华古代文明的杰出代表。三星堆遗址及其出土文物，具有全方位认识古蜀社会及探索上古社会概貌的重要学术价值。古蜀国的繁荣持续了1500多年，然后又像它的突然出现一样突然地消失了。三星堆遗址表明，它应是中原夏商时期甚至更早的一个灿烂的文化中心，并与中原文化有着一定的联系。

上面所举的一些远古时代的遗存，都证明了长江流域与黄河流域一样同是中华民族的发祥地，证明了长江流域地区存在过不亚于黄河流域地区的古文明。这一切充分地表明，中华文明的起源并非是以中原地区一处为中心，它是多中心的，这些古代文明共同孕育了中华民族的诞生与繁衍成长。

然而，距今约5000年或更晚些时候，中原地区四周的一些强势文化衰落了，如前面所说的红山文化、良渚文化等。究其原因，一些学者认为，首先在于气候环境的恶化。当时水涝比较严重，我们看到南方的许多遗址都处在高地上，北方中原地区则由于有大禹治水，用疏导的办法基本解决了水患问题。与中原不同的是，一些周边地区的先民或者迁徙到别处，或者更多地求助于鬼神，例如良渚文化中贵族墓葬里的随葬品有相当多的琮、璧等祭祀品，宗教色彩十分浓厚；红山文化的墓葬中也有许多玉石等祭祀品，还有独具特色的女神像、女神庙，呈现出浓郁的宗教祭祀氛围。这一切告诉我们，祭祀活动在这些先民的生活中占有突出地位，为了祭祀而耗费了大量人力、物力、财力，最终耗尽了自己的生存能力。相比之下，在对待人和神的关系上，中原的先民们更具有理性，虽然也有祭祀，但非淫祀，而是“国之大事，在祀与戎”（《左传》成公十三年），把人类的社会战争活动与对神的祭祀同等看待。由于四周强势文化走向衰落，中原文明得以凸显出来。其后，中原文化的进步带动了周围地区的发展，这就给人留下了一种印象，即黄河流域文化比较发达，然后影响到四周。

中原地区神权与世俗并重的文化渊源，造成此后中华文化朝着尊天神与重道德并驾齐驱的走向发展下去。

中华文明的源头为我们展现了灿烂的光辉，也给我们留下了诸多悬念，有待我们进一步发掘。2000年，由中国社会科学院古代文明研究中心发起的国家级项目“中华文明探源工程”启动了，这是个多学科的综合研究项目，许多专家学者已经投身其中，远古历史的面纱正在一层层地揭开。

二、关于南北两个农业体系的起源

农业的发展推动人类进入文明社会。中华民族自古以来基本上依靠农业收获得以繁衍生息，因此，农业是中华文明产生和发展的基础。中华农业早在1万多年前就在本土发展起来了，它是我们祖先勤劳与智慧的结晶。北京大学严文明教授在20世纪80年代率先提出：中国远古存在两个农业起源，即北方黄河流域的粟（小米）作农业和南方长江流域的稻作农业。

粟作农业起源于中国北方黄河流域，这早已得到文献和文物的证实，中外学者未有重大分歧。中国整个北方都种植粟和黍（黄米）作物，农具有了改进，聚居和生活的场所不断扩大，人口明显增加。2006年，考古人员从红山文化兴隆洼遗址的泥土中筛选出已炭化变黑的人工栽培的小米，这是世界上迄今出土的最早的小米，距今已有8000年历史。

大约距今5000年前，这种粟作农业在继续发展的同时，开始向外传播：往东传到朝鲜半岛，传到现代俄罗斯的远东地区，一部分到了日本的九州半岛；往西传播到甘肃、新疆；往南，长江流域有一些旱地也种小米。

关于稻作农业的起源，以前外国学者认为起源于印度。后来日本学者又提出起源于东南亚的北部山地。前面提到，距今7000年前的河姆渡文化的稻作农业已经十分发达了，在一处窖藏中就发现了12万公斤稻米。有意思的是，在一个陶釜的底上竟然发现了一块锅巴，证明当时确实能够把稻粒加工成大米并且做成了米饭。这显然已不是人工培育水稻的早期阶段。

20世纪80年代，在湖南洞庭湖西边的澧县发现彭头山遗址。那里有很多红烧土，里面有稻谷壳，而且遗址的陶器里面也掺着稻壳。研究发现它们也是栽培稻，不是野生稻。彭头山文化距今9000~7000年，比河姆渡文化又早了一两千年。前面提到，在江西万年县仙人洞发现了稻谷，那是10000年前的栽培稻植硅石和12000年前的野生稻植硅石（植物硅酸体通常叫做植硅石）。水稻的稻叶上面有一种特殊形态的硅酸体，不会腐烂，在高倍显微镜下可从土壤中分辨出来。由于这种特殊形态，可以将水稻跟别的植物区分开。尽管我们没有找到稻子，但是找到了稻子腐烂以后的这种硅酸体，从而证实了水稻的存在。

20世纪90年代，在湖南省道县玉蟾岩发现了几粒稻子，同时也有硅酸体。这几颗稻粒又像野生稻，又像栽培稻，恰恰反映出这种过渡，时间距今12000多年。这是迄今发现的世界上最早的稻粒。从此，稻作农业起源于中国长江流域的结论被学者们广泛认同。实际上，距今12000年前中国的人工栽培农业已经起步了；距今六七千年前的时候，中国南北两个农业体系就已经形成了。这是目前所知的世界上最早的农业起源。

中国的两个农业体系分布在南北两大地区，但两者又紧密互补。北方旱地农业歉收了，南方的水地农业可以作补充；南方水地农业歉收了，北方旱地农业可以作补充。而且这两个农业体系涵盖的土地非常广阔，经济实力雄厚，这是中华文明得以延续至今而从未中断的重要物质保证。中华民族就是在这两个农业体系的哺育下成长起来的。

历史上，中国的人口大体上都占世界人口的1/4左右。为了解决如此众多人口的温饱问题，我们的祖先致力于开发农业生产，创造了各种农具和丰富的精耕细作的技能，为人类的生存和进步作出了重大贡献。今天，我们国家有13亿人口，大约占全世界人口的22%，可是我们的耕地面积只占全世界耕地面积的7%。我们是靠占世界7%的土地养活了占世界22%的人口。现在“杂交水稻之父”袁隆平通过杂交实验，使水稻产量提高20%~30%，不仅将我国农业的发展推向一个新的高峰，而且为人类的发展进步继续作出新的贡献。

三、对原始氏族社会的探索

从考古学角度划分，原始氏族社会包括旧石器时代和新石器时代两个阶段。

1. 旧石器时代（约200万年前~1万年前）

200万年前中华大地上已有古人类生存，人们用敲打方式制成粗糙的石制工具和武器，因时间久远而称为旧石器时代。这一时期社会的基本细胞是逐渐形成的氏族，即数十个有血缘关系的人生活在一起。随着氏族成员活动范围的不断扩大，若干个氏族便联合成部落。

这时已有直立人存在，社会形态是从原始群落向母系氏族社会进化。当时人类使用着粗糙的打制石器工具，过着游荡的采集和渔猎生活。中国旧石器时代可分为早、中、晚三个阶段。20世纪80年代以来，先后在重庆巫山龙骨坡、安徽繁昌人字洞等处发现了距今200万年的具有人为加工痕迹的石制品以及巫山人的牙齿、颌骨化石，为我们展现了迄今所见到的最早的人类活动遗迹。1965年，在云南元谋发现了距今170万年的人类牙齿化石及其他遗存，表明当时已使用有明显打制痕迹的石器，并且有火烧过的炭屑层。发现于北京周口店的北京猿人化石距今约60万年，在其遗址中不仅有厚厚的灰烬层，而且存在大量经火烧过的石块和兽骨，表明当时不仅已会用火，还能控制火使其长期不灭。它们都反映了旧石器时代早期的人类文明。属于旧石器中期的山西阳高的许家窑人、山西襄汾的丁村人等，都显示出人类体质有了明显进化。这时期的婚姻形态已由族内杂婚向族内血缘婚（氏族内同辈兄弟姐妹通婚）演进。属于旧石器晚期的有山西朔州峙峪人和北京周口店山顶洞人。朔州峙峪人佩戴石墨饰物，山顶洞人在尸体四周撒有赤铁矿粉末，这些透露出这一阶段的人类已初具审美意识和灵魂观念。

2. 新石器时代（约1万年前~4千年前）

由于石器制造的方法得到改进，由打制改为磨制，因而石制的工具和武器更加精细、专业，生产力得到提高，人类社会进入新石器时代。新石器时代分为母系氏族社会和父系氏族社会前后两个阶段。随着人类活动范围的扩大和生产生活的需要，一些氏族越来越多地联合行动，逐渐形成较为固定的集体，即部落，其首领后世称为酋长。若干部落又联合成部落联盟，首领被称为大酋长。这些首领大多成为远古传说中的英雄人物。

这时期，农业和畜牧业得到发展，并且有了制陶、纺织等手工业。人们开始定居生活。新石器时代的早期、中期阶段为繁荣的母系氏族社会，晚期则进入父系氏族社会。在中国各地区普遍发现有各种类型的新石器时代文化遗址，重要的如兴隆洼文化、仙人洞文化、裴李岗文化、河姆渡文化、仰韶文化、半坡文化、马家浜文化、马家窑文化、红山文化、良渚文化、大汶口文化、龙山文化等等，这些文化遗存把当时人类生产、生活的各个方面生动地展现在我们眼前。当时的石器不仅磨制精细，而且根据狩猎、作战等需要分为不同种类。农业进一步得到发展，在北方为锄耕，有粟、黍等多种作物，在南方已种植水稻。畜牧业逐渐与农业分离，饲养的家畜有猪、牛、羊、狗、鸡等，还常常辅以渔猎。陶器制作发达起来，由手制到轮制的进步很明显。陶制器物不仅涉及生活、生产等各方面，而且蕴涵了丰富的文化内容。在陶器上绘制的动物、人物、图案化的纹饰等都显示了人们丰富的艺术想象力和高超的表现技巧。出土的陶埙和骨哨、骨笛是迄今发现的最早的吹奏乐器。有的陶器口沿上刻画有几十种符号，当是具有特定意义的原始文字。河南舞阳发现距今8000年的贾湖遗址，这里出土的龟板上刻有“曰”、“目”等符号，几乎与商朝甲骨文字没有区别。在山东东南部发现的、距今4800多年的一种刻画在陶器上的符号，许多学者认为已经具备了文字的性质，被称为“大汶口陶尊文字”。有的遗址还出土有石砚、石磨棒等写画用具。

在母系氏族社会中，妇女处于支配地位，管理氏族事务和经济生活，社会婚姻形态由族内血缘婚进化为族外对偶婚（氏族之间男女群体的婚姻）。至新石器时代晚期，则发展为以龙山文化为代表的父系氏族社会。这时男人逐渐代替妇女占据了支配地位，形成了以男子为中心的大家族，婚姻也由对偶婚向一夫一妻制过渡。

从氏族公社逐渐发展到古代国家的形成，大约是在尧、舜、禹的时代。尧是陶唐氏部落的首领，他被部落联盟会议选举为酋长。尧晚年时，舜取代尧成为酋长；舜临死时又将领导权让给了禹。尧、舜、禹时的这种氏族首领接替方式，历史上叫做“禅让”。

四、中国的奴隶制社会

原始氏族社会晚期由于生产力提高，有了剩余财富，出现贫富分化，逐渐产生了统治者和被统治者。奴隶制社会就是从中脱胎出来的一种新的社会，它是以奴隶主对奴隶的剥削为主要形态的社会。中国的奴隶制社会包括夏朝、商朝、西周以及东周的前期（春秋时期）。

1. 夏朝（约前 2070 ~ 前 1600 年）

夏王朝是禹的儿子启建立的中国第一个奴隶制王朝。夏王朝的建立意味着正式的国家出现了。从此体现民主选举的禅让制被王权世袭制所代替。据《史记·夏本纪》所记，夏人是黄帝的后代，姒姓。夏朝的最高统治者称为王，共传 16 个王，享国 400 余年。

夏朝已经具备了国家机器的基本建制。例如，已经初步设立了管理社会的一些官职，所以《礼记·明堂位》说：“夏后氏官百。”《左传·定公元年》中记载：“祖奚仲居薛，以为夏车正。”《左传·哀公元年》记载，少康做夏王前，曾为有仍氏的牧正，以后又逃到有虞氏那里做庖正。史书还记载夏朝时已有执掌司法诉讼的职官“大理”和史官“太史令”。《左传·昭公六年》记载：“夏有乱政，而作禹刑”，说明当时已经设立了刑法。

夏朝有监狱。《竹书纪年》记载：“夏后芬三十六年作圜土。”芬是启以后的第七个夏王。圜土是用土垒成的圆形高墙，里面禁闭着违法的囚徒。

夏朝已有军队，分为六个部分，《尚书·甘誓》说由“六卿”所统率。传说“帝杼作甲”。帝杼是第六代夏王，他用先进的铠甲抵御并战胜了善射的东夷。

2. 商朝（约前 1600 ~ 前 1046 年）

商朝始于成汤，终于纣王，共 31 王，享国 600 多年。商人始祖契，子姓，因其族人居商地（今河南商丘一带），遂称商族。商朝最后的国都在殷，所以又称为殷朝或商殷。商朝时，奴隶制得到了较大发展，并在文化、青铜冶炼等方面达到很高的水平。商朝是繁荣的青铜时代，冶炼铸造技术大为提高，这时的青铜器种类更多，体积更大，花纹修饰更加精细。这些青铜器蕴涵了丰富的思想、艺术、宗教等文化内容。

文字的出现和使用，是社会文明的重要标志。商朝通行甲骨文字，这是一种刻写在龟甲、兽骨上的文字，故称甲骨文。甲骨文大多记录了当时统治者的占卜情况，称为甲骨卜辞，为我们提供了商代社会各个方面极为宝贵的资料。甲骨文是形、音、义结合在一起的文字，它为汉字的形成和发展奠定了基础。汉字自古至今已经延续使用了 3000 年之久，世界上没有任何一个民族和国家使用的文字有这么长久的历史。汉字承载了中华民族悠久的传统文化，保证了中华文明持续不断地传承至今。

3. 西周（前 1046 ~ 前 771 年）

周人为黄帝族后裔，姬姓，居于关中平原东部，后来成为商朝西边的一个王国。周武王灭商后，建立了发达的奴隶制国家，国号为周，因定都在镐（今陕西西安以西），后世称为西周。西周共 12 个王，享国 270 余年。

周人建立起来的一套礼仪制度成为中华文明的一个重要标志，它规范了所有人的社会地位、责任、权力和义务，它不仅维系了周朝长达 800 年的统治秩序，而且为以后大一统的中华帝国奠定了深厚的文化基础。

五、社会的大转型——春秋战国时期

前 770 年，周平王向东迁徙国都至洛邑（今河南洛阳），史称东周，前 256 年被秦所灭。共传 18 个王，享国 514 年。这一时期王室衰微，大国争霸，旧的奴隶制度走向崩溃。史学界习惯把这一时期划分为“春秋”和“战国”前后两个时期，时间也从东周灭亡向后延长 30 余年。通常依照司马光《资治通鉴》，可以把前 403 年“三家分晋”作为“春秋”与“战国”的分界。春秋时期可视为奴隶社会的结束，战国时期则为封建社会的开始。

春秋时期出现齐、晋等大国的争霸斗争，大国吞并小国，战争不断；同时学术思想十分活跃，强调民众能对社会发挥重大作用的民本思想得到宣扬，先后产生儒家、道家等学术流派，对当时以及后世的思想文化都产生了重大影响。各诸侯国之间的交往和战争，促进了各民族文化的交流与融合。

封建社会是地主占有土地、对农民实行剥削的社会。战国时期最终形成七大诸侯国武力争霸的局面。经济上朝着地主向农民收取地租、赋税的形式转变，与之相适应的各种法律、制度，如郡县制、俸禄制、军功爵制等等也相继产生。各种学术思想、流派繁荣发达。齐国创立的稷下学宫为各家各派讲学论道、相互争辩提供了方便的场所，对诸子百家自由争鸣起到了推动作用。

六、中央集权封建帝国的确立——秦汉时期

前 221 年，秦王嬴政统一中国，建立秦王朝，自称始皇帝，是中国“皇帝”称号之始，定都咸阳（今陕西咸阳市西北），为中国第一个统一的、中央集权的封建帝国。秦王朝推行郡县制，从中央到地方，建立了一整套官僚体制，同时采取了统一货币、度量衡、文字和修筑驰道等一系列措施。这些都有助于封建经济文化的发展，强化了多民族的封建专制统治。另一方面，在其残暴统治下，爆发了陈胜、吴广领导的历史上第一次农民大起义，各路诸侯积极响应，秦朝很快被推翻。秦朝共传二帝而亡，享国 15 年。

秦朝灭亡后，经过四年的楚汉战争（前 206~前 202 年），刘邦取得了胜利，于前 202 年登基称帝，定国号为“汉”，都长安（今陕西西安市），史称西汉。这是中国封建制度进一步确立和发展的重要时期。西汉前期奉行道家“无为而治”的政策，经济得到恢复和发展，出现了“文景之治”的局面。中期，汉武帝时实行“罢黜百家，独尊儒术”的方针，加强了思想文化的封建统治；同时进一步确立和完善了各种封建制度。汉武帝还击退了匈奴对北方边境的侵扰，打通了丝绸之路，开拓了中西文化、贸易交流的广阔前景。印度佛教文化也沿着丝绸之路进入中国，经过一段时间的磨合，最终融入到中国文化中。8 年，大贵族、官僚王莽篡位，西汉灭亡。西汉共传 11 帝，享国 210 年。

王莽建立了短暂的新朝，共 15 年。王莽末年，社会矛盾激化，爆发了声势浩大的农民大起义，并且推翻了王莽的统治。

西汉皇族、南阳豪强地主刘秀，以恢复汉室为号召，积极发展自己的力量，于 25 年称帝，国号仍称“汉”，定都洛阳，史称东汉。东汉共传 13 帝，享国 195 年。刘秀在位期间，多次发布释放奴婢和禁止残害奴婢的命令，并且减轻赋税、精减官吏，进一步推动了封建制度的发展。

东汉末年，“三曹”及“建安七子”的诗歌创作取得了巨大成就，被誉为“建安风骨”。

七、南北民族文化大融合——三国两晋南北朝时期

东汉灭亡后，形成魏、蜀、吴三分天下、鼎足而立的历史局面。220 年，曹丕代

汉称帝，建魏朝，定都洛阳。共传5帝，享国45年，265年被晋所灭。221年，刘备在蜀地称帝，国号汉，俗称蜀汉或蜀，定都成都（今四川成都）。共传2帝，享国42年，263年被魏所灭。222年，孙权在江南称帝，国号吴，定都建业（今江苏南京）。共传4帝，享国58年，280年被晋所灭。这一时期虽为分裂割据局面，但文武人才辈出。三国时期，统治者对于如何发现人才、笼络人才和任用人才等，形成了许多宝贵的经验，值得后世总结和借鉴。

265年，司马炎逼魏帝曹奂让位，遂登帝位，改国号晋，都洛阳，史称西晋。共传4帝，享国51年。这时中国恢复了短暂的统一。

316年西晋被灭，晋室南迁，在江南重建晋朝，都建康（今江苏南京），史称东晋。420年被灭，共传11帝，享国104年。与东晋同时，在北方由匈奴、鲜卑、羯、氐、羌5个少数民族先后建立了16个王朝，史称十六国时期。这是古代又一次民族大融合，促进了多元一体的中华文化进一步发展。各民族文化的融汇以及与印度佛学的融合，促成中华文化形成儒、释（佛）、道（道家与道教）三家合流的发展趋势。439年北魏统一北方，十六国时期结束。

420年，刘裕灭东晋，即帝位，国号宋。自此在江南依次建立了宋、齐、梁、陈四个王朝，皆定都于建康（今江苏南京），史称南朝。439年北魏统一北方后，于534年分裂为东魏和西魏，后来北齐代东魏，北周代西魏，北周又灭北齐，史称北朝。至581年，北周被隋所代。人们习惯把上述历史时期称为南北朝时期。589年，南朝的陈被隋所灭，中国又恢复了统一局面。

八、封建社会的繁荣发展——唐宋时期及辽、金、西夏

581年，北周贵族杨坚灭周称帝，国号隋，定都大兴（今陕西西安）。589年灭南朝的陈，统一中国。隋朝共传2帝，享国37年。隋炀帝时开凿的大运河，是世界上最长的人工运河，促进了中国南北方经济、文化的交流与发展。隋末爆发农民大起义，隋朝被推翻。

618年，李渊称帝，国号唐，定都长安。共21帝，享国289年，是中国古代统治时间最长的封建王朝。唐朝是中国封建经济最为繁荣发展、封建制度走向完备、封建文化开放发达的辉煌时期。先后出现了“贞观之治”和“开元盛世”，也造就了中国历史上唯一的女皇帝武则天。文成公主远嫁吐蕃为促进汉藏两大民族的友好团结以及汉藏经济文化的交流作出了贡献。中华文化在唐朝大放异彩，无论是雕版印刷术的问

世还是火药的发明，以及音乐舞蹈、书法绘画、医学、史学、宗教、文学、科举取士等都取得了巨大成就。唐朝的诗歌获得了丰硕成果，成为中国文学史上的一颗亮星。这一时期，中华文化以它博大的胸襟汲取了外来文化作为自己发展的养分，同时又把自己的优秀文化传向世界。

唐朝中叶，商品经济得到发展，但是贵族、官僚兼并土地也日益严重，统治者沉溺于腐化享乐之中，终于爆发了安史之乱，国力随之衰落，陷入藩镇割据、朋党相争和宦官专权的困境之中，但在世界上仍不失为一个强大的帝国。

唐朝末年爆发黄巢农民大起义。节度使、梁王朱温于907年灭唐称帝，建立后梁政权。以后北方依次建立后唐、后晋、后汉、后周，共5个王朝，8姓，14个皇帝，定都或开封或洛阳，历经53年。南方先后共交错建立了10个王朝。史称五代十国时期。960年，北宋建立，统一大部分地区。979年， 北宋灭北汉，五代十国时期完全结束。这时期虽陷于分裂战乱局面，但又是一次民族大融合，在诸王朝中，也有少数民族贵族称帝主政的。

辽是契丹贵族916年在北方建立的王朝，先是国号契丹，947年改国号为辽。定都于皇都（今内蒙古巴林左旗），后改称上京。其疆域东北至今日本海黑龙江口，西北至今内蒙古以北，南到山西雁门关、河北霸县一线与宋接界。1125年被金所灭，共传9帝，享国210年。

960年，赵匡胤以兵变代后周称帝，国号宋，定都开封，史称北宋。1126年金兵攻入开封，北宋亡。共传9帝，享国167年。这时期，北方和西北方有辽和西夏与宋对峙。1127年，赵构在南京（今河南商丘）称帝，后建都临安（今浙江杭州），史称南宋。这时北方有金朝与宋对峙。1279年南宋被元所灭。共传9帝，享国153年。北宋和南宋王朝虽然都只实现了中国的局部统一，但是他们仍然居于主体地位。两宋的农业经济依然十分发达，而且以商品交换为中心的城市经济以及海外贸易得到了新的发展，把中国的封建经济带入一个新的阶段。这时期，无论是活字印刷术还是航海技术、数学、天文学、医药学等方面，都居于世界领先地位。宋词的光辉成就成为中国古代文学的一个亮点。两宋王朝以冗官、冗兵、冗费使自己陷入“积贫”的泥潭，最终都被北方武力强大的少数民族所推翻。

1038年，党项贵族在西北建立王朝，国号大夏，定都兴庆（今宁夏银川东南），史称西夏。其疆域包括今宁夏、陕西、甘肃西北部、青海东北部和内蒙部分地区，与辽、金先后同北宋相对峙。1227年被蒙古所灭。共传10帝，享国190年。

1115年，女真贵族建立王朝，国号金，定都会宁（今黑龙江阿城南）。1125年灭辽，次年灭北宋。先后迁都中都（今北京）、开封等地。其疆域最大时，统辖中国北方，以淮河、秦岭与南宋接界。1234年，被蒙古和南宋联合进攻所灭。共传9帝，享国120年。

九、蒙古贵族入主中原——元朝

1206年蒙古族领袖成吉思汗建立蒙古汗国后，其势力在东方伸展到黄河流域，陆续消灭了西夏、金、南宋等。1271年，成吉思汗之孙忽必烈以中原和漠南为中心建立了元朝，定都大都（今北京），进而灭亡南宋，统一了中国。

元朝是代表蒙汉等各民族封建阶级利益的王朝，同时又实行鲜明的民族歧视政策，使得当时中国政治、经济、文化等都表现出蒙汉各民族之间的融汇与不平等色彩。元朝的版图十分广大。这时西藏地区已经正式并入元朝国土之内，朝廷专门设立宣政院机构，管理全国佛教僧徒和西藏事务。元朝时，已有欧洲传教士、商人和使者不断来到中国。他们有些人记述了在中国的见闻，其中以意大利人马可·波罗所撰述的后世称为《马可·波罗游记》一书影响最大。

元朝末年爆发农民大起义，最终该政权被朱元璋推翻。元朝自忽必烈定国号起，共传11帝，享国98年。

在城市经济发达的社会背景下，元朝杂剧的文学创作和表演艺术取得了突出成就，在中国文学史上占有独特地位。

十、封建社会走向没落——明清时期

朱元璋推翻元朝统治，1368年称帝，国号明，定都应天（今江苏南京）。1421年明成祖迁都北京。明朝前期，郑和七次下西洋，显示了封建帝国的强大和航海等技术的先进。明朝中期以后，宦官专权和吏治黑暗造成国势衰弱，虽有张居正的社会改革，使局势一度有所改善，但终究未能扭转社会衰落的趋势。明朝后期，社会经济中开始出现资本主义经济的萌芽，尤其是在南方经济发达地区，与之相应的民主思想也得以抬头。自然科学方面，出现了李时珍的《本草纲目》、宋应星的《天工开物》等辉煌巨著。西洋耶稣会士的涌入，开始了西方文化与中国传统文化的新碰撞和交流。1644年，李自成起义军攻入北京，明朝灭亡。明朝共传16帝，享国277年。

1616年，女真族首领努尔哈赤在赫图阿拉（今辽宁新宾）举事称汗，国号金，年号天命，史称后金。后迁都辽阳，再迁沈阳。1636年，皇太极改国号为清，并改女真族为满族。1644年，世祖入关，定都北京，逐步统一全国。清朝是中国最后一个封建王朝，虽然前期出现康乾盛世，但是封建社会毕竟进入了衰亡阶段，又缺乏新的生产力的引领，所以康乾盛世并没有带来光明的前途。嘉庆朝开始，各种社会矛盾日益显露出来并且不断激化，各地人民的反抗斗争此起彼伏，外国列强也步步紧逼，试图对中国进行殖民侵略。1840年，中国在鸦片战争中失败，各帝国主义国家加紧了对中国的侵略。中国被迫签订一系列丧权辱国的不平等条约。清朝的封建统治已经摇摇欲坠，中国陷入半封建半殖民地社会。道光时今文经学者提倡改革，同治光绪时推行洋务运动，但这些都因不能抛弃腐朽落后的封建思想和封建制度，而未能实现富国强兵的目的。19世纪末，康有为发起资产阶级改良主义的戊戌变法，很快也遭到失败。这时在孙中山领导下，正在酝酿着彻底推翻封建专制制度的革命斗争。1911年爆发的辛亥革命推翻了清朝的统治，从此结束了中国的封建专制统治。从皇太极建立清朝算起，共传11帝，享国276年。

十一、中华民国时期

辛亥革命后，中华民国成立。袁世凯试图复辟帝制，但很快失败。中国社会陷入军阀混战的局面。1919年爆发了反帝反封建的“五四”运动，推动了中国民主革命的发展，同时也掀起了反对帝国主义和封建思想文化、提倡科学与民主的新文化运动。以“五四”运动为标志，中国进入现代社会。

1921年中国共产党成立，出现了第一次国共合作的大革命局面。大革命失败后，国民党处于统治地位，主持国民政府；共产党势力逐渐发展，建立多处革命根据地，并且粉碎了国民党对根据地的多次围剿。文化方面遂有国统区和苏区根据地的不同发展。1934年，国民党对共产党井冈山根据地发动了第五次围剿，共产党领导的工农红军被迫进行长征，北上抗日。1937年，面对日本帝国主义的侵略，国共两党实行第二次合作，展开各种形式的军事武装斗争，同时全国各地也掀起了维护民族独立的各种抗战文化活动。

1945年抗战胜利后，中国共产党领导的人民解放军不断粉碎国民党军队对解放区的军事进攻，经过三年的解放战争，国民党势力彻底瓦解，退居台湾一隅。中国人民解放军终于取得了解放全中国的伟大胜利，一个新中国即将诞生。

十二、中华民族的新生——中华人民共和国成立

1949 年 10 月 1 日中华人民共和国成立。从此，中国各族人民在中国共产党的领导下走上了社会主义道路。

十三、中国历史朝代沿革年表

原始氏族社会	旧石器时代	约 200 万年前~1 万年前 四川巫山人、安徽繁昌人、云南元谋人、陕西蓝田人、北京人、山顶洞人等等。	
	新石器时代	约 1 万年前~4 千年前 内蒙古兴隆洼文化、红山文化、河南仰韶文化、陕西半坡文化、山东龙山文化、长江中下游的河姆渡文化及良渚文化等等。	
奴隶社会	夏	约前 2070~前 1600 年	
	商	前 1600~1046 年	
	西周	前 1046~前 771 年	
	东周	前 770~前 256 年	春秋时期 前 770~前 403 年 战国时期 前 403~前 221 年
	秦	前 221 年~前 207 年	

封建社会

西汉　前 206~8 年（前 202 年刘邦即皇帝位，此前 4 年为楚汉相争）

新　8~25 年

东汉　25~220 年

三国时期

- 魏　220~265 年
- 蜀　221~263 年
- 吴　222~280 年

西晋　265~316 年

［南方］

东晋　317~420 年

［南朝］

宋　420~479 年

齐　479~502 年

梁　502~557 年

陈　557~589 年

［北方］

十六国时期　304~439 年

此时由五个少数民族（匈奴、鲜卑、羯、氐、羌）先后建立了 16 个王朝

［北朝］

北魏　386~534 年，439 年统一北方

- 西魏　535~557 年
  - 北周　557~581 年
- 东魏　534~550 年
  - 北齐　550~577 年

隋　581~618 年

唐　618~907 年

五代十国时期　907~960 年

［南方］

先后出现十个王朝，
979 年被北宋统一

［北方］

后梁　907~923 年
|
后唐　923~936 年
|
后晋　936~946 年
|
后汉　947~950 年
|
后周　951~960 年

辽　916~1125 年
被金所灭

北宋　960~1127 年
|
南宋　1127~1279 年
|
元　1271~1368 年
|
明　1368~1644 年
|
清　1636~1911 年
|
中华民国　1912~1949 年
|
中华人民共和国　1949 年至今

西夏　1038~1227 年
被蒙古所灭

金　1115~1234 年
被蒙古所灭

第二节　重大历史文化事件和考古成果

一、远古时代

1. 关于发现“北京人”头盖骨化石的重大意义

1927 年，北京远郊周口店猿人遗址的大规模发掘工作开始。1929 年 12 月发现了第一个完整的北京猿人头盖骨化石，后来共发现了 5 个完整的头盖骨，还有其他一些骨骼化石。直到 1937 年抗战爆发，发掘工作被迫停止。

北京人头盖骨的平均脑容量为 1059 毫升，已达现代人脑容量的百分之八十，这就使我们不仅可以准确地测知当时人类大脑容量，而且可以估计出人类智力发展的水平，肯定了由古猿向人类演进过程中直立人的存在，因而具有极高的科研价值。北京人头盖骨化石不仅是中国的而且是全人类的珍贵遗物。

2. 对黄帝、炎帝的考古探究

一直作为传说中人物的黄帝、炎帝是否真实存在过？为此考古学家从 20 世纪 50 年代到 21 世纪初对河北省涿鹿县矾山镇一座古城进行了多次考古发掘和调查，这里曾被当地百姓称为“黄帝城”，据说是黄帝的都城。根据《国语·晋语》和《史记·五帝本纪》的记载，大约距今 5000 多年前，北方存在着分别以黄帝和炎帝为首领的两大部落联盟。当时中华大地上人口繁衍，各部落为了扩大领地、抢掠财富，战争迭起，百姓遭受祸害。这时期，神农氏炎帝势力衰落，而黄帝部族在兼并战争中力量强大起来。但是炎帝不服，于是与黄帝在阪泉进行了三次大战，最终炎帝失败，被迫与黄帝结盟。此时在东方存在着一个强大的东夷部落集团，其首领叫蚩尤，传说他是一个骁勇善战的战神。炎帝部落在东迁过程中被蚩尤部落战败。炎帝只得向黄帝求救。于是黄炎部落联合在一起，在涿鹿之野与蚩尤决战。经过激烈拼杀，黄帝战胜了蚩尤，并将他擒杀。这就是著名的涿鹿之战。炎黄部族兼并了东夷集团，形成最初的华夏集团。随后黄帝与各路诸侯会盟于釜山，并在涿鹿山脚下建起都城。

根据考古发掘和专家考证，《史记》等所记涿鹿、阪泉、釜山等地古代确已有之，而且在那些地方也出土了大量的属于 5000 多年前的彩陶、石器遗物。所以许多学者认为，《史记》等所记当属信史，属于 7000 年前至 5000 年前新石器时代繁荣发展的仰韶文化应该是炎帝和黄帝两个部族共同创造的文化，他们形成了中华民族的雏形，引领中华先祖们跨入了更高的文明门槛，因此后世把黄帝尊为中华民族的人文始祖，人们自称为“炎黄子孙”。

在河南省的灵宝市，当地民众盛传这里的西坡是黄帝活动的遗址。考古学家自2002年开始在这里进行了多次发掘，发现了5000多年前的占地500多平方米的大型宫殿遗址、布局规整的祭祀广场，以及东西走向的壕沟等等。这些建筑遗迹表明，仰韶时期的西坡曾是一座结构严谨、区划分明的远古城池，是一座防守严密的都城。

在大宫殿不远处坐落着郁郁葱葱的荆山，宫殿以北还有铸鼎原、驭龙阁和黄帝庙等地名。司马迁在《史记·封禅书》中引申公话说：“黄帝采首山铜，铸鼎于荆山”云云。《史记》还有黄帝“驭龙升天”的记载。在铸鼎原的驭龙阁发现有5000年前的草木灰渣。现今灵宝民间还流传着传统的火舞，据说是古代先民祭祀黄帝升天时跳的舞蹈。有学者推断，黄帝死后可能被火葬，因烟火冲天，而被誉为乘龙升天。

在灵宝，以铸鼎原为中心，分布着71处仰韶文化遗址，若加上相连的陕县的34处，共有105处仰韶文化遗址，他们具有共同的文化、习俗、信仰。专家指出，当时在这1300万平方米土地上，居住人口至少已达26万人，若没有形成一个酋长联邦式的雏形国家的话，任何部落都难以统治如此众多的人口。至于黄帝本人是否真的来到过铸鼎原，还有待进一步的查证。

3. 对尧舜时代的新认识

尧、舜、禹是距今4000年前黄河中游地区原始氏族社会最后的三个部落联盟大酋长。

作为“中华文明探源”工程重要项目之一，考古工作者对山西襄汾原来的陶寺遗址进行了多次深度发掘和研究。这里已被证实属于距今4300~4000年前尧、舜时期的遗址。在这里发现了宽达10米的城墙和零散的宫室，有专门的仓储区和手工作坊区。最引人注目的是在此发现了世界上最古老的观象台。在9个大墓中各出土1个绘有龙形图案的陶盘，意味深长。在最大的墓穴中，看到有被拖下来的棺板，墓主人尸骨被有意捣毁得散乱，但在墓主人的头端摆放有6件象征权力的玉钺。墓中葬品并未取走，显然不是盗墓。这里似乎发生过一场动乱。这些都让人联想到，当时已经出现了贫富不均、阶级分化和暴力冲突。种种迹象表明，这里正在跨入“国家”的门槛。

4. “大禹治水”的民族精神

在距今大约5000年前或更晚些时候，中华大地遭受了一场特大洪水灾害，洪水淹没了无数的民众和家园。这时一位治水英雄禹挺身而出，带领人民疏通河川，平息了水患，人民终于得以安居乐业。禹治水身先士卒、三过家门而不入，体现出“自我牺牲，造福于人”的崇高精神。近代科学证明，地球在冰川末期，随着气候转暖，曾经造成世界性的大洪水。对于这次大洪水，在世界各民族的神话传说中都留下了印记，而且大多以神的启示来加以解决。例如《圣经·旧约》中关于诺亚方舟的故事。而中国的大禹是一个真实的人，他以自己的智慧和意志领导人民成功地治理了水患，从而受到当时及后世人民的广泛爱戴。

2002年，从海外回归中国的西周青铜器“遂公盨”的铭文上明确记载了大禹治水之事，颂扬了大禹的功绩。这是记录大禹治水的最早的文物文献，为大禹其人其事的存在提供了可靠的证据。

史书说，“禹都阳城”。考古学家曾在河南登封告成镇王城岗发现先秦的砖瓦上刻有“阳城”字样、陶豆上有“阳城食官器”字样，证明这里就是大禹时期的阳城。2005年，在这里进一步发现了一座距今4100年的30万平方米的大城，成为研究大禹如何治理天下的极为重要的遗址。

二、夏

夏朝建立　前2070年，禹的儿子启同部落联盟继承人伯益及其支持者有扈氏进行了一场大战，最终取得了胜利，建立了夏王朝，中国的社会从原始氏族社会脱胎出来，进入了奴隶制社会。

地震纪录　据《竹书纪年》载，帝发七年时，“泰山震”。这是世界上关于地震的最早纪录。

原始文字　从夏墟中发掘出的陶器上，已见到二十多种刻画符号，当属原始文字范畴。

冶铜技术　夏人已掌握冶铜技术，反映了当时的生产力水平。《左传·宣公三年》记载夏朝铸造九鼎之事。在夏墟发掘出的冶铜遗址及青铜生产工具、礼器和武器，证实了夏人的冶炼技术。

三、商

商人始祖　商人始祖契，传说为简狄吞玄鸟（燕子）卵所生，反映了母系氏族社会图腾崇拜的特点。舜任契为司徒，掌教化。曾助禹治水患。

商朝建立 前1600年，商汤（又称成汤、唐、天乙、大乙）率领军队讨伐夏桀，《尚书·汤誓》即是一篇誓师动员令。汤最终推翻了夏桀的统治，建立起商王朝。

商都南迁 商朝中期，第20位商王盘庚把国都从奄（今山东曲阜）迁至殷（今河南安阳）。从此至商亡未再迁都。

武王伐纣 前1046年，最后一位商王纣（又称受、帝辛）暴虐成性，恣意淫乐，被周武王的讨伐大军所焚杀，商朝灭亡。《诗经·大雅·荡》即是愤怒揭露、谴责纣王无道的诗篇。

甲骨文 商朝人把文字刻写在龟甲、兽骨上，后世称为甲骨文。它们用于占卜，因此对于所记内容称为甲骨卜辞。

古货币 商朝的商品生产和交换有一定发展，因此有了以海贝和玉为主要形态的货币。贝在流通过程中大都以“朋”为计算单位，即以五贝穿成一串，两串为一朋。

笔 甲骨文有“聿”字，似右手持笔之势，即后世之“笔”字。可见商朝已有作为写画工具的笔了。

竹简 甲骨文有“册”字，像竹木片编连成的简册。又《尚书·多士》云：“惟殷先人，有典有册”，由此推测商代或许已有竹木简册了。

三星堆古蜀文明遗址 距今5000~3000年前，与中原地区的夏、商同时期，在西南巴蜀地区存在着古蜀文明。20世纪80年代以来，对四川广汉三星堆巴蜀文化遗存的发掘说明：三星堆古蜀国文明作为长江上游地区中华古代文明杰出的代表，再次雄辩地证明了中华文明的起源是多元一体的，它填补了中华文化演进序列中一些重要的文物缺环。三星堆遗址及其出土文物，具有全方位认识古蜀社会及探索上古社会概貌的重要学术价值。古蜀国的繁荣持续了1500多年。三星堆遗址证明，它应是中国夏商时期、甚至更早的一个重要的文化中心，并与中原文化有着一定的联系，它证明了长江流域地区存在过不亚于黄河流域地区的古文明。

四、西周

周人先祖 传说黄帝曾孙帝喾的妃子姜嫄因踏了巨人之足而孕生弃（后稷），反映了当时母系氏族社会的特点。弃因善于种植粮食作物，曾在尧舜时做农官，教民耕种。此后周人进入父系氏族社会，并奉弃为始祖。《诗经·大雅·生民》即赞美其功业。

西周结束 前771年（周幽王十一年），申侯杀周幽王，立平王而迁都，西周结束。

古文字 现今所见西周时期的文字主要是金文，它们绝大多数是铸造在各种青铜器上的铭文。金文是在甲骨文字基础上发展而成的，其字体齐整、笔画圆润有力。铭文最多者近500字，内容多属祀典、赐封、征伐、契约等事。

夏商周断代工程 中华文明号称有5000年以上的历史，但过去，确切的纪年只能上溯到西周晚期的共和元年，即公元前841年，这成为世界古文明研究的一大缺憾。为此，中国国务院于1996年5月决定启动国家“九五”重大科研项目“夏商周断代工程”。该工程由历史学、考古学、文献学、古文字学、天文学、物理测年技术等诸多领域的专家、学者200多人组成9个课题组，有44个专题，针对夏商周纪年展开了多学科交叉研究。经过近5年的努力，取得周武王克商之年等一系列成果。2000年11月9日，“夏商周断代工程”专家组公布了最新研究成果——《夏商周年表》，将中国有纪年的历史由公元前841年向前推至公元前2070年夏王朝建立，提前了1229年。中国的“夏商周断代工程”及其成果也引起国际学术界的广泛关注和讨论。

五、春秋时期

东周 前770年（周平王元年），周平王迁都洛邑（今河南洛阳一带），东周王朝自此开始。

寒食节 前636年（晋文公元年），晋公子重耳流亡19年后返晋自立，是为晋文公。文公遍赏随从诸臣，唯介之推退隐绵山（今山西介休东南）中。相传晋文公为逼他出仕而放火烧山，介之推因而焚身。人们为了悼念他，遂于每年这一天（清明节前一、二日）禁火寒食。相传这就是古代寒食节之起源。

孙武兵法 前512年（吴王阖闾三年），军事家孙武以其所著《兵法》见吴王阖闾，因任为将。世称其书为《孙子兵法》、《吴孙子兵法》。这是中国最早的军事理论著作，也包含了丰富的辩证法思想，至今仍为中外军事家、思想家所推崇。

运河 前486年（吴王夫差十年），吴王夫差组织人力开邗沟，将长江与淮河相沟通，成古代最早之运河。其河道为后世南北大运河的一部分。

《春秋》 前481年（鲁哀公十四年），儒家经典《春秋》绝笔于本年。《春秋》经为鲁国史书，采用了编年体例，经孔子修订，体现了儒家基本思想，其文字虽简短，但意含褒贬，后世称为“春秋笔法”。对于《春秋》所记这段历史时间，以后史家也大体称为“春秋时期”。这时期，晋国史书称乘，楚国史书称梼杌。

孔子卒 前479年（鲁哀公十六年），著名思想家、教育家孔子（生于前551年）卒。

六、战国时期

商鞅变法 前344年（秦孝公十八年），秦孝公推行商鞅变法，公布了标准量器，以统一量制。现今所见出土的青铜“商鞅量”（又称“商鞅方升”）即其物证。器侧刻有本年铭文，器底有前221年（秦始皇二十六年）加刻的统一度量衡诏书。

胡服骑射 前307年（赵武灵王十九年），赵武灵王令赵国军队“胡服骑射”，反映了中原与边远民族文化的交融。

屈原卒 前278年，相传屈原卒于农历五月初五，楚百姓闻其投江，速驾舟楫拯之，并投角黍（粽子）于江中，以饲蛟龙。有人认为后世端午节赛龙舟、吃粽子等风俗即源于此。

荆轲刺秦王 前227年（秦王政二十年），卫国游侠荆轲受燕太子丹之托，行刺秦王。行前，送别于易水边，高渐离击筑，轲赋《易水歌》，悲壮已极。后入秦行刺不成，被杀。战国时期，游侠之风渐盛，以重义轻生、救人急难活跃于政治舞台。

战国结束 前221年（秦王政二十六年），秦国消灭最后一个诸侯国齐国，统一中国，确立了中央集权的封建帝国。战国时期结束。

七、秦

秦王朝 前221年（秦始皇二十六年），秦王政统一中国，自称始皇帝，建立秦王朝，为中国历史上第一个统一的、中央集权的封建帝国。秦遵循五德终始说，崇尚水德，服色尚黑，数以六纪，以十月为岁首，民称“黔首”；废除分封制，全国实行郡县制；又统一度量衡、货币、文字，推动了中国封建政治、经济、文化的发展以及各民族之间的文化交融。

车同轨 前220年（秦始皇二十七年），在全国修筑驱道，宽50步，每三丈植树，构成以国都咸阳为中心，可达于四边的交通网络，加强了中央集权统治，也促进了各地的经济、文化交流。

万里长城 前220年起，秦始皇将原秦、赵、燕三国北长城连为一体，西起临洮（今甘肃岷县），东至辽东，后世以“万里长城”之称享誉世界，并成为中华民族伟大精神品格的象征。

焚书坑儒 前213年（秦始皇三十四年），秦始皇下令焚毁除《秦记》以外的列国史记以及《诗》、《书》等百家著作；禁止私学，欲学法令者，以吏为师。使古代文化典籍遭到一次大破坏。前212年（秦始皇三十五年），卢生、侯生等方士、儒生批评秦始皇，后460多名方士、儒生被坑杀于咸阳。后世将此事与上年焚书之事合称“焚书坑儒”事件。

陈胜吴广起义 前209年（秦二世元年），爆发了陈胜、吴广领导的农民大起义。陈胜在陈（今河南淮阳）称王，建立张楚政权。

刘邦灭秦 前206年（汉王元年），刘邦军队围攻咸阳，秦王子婴投降，秦朝灭亡。

小篆 由李斯撰《苍颉篇》、赵高撰《爰历篇》、胡毋敬撰《博学篇》，均以小篆字体书写，作为教授学童识字的课本，推广了小篆文字。

三公九卿制 秦朝官制实行三公九卿制。三公是指丞相、太尉、御史大夫。其中，御史大夫为监察系统最高长官，下属有各种御史，以监督官员为其主要职能。御史监察系统的确立，表明2000多年前中国的职官制度已走向完备成熟。

八、西汉　新　东汉

刘邦建立汉王朝 前202年，刘邦即皇帝位，建立汉王朝，史称西汉。

黄老之学 前194年（汉惠帝元年），汉惠帝即位，以曹参为丞相。曹参采用盖公的黄老之术，推行无为而治的方针，使民得以休养生息。盖公为汉初黄老学派代表人物。由此至文帝、景帝之时，皆尊黄老之学。

举贤良方正 前178年（汉文帝前二年），汉文帝诏令官员荐举“贤良方正、能直言极谏”者。此种察举制度为汉朝选人任官的主要途径，高祖时已偶有类似诏令，文帝时渐成制度。

察举考试 前165年（汉文帝前十五年），汉文帝诏举“贤良文学、能直言极谏”者，并亲自策问被荐举者。此为汉朝察举有考试之始。

文景之治 前141年（汉景帝后三年），汉景帝卒。西汉文帝、景帝时十分注重实行“与民休息”政策，使社会生产得到恢复和发展，并且致力于削弱地方王国势力，以加强中央集权统治，史称“文景之治”。

汉武帝即位 前140年（汉武帝建元元年），汉武帝即皇帝位。自本年起始有帝王年号。年号之创建原始于前113年（汉武帝元鼎四年），此前之建元、元光、元朔、元狩等年号皆系追纪。

张骞出使西域 前139年（汉武帝建元二年），张骞奉武帝命出使大月氏（今阿姆河流域），以联合抗击匈奴。途中为匈奴扣留，前后达11年。

罢黜百家，独尊儒术 前134年（汉武帝元光元年），武帝策问贤良文学，董仲舒对以“天人”三策，提出“罢黜百家，独尊儒术”方针，为武帝所采纳，从此儒学被尊奉为中国封建统治主导思想。又依董仲舒建议，令郡、国举孝、廉各一人，使察举制度逐步完善。

太学 前124年（汉武帝元朔五年），初置博士弟子50人。由太常及地方郡国选拔人才至京城，从博士受业，免其徭赋。经一定年限，通过考核，可授予官职。其人数不断增加，至成帝末年，达3000人。此可视为汉朝太学之初始。

桃符 据《淮南子》记载，汉代已有习俗在大门两侧置桃木符，上书避灾祈福语。

霍去病和卫青击败匈奴 前119年（汉武帝元狩四年），霍去病和卫青击败匈奴主力，结束了汉与匈奴的第三次大战役，解除了秦汉以来匈奴的威胁，不仅有利于汉匈之间的经济、文化交流，也使西域地区得到和平与安全，保证了丝绸之路的畅通无阻。

张骞再次出使西域 前119年，张骞率300人出使乌孙（在今新疆伊犁河流域），为第二次通使西域。

金缕玉衣 前115年（汉武帝元鼎二年），中山靖王刘胜卒。刘胜，景帝子、武帝庶兄。1968年开始对其墓葬进行考古发掘。在随葬物品中，首次见到金缕玉衣。又有“长信宫”灯、错金博山炉等，皆为汉代铜器中的艺术瑰宝。还发现在三棱铜镞表面进行铬盐处理，使铜镞至今光洁如新。这是继越王勾践剑之后，再次出现此种工艺。这种20世纪才普遍掌握的技术，中国早在2000年前已发明，应是冶金史上的一个奇迹。

丝绸之路 前101年（汉武帝太初四年），东自敦煌西至盐泽（今新疆罗布泊）修筑亭障烽燧，并在轮台（今新疆轮台东）、渠犁（今新疆库尔勒）等地屯田，置使者校尉领护，保证了“丝绸之路”的畅通，促进了中西文化的交流。西域的葡萄、苜蓿、西瓜、石榴等相继传入中国。

苏武自匈奴归汉 前100年（汉武帝天汉元年），苏武奉命出使匈奴，被拘19年，坚持守节不屈，前81年（汉武帝始元六年）方被释归。其坚持民族气节的不屈精神，为后世所推崇。

佛教传入 前50年（汉宣帝甘露四年），印度佛教已于此时传入西域，于阗（都城在今新疆和田南）建赞摩寺，为西域最早的佛寺。

昭君出塞 前33年（汉元帝竟宁元年），匈奴呼韩邪单于朝汉求和亲。宫人王嫱自请嫁之。后呼韩邪单于卒，王嫱从其俗，复嫁其子。嫱，字昭君，为汉匈民族和好发挥了积极作用。

《急就篇》 元帝时，史游用韵语撰成《急就篇》，作为童蒙识字课本。相传他书写的隶字较为潦草，遂演为草体。

王莽摄政 6年（王莽居摄元年），王莽立年仅二岁的刘婴为皇太子，称孺子婴，由自己摄政。

《神农本草经》 中国最早的药物学专著，约成书于两汉之际，共载录药物365种。

王莽篡位 8年（王莽初始元年），王莽借符瑞表现代汉称帝，国号新，年号始建国。以十二月朔为始建国元年正月朔。

蔡愔赴天竺 64年（汉明帝永平七年），明帝遣使者蔡愔等往天竺（即古印度），求访佛法。

蔡愔自天竺归 67年（汉明帝永平十年），使者蔡愔在西域迎中天竺僧人摄摩腾等归至洛阳，并驮回一些经卷。

洛阳建寺 68年（汉明帝永平十一年），在洛阳建寺院，以为摄摩腾翻译佛经、从事佛教活动之所。据考证，汉明帝派人西行求佛之事或有，但世传所谓白马驮经及建白马寺为最早寺庙等故事则系后人敷衍而成。

今古经学 79年（汉章帝建初四年），召博士、议郎、儒生等会集白虎观，讲论今、古文两派经学之异同。章帝亦亲临裁决。著名经学家丁鸿、班固、贾逵、杨终等皆得与会。会上两派辩论激烈。今文经学终以章帝支持告胜。会后班固奉命整理纪要，撰成《白虎通义》（亦称《白虎议奏》、《白虎通》等），总结并发展了董仲舒以来今文经学派的唯心主义与神秘思想，对儒学的神学化给予了肯定，巩固了今文经学派的政治、学术地位。

甘英出使大秦 97年（汉和帝永元九年），甘英受西域都护班超派遣，出使大秦（罗马帝国），经安息（今伊朗）抵达条支（在今伊拉克境内），为大海（即今波斯湾）所阻而返。

造纸术 105年（汉和帝元兴元年），宦官蔡伦改进造纸技术，制出价格低廉又便于书写的纸张，世称“蔡侯纸”，对促进人类文化发展具有重要意义。

大秦国幻人至洛阳 120年（汉安帝永宁元年），大秦国（罗马帝国）幻人（魔术杂技演员）随掸国使者至洛阳，能为吐火、肢解、易头、跳丸等表演。

地动仪 132年（汉顺帝阳嘉元年），张衡制出世界上最早的地动仪，能测定较强地震的方位，比外国地震仪早1700多年。6年后，地动仪成功地测到金城、陇西的大地震。

大乘佛教传入 132年，月氏国僧人支谶来洛阳，第一次把印度大乘佛教般若（般若：指能引导人达到涅槃境界的特殊智慧）学说传到中国来，并翻译《般若道行经》等14部佛经。

九、三国时期

魏蜀吴立国 220年（魏文帝黄初元年），曹操病死，其子曹丕废汉献帝，在洛阳称帝，国号“魏”，东汉王朝灭亡。221年，刘备于益州称帝，国号“汉”。229年，孙权称帝，国号“吴”。

西晋建立 265年 （晋武帝泰始元年）司马炎篡位称帝，国号晋。曹魏亡。

三国时期结束 280年（晋武帝太康元年、吴天纪四年），晋军渡江攻克建业，吴亡，三国时期结束。

十、西晋　东晋　十六国　南北朝

《脉经》 282年（晋武帝太康三年）医学家王叔和于此时期精研脉诊，著成《脉经》，为现存最早的脉学专著。

经史子集分部 325年（晋明帝太宁三年），目录学家李充时任大著作郎，因典籍混乱，遂在西晋荀勖分类基础上，分作经、史、子、诗赋四部加以整理。中国图书目录以经、史、子、集分部，实始于此。

敦煌莫高窟 366年（前秦建元二年），前秦僧人乐僔于敦煌凿窟、镌造佛像，为莫高窟开凿之始。此后历经隋唐至元，乃至清、民国，沿相建造。现已发现洞窟700多个、造像2000余尊、壁画近5万平方米。因此，敦煌莫高窟堪称东方文化艺术中一颗璀璨的明珠。

禅宗创立 526年（梁武帝普通七年），南天竺高僧菩提达摩自广州、经建康，至嵩山少林寺，创立禅宗。菩提达摩卒于536年（南朝梁武帝大同二年）或说528年（南朝梁武帝大通二年）。

鬼节 538年（梁武帝大通四年），梁武帝在同泰寺设盂兰盆斋。本为佛教徒超度历代宗亲之法会，此后渐为汉地风俗，每年农历七月十五日民间亦办盂兰盆会超度先祖，谓之鬼节。

《齐民要术》 东魏农学家贾思勰撰成《齐民要术》，总结了汉魏以来北方的农业生产经验，是现存最古老的农书。

十一、隋 唐 五代十国

《开皇律》 581年（隋文帝开皇元年），原北周贵戚杨坚称帝，建立隋朝。颁布《开皇律》十二篇，该律由高颖、裴政等修定，改刑名为死、流、徒、杖、笞五种，又明定“十恶”大罪。后世多沿用。

隋统一全国 589年（隋文帝开皇九年），隋灭南朝最后一个陈王朝，实现全国统一。

护院伽蓝神 592年（隋文帝开皇十二年），高僧智顗建玉泉寺于当阳（今属湖北），因梦见关羽父子愿皈依佛门，遂为关羽授五戒，奉为护院伽蓝神。从此，关羽与佛教联系在一起。

日使来华 自600年（隋文帝开皇二十年）始，日本先后四次（607、608、614年）派出遣隋使来中国，名义上是来求学佛法，实际上是全面学习中华文化。

通济渠 605年（隋炀帝大业元年），隋炀帝发河南二淮诸郡百余万人自洛阳开渠至淮河，名通济渠，成为以后大运河的重要河段。

遣使至流求 607年（隋炀帝大业三年），羽骑尉朱宽与何蛮奉旨，泛海至流求（今台湾），了解当地情况。次年再往。加强了大陆与台湾岛的联系。

大运河 610年（隋炀帝大业六年），征民开河，自京口（今江苏镇江）至余杭（今浙江杭州）800余里。至此，大运河北自涿郡（今北京）南到余杭，全部连通。大运河沟通了海河、黄河、淮河、长江、钱塘江五大水系，是世界上最古老和最长的运河。

赵州桥 隋炀帝大业年间，工匠李春在今河北赵县建成永济桥（俗称赵州桥），桥拱肩上加拱，造型奇巧，在世界桥梁史上属首创。

《切韵》 601年（隋文帝仁寿元年），音韵学家陆法言编成《切韵》。陆法言原名词，字法言，临漳（今属河北）人。《切韵》以当时洛阳音为主，亦收一些古音和其他地方音，分 193 韵。《切韵》出，以前诸家韵书渐亡，为唐宋韵书之祖。

李渊建唐 618 年（唐高祖武德元年）3 月，隋炀帝被宇文化及所杀，隋亡。5 月，李渊登基称帝，建国号唐，定都长安。

玄武门之变 626 年（唐高祖武德九年），秦王李世民在玄武门发动兵变，射杀太子李建成，逼迫李渊传位于己，史称玄武门之变。李世民登基，即唐太宗，次年改年号“贞观”。

玄奘赴天竺 629 年（唐太宗贞观三年），玄奘启程西行，赴天竺求佛法（一说 627 年）。

日使抵唐 631 年（唐太宗贞观五年），日本第一次派遣唐使到达唐朝。

景教 635 年（唐太宗贞观九年），景教教士阿罗本自波斯来中国，唐太宗准其在长安建寺传教。景教系西方基督教的聂斯脱利派。唐朝称其寺为波斯寺或大秦寺。

《五经正义》 640 年（唐太宗贞观十四年），孔颖达等奉命撰成《五经正义》共 180 卷。融南北经学家之见解，宣扬儒家以礼治国的封建专制思想，其中也兼取佛道二家之说，为唐科举取士必读的范本。

文成公主入藏 641 年（唐太宗贞观十五年），文成公主入藏与吐蕃赞普松赞干布完婚，为汉藏民族关系史与文化交流史上重大事件。汉之风俗习惯、典籍工艺等亦随之传入。吐蕃从此改服饰，革赭面旧习。后又遣子弟入国学，习《诗》、《书》，并请唐人掌其表疏。

玄奘回国 645 年（唐太宗贞观十九年），玄奘自印度回国，带回佛教大小乘经律论共 657 部及若干佛像、舍利等，数十万人于长安迎接。

贞观之治 649 年（唐太宗贞观二十三年），太宗李世民（599~649 年）卒。唐太宗在位期间，致力于推行均田制、租庸调法和府兵制，并加强对官吏的考核，发展科举制度，以能从谏如流著称。在位时政绩卓著，被誉为“贞观之治”。死后葬于昭陵（今陕西礼泉）。

大雁塔 652 年（唐高宗永徽三年），为贮藏玄奘自印度取回的经像，兴建慈恩寺大雁塔（今陕西西安市内）。现塔高约 60 米，今存 7 层。历代屡加修缮。塔两侧嵌褚遂良书“大唐三藏圣教序”碑，为著名古迹。

《唐本草》 659 年（唐高宗显庆四年），苏敬等撰成《新修本草》（一名《唐本草》），另附《药图》及《图经》，共收药物 844 种，较前代增加 114 种。为中国第一部由政府修订的药典。创立药物自然来源的分类方法，并绘有中国最早的药物图谱，对此后中药学发展影响很大。

大卢舍那佛像 675 年（唐高宗上元二年），洛阳龙门大卢舍那佛像雕成，为龙门石窟中规模最为宏伟的露天大佛龛，佛身通座高达 17 米多，为唐代造像艺术的代表作。相传，佛像是依照武则天相貌而雕。

梨园 714 年（唐玄宗开元二年），玄宗在梨园亲自教练乐工数百人，称“皇帝梨园弟子”。设左右教坊、音乐博士等以教俗乐。后世遂称戏曲界或戏班为梨园，称戏曲演员为梨园子弟。

清明节祭祖 732 年（唐玄宗开元二十年），玄宗命将寒食节扫墓编入五礼，永为定规。清明节祭祖扫墓之俗或起于此。

安史之乱爆发 755 年（唐玄宗天宝十四年），安禄山、史思明在范阳起兵叛乱，安史之乱爆发。

《通典》 801 年（唐德宗贞元十七年），史学家杜佑以 30 年时间撰成《通典》，共分 9 门，200 卷。是中国第一部专门记述典章制度的通史，为“政书”体开创性巨著。

《金刚经》 868 年（唐懿宗咸通九年），《金刚经》于本年由王玠木刻印成，卷长 4.877 米，宽 24.4 厘米，卷首有释迦说法图。图文并茂，浑厚质朴，刻工精美，是目前世界上有年代可考的最早的雕版印刷品，于 20 世纪初在敦煌莫高窟藏经洞被发现。

普陀山 916 年（后梁末帝贞明二年、辽太祖神册元年），日本僧人慧锷建立浙江普陀山“不肯去观音院”，以为观音道场。从此该山与五台山、峨眉山、九华山并称为中国佛教四大名山。

契丹建立 916 年，耶律阿保机称帝，国号契丹，都皇都（今内蒙古巴林左旗）。

契丹大字 920 年（辽太祖神册五年），耶律突吕不、鲁不古等借用汉字笔画创制契丹文字，此为契丹大字。

辽 947 年（辽太宗大同元年），契丹改国号为辽，改皇都为上京（今内蒙古巴林左旗林东镇南）。

十二、辽 宋 夏 金

宋朝建立 960 年（宋太祖建隆元年、南唐中主李璟元年），后周将军赵匡胤发动政变，登基称帝，建立宋王朝。

正定大佛寺 971 年（宋太祖开宝四年），重建隆兴寺（在今河北正定），俗称“正定大佛寺”，始建于 586 年（隋文帝开皇六年）。寺内大悲阁高 33 米，是现存宋代风格的古建筑，铜像通高 22 米，是中国现存最高的铜佛像。

岳麓书院 976 年（宋太宗太平兴国元年），潭州知州朱洞创建岳麓书院（在今湖南长沙）。当时著名的书院还有白鹿洞书院（今江西庐山）、应天府睢阳书院（今河南商丘）、嵩阳书院（今河南登封）、石鼓书院（今湖南衡阳）、茅山书院（今江苏南京）等。北宋书院在仁宗庆历年间官府兴学后大都荒废，而在南宋，书院又趋发达。

《太平御览》 983 年（宋太宗太平兴国八年），宋太宗命李昉等编辑《太平御览》成书，凡 1 千卷，分 55 门。引书浩博，约 1690 种。其中汉人传记 100 余种，旧地志 200 余种，均为现在不传之书，保存了五代以前许多文献。

《太平广记》 小说总集。成书于宋太宗太平兴国年间，李昉等编辑，共 500 卷，另目录 10 卷，按性质分 92 大类。采录汉以来小说、笔记、稗史等 475 种，保存了大量古小说资料。

《文苑英华》 986 年（宋太宗雍熙三年），诗文总集《文苑英华》1000 卷，由李昉等编成，辑集南朝梁末至唐代诗文，以续《文选》，保存了大量诗文。

中秋节 唐时已有八月十五日赏月的故事，997 年（宋太宗至道三年），始定为中秋节。祭月、拜月、赏月等风俗逐渐盛行。

景德镇 1007 年（宋真宗景德四年），江西昌南镇在景德年间烧瓷入供，因烧青瓷器闻名全国，遂改名景德镇。宋代著名瓷窑：青瓷有汝窑、官窑、钧窑、哥窑、龙泉窑、耀州窑等，白瓷有定窑，黑瓷有建窑，还有磁州窑、吉州窑等。

《广韵》 1008 年（宋真宗大中祥符元年），陈彭年、丘雍奉诏重修《切韵》，改名《大宋重修广韵》（简称《广韵》），为汉语音韵学的重要韵书。

清净寺 1009 年（宋真宗大中祥符二年），在泉州（今属福建），伊斯兰教徒建成清净寺。该寺为中国现存最早的伊斯兰教寺院建筑，寺内尚存阿拉伯文《古兰经》石刻等。

交子 1023 年（宋仁宗天圣元年），交子始由官府发行。交子为世界发行最早的纸币，约起于宋真宗初年，在四川一带流通。初由当地一些富商联合发行，常因发行人破产，无法兑现，官府遂禁私人发行而有此举。此为世界上最早由政府发行的纸币。

针灸学著作 1027 年（宋仁宗天圣五年），针灸学家王惟一受命铸针灸穴位模型铜人，共 657 穴。著《铜人腧穴针灸图经》，共记 354 个穴名。此书不仅刊刻颁行，且刻石保存，对宋代针灸学发展影响巨大。宋代著名针灸著作还有许希的《神应针经要诀》，王执中的《针灸资生经》，闻人耆年的《备急针法》。

东方金字塔　1038年（宋仁宗宝元元年、西夏景宗天授礼法延祚元年），党项族赵（李）元昊在西北地区建大夏王朝，与辽、宋、金抗衡近200年。西夏尊崇佛教，也崇尚儒学，以科举取士，注重汲取中原文化。西夏初建之时，即根据汉字偏旁，创制西夏文字，通行朝野，并以之翻译佛经及中原儒经等书籍，极大地推动了西夏文明的发展。被誉为"东方金字塔"的西夏王陵，现存9座遗址，以3号陵尤为雄伟高大，引人瞩目。1998年对3号陵碑亭遗址进行了考古发掘，不仅根据建筑遗迹已能考究出碑亭原貌，而且发现西夏文碑石残片五六百块之多，文字总有千数以上，对确定陵墓主人乃至揭示西夏王朝许多历史之谜，都极具宝贵价值。

王安石变法　1069年（宋神宗熙宁二年），以王安石为参知政事，设制置三司条例司，王安石变法始。同年，均输、青苗、农田水利法等依次颁行。

《资治通鉴》　1084年（宋神宗元丰七年），《资治通鉴》由司马光等修成，凡294卷，记自前403年（周威烈王二十三年），迄959年（后周世宗显德六年），共1362年史事。为中国古代编年体通史的杰作。参加编修的著名学者有刘恕、刘攽、范祖禹等。

指南针　1123年（宋徽宗宣和五年），徐兢出使高丽，用指南针辨乘船方向，见所著《宣和奉使高丽图经》。另有朱彧《萍洲可谈》著于宣和年间，亦有指南针用于航海之记录。

《清明上河图》　1124年（宋徽宗宣和六年），著名画家张择端约于此时绘成《清明上河图》。张择端，字正道，密州诸城（今属山东）人。《清明上河图》描绘北宋都城开封的繁华景象，为宋代绘画珍品。该图展现出宋代城市经济的繁荣发达。图中可见已有算盘应用于商业贸易。

南宋建立　1127年（南宋高宗建炎元年、金太宗天会五年）正月，金兵攻破开封。4月，金兵北撤，掳走徽、钦二帝，及后妃、宗室、官吏和法物礼器、图籍文物、天文仪器、府库积蓄等。5月，康王赵构称帝，年号建炎。南宋开始。

白莲教　1133年（南宋高宗绍光三年、金太宗天会十一年）僧茅子元在淀山湖创白莲教，为佛教净土宗支派，提倡不杀、不盗、不淫、不妄语、不饮酒"五戒"，崇奉阿弥陀佛。又称白莲宗、白莲社、白莲会，信徒称为"白莲菜"。

朱熹学规　1179年（南宋孝宗淳熙六年），朱熹访求白鹿洞书院遗址，重建书院，并制订学规。后又奏请朝廷赐"白鹿洞书院"敕额和监本《九经》。所订学规，不仅是南宋书院的统一教规，且元、明、清三代书院亦遵行，影响了各级官学。宋代书院大部分建于南宋，并集中在南方的江西、湖南、浙江和福建等地。

宝顶山摩崖造像　位于四川大足县，雕凿于唐、五代、宋。最早为蜀中密教名僧赵智凤创建，历时 70 余年始成。其中有 30 件巨型雕刻，为中国现存规模最大、价值最高的宋代摩崖造像。也有释迦牟尼与老子、孔子同在一窟中的造像，体现了传统文化中儒、释、道三家合流的特点。

卢沟桥　1192 年（金章宗明昌三年），北京卢沟桥历时 3 年完工。桥全长 266.5 米，宽约 8 米，11 孔，桥栏上雕有姿态各异的石狮 500 余尊，是华北地区最大的石拱桥。

蒙古文字　1204 年（南宋宁宗嘉泰四年），蒙古消灭乃蛮族。乃蛮人塔塔统阿借用畏兀儿字母拼写蒙古语，蒙古始有文字。此对蒙古文化发展有重大意义。

蒙古统一　1206 年（南宋宁宗开禧二年，蒙古成吉思汗元年），蒙古各部由铁木真统一，称“成吉思汗”。蒙古族的强大与统一对以后中国和世界的政治、经济、军事和文化发展影响巨大。

《洗冤集录》　1247 年（南宋理宗淳祐七年），《洗冤集录》著成，是世界上最早的法医学专著。后颁行全国，沿用 600 余年，并流传国外，对法医学的发展起了重大作用。著作者是南宋法医学家宋慈，字惠父，建宁建阳（今属福建）人。

《万年历》　1267 年（南宋度宗咸淳三年、蒙古忽必烈至元四年），回回天文学家札马剌丁历时 4 年编成《万年历》，经蒙古统治者批准，在有关少数民族地区实行。此为中国历史上第一部经政府正式批准使用的回回历。编历期间，在大都（今北京）立观象台，设各种天文观测仪器。

十三、元

元朝建立　元世祖忽必烈于 1260 年（元世祖中统元年）在开平（今内蒙古正蓝旗东）即蒙古大汗位，始建年号称中统。1264 年（元世祖至元元年），迁都大都（今北京），改年号至元。1271 年（元世祖至元八年），定国号为元。

《农桑辑要》　1286 年（元世祖至元二十三年），《农桑辑要》颁行，由官府司农司编撰。是中国第一部官修官颁农书。书中反映了中国植物栽培从 6 至 13 世纪的进步，总结了宋元时期农业生产技术。

通惠河　1293 年（元世祖至元三十年），开凿通惠河工程竣工（始于 1291 年），由水利专家郭守敬主持。通惠河自通州（今北京通州区）到大都积水潭（今北京什刹海），为大运河最北一段。为解决大都与通惠河的水源，筑长 30 公里的白浮堰，为元代杰出的水利工程。至此大运河可以从大都直达杭州，成为加强南北经济、文化联系的重要水运通道。

《马可·波罗游记》 1298年（元成宗大德二年），《马可·波罗游记》成书。意大利人马可·波罗在威尼斯与热那亚海战中被俘入狱。此前他曾来中国元朝生活过17年。狱中他口述东方见闻，由同狱小说家鲁思梯切诺笔录成书，名《东方见闻录》，亦称《马可·波罗游记》，为中世纪关于世界史、亚洲史、中西交通史、地理学史的名著，并促进了哥伦布等航海家、探险家对东方的航海探险活动。也有少数学者认为马可·波罗本人并未到过中国。

《中原音韵》 1324年（元泰定帝泰定元年），《中原音韵》成书。作者周德清，字挺斋，生平不详。本书根据元代北曲用韵情况及大都的语音系统重新设韵部，并首创阴平、阳平、上、去四声，把入声字分别附于三声之尾，成为北曲正音之依据，亦对现代汉语普通话的形成具有重要影响。

居庸关云台 1345年（元顺帝至正五年），建居庸关（今北京昌平）云台。台中券洞壁内雕有精美的佛像、花鸟，为元代雕刻艺术杰作，壁间刻有用梵、藏、八思巴、畏兀儿、西夏、汉六种文字题刻的《陀罗尼经咒》等碑刻。

十四、明

明朝建立 1368年（明太祖洪武元年、元顺帝至正二十八年），元月朱元璋即帝位，因以明教建国，故以明为国号，年号洪武，定都应天府（今江苏南京）。8月明军陷大都，元亡。元顺帝逃至塞北，仍称元，史称北元。

明朝科举 1370年（明太祖洪武三年），诏行科举取士。定科举程式，确立了以朱熹《四书集注》为基本内容、八股文体为主要形式的科举考试制度。

南北二监 1403年（明成祖永乐元年），改北平为京师，称北京，亦设国子监，为北监。原南京的国子监仍然保留，为南监。遂有南北二监之称。

郑和下西洋 1405年（明成祖永乐三年），遣宦官郑和远航出使西洋各国，自苏州刘家河（今江苏浏河）出海，为郑和下西洋之始。

郑和二次下西洋 1407年（明成祖永乐五年），郑和第一次远航下西洋归国。此次远航共有大小船只近千艘，其中“宝船”60多艘，随行人员达2万余人，在规模与经验上奠定了以后各次下西洋的基础。同年末，郑和第二次下西洋。

《永乐大典》 1408年（明成祖永乐六年），《永乐大典》编成。自永乐元年（1403年）起修纂《文献大成》，后更名《永乐大典》，至此成书，凡22877卷，11095册，由姚广孝、刘季篪、解缙总编，为世界上最大的类书。

黄教 1409年（明成祖永乐七年），成祖遣使迎藏传佛教格鲁派领袖宗喀巴入京传法，宗喀巴派弟子绛钦却杰代行，明封其为“大慈法王”。因该派僧人戴黄色僧帽，俗称黄教。宗喀巴在拉萨举行大祈愿会，黄教在西藏渐成执政的主流教派。

故宫 1420年（明成祖永乐十八年），北京皇宫建成，即今故宫，旧称“紫禁城”。故宫建筑布局对称完整，层次分明，主体突出，集中体现了中国宫廷建筑艺术的独特风格与高超水平。故宫保存历代文物亦为全国之冠。时营建工程频繁，以工匠蒯祥（木匠）、陆祥（石匠）为工部侍郎。蒯祥，苏州吴县（今属江苏）人，永乐时，负责建造故宫，正统间又主持重建太和、中和、保和三殿。陆祥也曾参加营建故宫与明陵。

顺天府 1421年（明成祖永乐十九年），正式迁都北京，称顺天府。以南京为留都。

郑和七下西洋 1433年（明宣宗宣德八年），郑和远航结束。其七下西洋是继张骞两通西域后中国对中西文化交流又一次开创性的伟大贡献。宝船的规模巨大（最大长约147米、宽约60米、载重约1000吨），水密隔舱的创制、罗盘的使用、海图的绘制等，都标志着先进的造船、航海技术。郑和的船队远航曾到达非洲东海岸和天方（麦加）等30余国。所到之处用丝织品、瓷器与当地商民贸易，换回香药、胡椒、棉布、珍宝等。并有阿拉伯玻璃工匠随同来华，使玻璃制造得以推广。自郑和远航后，华人谋生海外者渐多，进一步促进了中国与海外诸国的经济文化交流。

石油竖井 1521年（明武宗正德十六年），嘉州（今四川乐山）凿成第一口石油竖井，有数百米深。比西方早300多年。

“达赖”由来 1578年（明神宗万历六年），西藏黄教首领索南嘉错应蒙古俺答汗邀请，至青海仰华寺供养，并受“达赖喇嘛”尊号，此为“达赖三世”（前二世达赖喇嘛称号为后来追认）。“达赖”，蒙语意为“大海”；喇嘛，意为“上师”、“高僧”。从此，黄教传入蒙族地区。

洋烟入侵 1582年（明神宗万历十年）前后，葡萄牙人将烟草、望远镜等首次带进中国。至崇祯时已颇有人以吸烟为乐。

利玛窦传教 1583年（明神宗万历十一年），意大利传教士利玛窦在广东肇庆始传教，将自制地图及浑仪等天文仪器，连同来华所带的自鸣钟、三棱镜等均陈列室内，供人参观。此为先进的西洋科学仪器传入中国之始。利玛窦在肇庆绘成《山海舆地图》，图中绘列经纬度、赤道，并稍变常法，为新型世界地图传入中国之始。

《中华大帝国史》 1585年（明神宗万历十三年），奥斯汀会士门多萨在罗马出版西班牙文的《中华大帝国史》，此为用西文最早系统介绍中国史地的著作，不久译成意、法、英、德等文字，在欧洲广为印行。

东林书院　1594年（明神宗万历二十二年），以忤旨革职还家的顾宪成在无锡建东林书院，与弟允成及高攀龙等讲学，讽议朝政，评论人物。后邹元标、赵南星等亦相继讲学，朝士遥相应和。东林党议由此开始。

利玛窦入京　1596年（明神宗万历二十四年），意大利传教士利玛窦到达北京，晋赠天主像、圣母像、十字架、《圣经》、《万国图志》及自鸣钟、西琴等于神宗。神宗命内臣从其学琴，并准许其定居北京。

《金瓶梅》　1606年（明神宗万历三十四年），《金瓶梅》至迟本年已经成书印行，为明代长篇世情小说的代表作，对中国古典长篇小说发展很有影响。然淫秽描述较多，历代均禁。其作者自署兰陵笑笑生，究竟何人，各说不一。

《几何原本》　1607年（明神宗万历三十五年），徐光启与利玛窦合译的《几何原本》前六卷完成，对当时中国的数学发展有一定影响。

《职方外纪》　1623年（明熹宗天启三年），《职方外纪》由意大利传教士艾儒略著成，是第一部系统介绍五大洲各国风土、民俗、气候、名胜的中文地理著作。

《西儒耳目资》　1626年（明熹宗天启六年），《西儒耳目资》刊印。法国传教士金尼阁著。本书以25个罗马字母拼合汉字读音，帮助西方人学习汉语。为中国传统的反切法另辟新径，引起中国音韵学家对拼音文字的重视与研究。

李自成灭明　1644年（明思宗崇祯十七年、清世祖顺治元年）3月，李自成起义军攻占北京，明思宗崇祯皇帝自缢，明朝灭亡。5月，史可法、马士英拥立福王朱由崧在南京即帝位，为弘光帝，史称南明。

民间木版画　杨柳青年画在崇祯年间始创于今天津西南杨柳青，为中国北方著名民间木版年画。创于明代的著名民间木版年画还有盛行于江南一带的桃花坞年画与流行于华南的佛山年画。

十五、清

八旗制度　1615年（明神宗万历四十三年），努尔哈赤正式建立八旗制度，即将全体女真人分别编入红、黄、蓝、白、镶红、镶黄、镶蓝、镶白八旗中，一旗即一固山，下设五甲喇，一甲喇为五牛录，每牛录为三百人。八旗制实为军政合一制。努尔哈赤为八旗总首领。

后金建立　1616年（明神宗万历四十四年、后金太祖天命元年），女真族首领努尔哈赤在赫图阿拉（今辽宁新宾）举事称汗，国号金，年号天命。史称后金。

清建立　1636年（明思宗崇祯九年、清太宗崇德元年），后金皇太极改国号为清，改女真族为满族。

清世祖即位　1644年（明思宗崇祯十七年、清世祖顺治元年）10月，清世祖福临即皇帝位，定都北京。颁布剃发令，并允许满洲贵族圈地占地。

中央册封班禅　1645年（清世祖顺治二年），青海和硕特蒙古固始汗尊西藏黄教领袖罗桑·却吉坚赞为“班禅博克多”，是为班禅四世（前三世为追认），班禅名号自此始，常驻日喀则扎什伦布寺。此后历世班禅转世，必经中央政府册封。达赖与班禅分别统辖前藏和后藏。

达赖之制　1652年（清世祖顺治九年、南明永历六年），册封达赖五世，确定了达赖在西藏的政治、宗教之统治地位。

郑成功收复台湾　1661年（清世祖顺治十八年），郑成功率领军队驱走荷兰侵略军，收复台湾，为维护中国领土主权和发展台湾的经济、文化作出贡献。1662年（清圣祖康熙元年），郑成功卒。同年，清廷颁布禁海令。

首设“博学鸿词”科　1678年（清圣祖康熙十七年），首开“博学鸿词”科，征天下已仕、未仕名士一百八九十人至京，次年应试。

博学鸿词科开考　1679年（清圣祖康熙十八年），博学鸿词科开考，荐举应试者百余人。康熙帝亲自选拔，授以翰林职，修撰《明史》。朱彝尊、毛奇龄等俱在其中。但顾炎武、黄宗羲等拒不赴京应试。

清统一中国　1683年（清圣祖康熙二十二年），清军攻克台湾，完成中国统一。并于次年设府，隶福建省。

《全唐诗》　1703年（清圣祖康熙四十二年），汇集唐五代诗歌之总集编成《全唐诗》，由翰林院侍讲彭定求等编纂，收诗48900余首、诗人2200余人。

《佩文韵府》　1711年（清圣祖康熙五十年），大型类书《佩文韵府》编成，词语分韵编排，下注音训、出典，可供语辞检索。

《康熙字典》　1716年（清圣祖康熙五十五年），大学士张玉书等奉命编成《康熙字典》，共收47035字，是中国古代收字最多的字典。虽然疏漏和错误很多，但流行于世仍很有影响。

《皇舆全览图》　1719年（清圣祖康熙五十八年），中国第一部经实测、采用经纬标识、梯形投影绘制的《皇舆全览图》完成。此为全国地图集，历时30余年绘成。

《古今图书集成》 1725年（清世宗雍正三年），大型类书《古今图书集成》由蒋廷锡等奉敕编成，分门别类，内容繁富。先是康熙时，陈梦雷辑成《古今图书汇编》，至是重辑而成此书。

《中华帝国志》 1735年（清世宗雍正十三年），耶稣会会士杜赫德编纂的《中华帝国志》在巴黎出版，此为第一部系统介绍中国社会之书，被誉为中国百科全书，成为欧洲人了解中国的重要材料。

始编《四库全书》 1772年（清高宗乾隆三十七年），命开馆编纂《四库全书》，以纪昀为总裁，自上年访购天下遗书，始编《四库全书》。历经十年完成。

《四库全书总目提要》 1789年（清高宗乾隆五十四年），纪昀等奉命撰成《四库全书总目提要》，并经修改，于本年写定刻版。

京剧 1790年（清高宗乾隆五十五年），为庆贺乾隆帝八十寿辰，四大徽班（三庆、四喜、春台、和春）进京，继秦腔之后，盛行京师。后与其他剧种结合，于嘉庆、道光时形成京剧。

“金奔巴”抽签法 1792年（清高宗乾隆五十七年），决定以“金奔巴”（金瓶）抽签法确定西藏转世班禅、达赖喇嘛之制。

林则徐禁烟 1839年（清宣宗道光十九年），林则徐销毁鸦片。18世纪末期以来，英国向中国大量输送毒品鸦片，不仅严重毒害了中国人民的身体，而且使得白银大量外流，造成中国财政困难。钦差大臣林则徐奉命到广州禁烟。当年查缴英商鸦片2万余箱，公开在虎门销烟。

鸦片战争 1840年（清宣宗道光二十年），英国对中国销毁其鸦片进行报复，在美、法等国支持下，用军舰攻击广州，挑起了鸦片战争。

《南京条约》 1842年（清宣宗道光二十二年），由于鸦片战争之失败，清政府被迫与英国签订《南京条约》。这是中国近代史上第一个不平等条约，从此中国的封建政治文化遭受西方资本主义的猛烈冲击，中国陷入半封建半殖民地社会。

《海国图志》 1842年，学者魏源在林则徐支持下编纂《海国图志》成书。此书以“师夷之长技以制夷”为主旨，把世界各国特别是西方国家的历史、地理、政治及科技较全面地介绍给中国人，并对日本明治维新有一定影响。

《原道觉世训》 1848年（清宣宗道光二十八年），洪秀全著《原道觉世训》，确立其反清革命思想。

火烧圆明园 1860年（清文宗咸丰十年），英法联军进入北京，烧毁被誉为“万园之园”的圆明园，并破坏、抢劫大量珍宝、文物。

同文馆 1862 年（清穆宗同治元年），清廷总理衙门所属同文馆开学，挑选八旗子弟入学，聘请英国传教士讲授英语。次年，原俄罗斯学馆归并进来，并增设法文馆，以教授俄、法等语言。

近代海军学校 1867 年（清穆宗同治六年），左宗棠在福建设立船政学堂，分造船、驾驶等科，为中国最早的近代海军学校。次年开学。

潞河书院、华北协和大学 1869 年（清穆宗同治八年），美国公理会传教士谢卫楼于河北通州创办潞河男塾，后改称潞河书院、华北协和大学。1919 年与北京汇文大学等校合并而成燕京大学。

《申报》 1872 年（清穆宗同治十一年），英国人在上海创办《申报》，后为中国人收买继办，至 1949 年停刊。此为近代延续时间最久的报纸之一。

清廷外派留学生 1872 年，清政府派遣第一批留学生梁敦彦、詹天佑等 30 人在容闳率领下赴美留学。以后每年派遣 30 名，相继 4 年而止。

英国人办邮政 1878 年（清德宗光绪四年），中国海关总税务司英国人赫德在天津等地试办邮政，成立海关邮政办事处，不久发行大龙邮票。

北洋水师学堂 1880 年（清德宗光绪六年），李鸿章在天津创办北洋水师学堂，以严复为总教习。

《马关条约》 1895 年（清德宗光绪二十一年），中日甲午战争，中国战败。清政府被迫签订中日《马关条约》。日本夺取了中国的台湾、澎湖列岛、辽东半岛等地以及大量赔款和其他特权。中国的殖民地化和民族危机进一步加深。康有为联合各省应试举人举行“公车上书”，掀起维新运动。

天津大学 1895 年，盛宣怀在天津创建中西学堂，为中国较早培养工程技术人才的大学，后曾改名为天津大学堂、北洋大学等，为天津大学前身。

中国放映电影之始 1896 年（清德宗光绪二十二年），上海徐园“又一村”放映西洋电影，为中国放映电影之始。

商务印书馆 1897 年（清德宗光绪二十三年），商务印书馆开业。为夏瑞芳、鲍咸恩等集资在上海创办。

维新变法和京师大学堂 1898 年（清德宗光绪二十四年）6 月，光绪帝颁《明定国是诏》，宣布实行变法，并把成立京师大学堂作为变法维新第一项措施。任命孙家鼐为学校第一任管学大臣。12 月 31 日，京师大学堂正式开学，是中国第一所综合性大学，也是当时中国的最高教育行政机关。1912 年 5 月，改名为北京大学。

《马氏文通》 1898 年，马建忠所撰《马氏文通》出版，为中国学者参考拉丁语法，对汉语语法进行系统研究的专著。

斯文·赫定 1899年（清德宗光绪二十五年），瑞典人斯文·赫定第三次来华，进入新疆塔克拉玛干，发现楼兰古城，并带走大量历史文物。他于1885~1935年7次来中亚及中国新疆、西藏等地，搜集大量有关地质、考古、生物、气象等方面的文献资料。

甲骨文发现 1899年，学者王懿荣从中药中发现甲骨文字，并尽力收集甲骨。

敦煌莫高窟 1900年（清德宗光绪二十六年），道士王圆箓在敦煌莫高窟发现藏经洞，出土4~11世纪的各种佛教经卷、社会文书、绢画、法器等约5万件。文献上的文字有古代西夏文、回鹘文、蒙文、汉字等8种之多。这些珍贵文物对研究古代中国及中亚的历史、地理、宗教、民族、语言、文学、艺术等具有重要价值。现今敦煌学已成为一门令人瞩目的国际性研究学科。

八国联军入侵北京 1900年，八国联军占领北京，慈禧太后挟光绪帝出逃。侵略者烧毁、窃走大量珍宝、古玩、字画及天文台古铜仪器等。图书毁失4万余册，《永乐大典》失去307册。

《中国史叙论》 1901年（清德宗光绪二十七年），梁启超撰《中国史叙论》，主张以研究智力、产业、美术、宗教、政治等内容的新史学替代帝王家谱式的旧史学。此为早期的中国资产阶级重要史论著作。

晚清谴责小说 1903年（清德宗光绪二十九年），晚清著名谴责小说、李宝嘉所著《官场现形记》在上海《繁华报》刊出。另有吴沃尧的《二十年目睹之怪现状》、刘鹗的《老残游记》等谴责小说也在同年首次发表。

《革命军》 1903年，邹容著《革命军》一书出版，鼓吹反满革命、宣扬共和，产生巨大社会影响，其销售量为清末革命书籍之首。

孙中山早期革命活动 1903年8月，孙中山在日本东京设立革命军事学校，并提出“驱逐鞑虏、恢复中华、创立民国、平均地权”的革命方针。

中兴通讯社 1904年（清德宗光绪三十年），在骆侠挺主持下，中兴通讯社开始在广州发稿。此为中国人自办的最早的通讯社。

西泠印社 1904年10月，以吴昌硕为社长的西泠印社在杭州成立，为中国著名的书画篆刻艺术团体。

京剧喜连成科班 1904年，京剧喜连成科班成立，后于1912年（民国元年）改名富连成，1948年（民国三十七年）停办。为京剧史上历时最久、造就京剧人才最多的科班。

最后的状元 1904年，清廷举行了最后一次科举考试。录取状元刘春霖，自称“第一人中最后人”。

复旦大学 1904年，中国天主教教徒马相伯在上海创办震旦学院。1905年（清德宗光绪三十一年）因学潮而解散。再办上海复旦公学，为复旦大学前身。

科举制废止 1905年（清德宗光绪三十一年），清政府宣布废除科举考试，中国科举制度至此彻底废止。

中国最早的电影《定军山》 1905年，在北京前门大栅栏（今大观楼电影院）放映了中国最早拍摄的电影京剧片《定军山》，由名角谭鑫培主演，为无声电影。

北京师范大学 1908年（清德宗光绪三十四年），改京师大学堂优级师范科为京师优级师范学堂。1924年改为北京师范大学。

清华大学 1909年（清宣统元年），清政府决定建立游美学务处，并于西郊清华园附设肄业馆，后改名清华学校。此为清华大学前身。

辛亥革命 1911年（清宣统三年），辛亥革命爆发。10月10日，革命党人发动武昌起义，赶走湖广总督瑞澂等。次日，成立中华民国湖北军政府，号召各省响应起义，形成全国规模的辛亥革命。

《十九信条》 1911年11月，清廷颁布《十九信条》，同意由资政院起草宪法，确定皇帝权限。随后，湖北军政府颁布宋教仁起草的《中华民国鄂州约法》，以资产阶级天赋人权的民主思想为宗旨，与清廷的《十九信条》相对抗。

十六、民国时期

中华民国成立 1912年（民国元年），孙中山就任南京临时政府大总统，宣布元月元日中华民国成立。通告全国改用公历，颁行新编历书。

袁世凯当总统 1912年2月12日，清帝溥仪宣布退位。次日孙中山辞职，推举袁世凯为临时大总统。

中华书局成立 1912年，中华书局由陆费逵创办，在上海成立。先以出版中小学教科书为主，后亦印行古籍、各类科学、文艺著作及工具书。

上海美术专门学校 1912年，刘海粟在上海创办图画美术院。1921年（民国十年），改名为上海美术专门学校。为中国最早的教授西方绘画艺术的美术专门学校。

罗振玉与甲骨文 1913年（民国二年），罗振玉对所收藏甲骨进行整理，出版《殷墟书契》前编。此后几年又出版了后编、续编及《殷墟书契菁华》等，并著《殷墟书契考释》，对甲骨文研究作出贡献。

中国电影萌芽 1913 年，中国第一部故事影片《难夫难妻》由郑正秋、张石川编导拍成，在上海首映。同时，由黎民伟编导的影片《庄子试妻》于本年在美国上映，这是中国第一部在国外放映的影片。

新文化运动 1915 年（民国四年），陈独秀创办《青年杂志》，自第二卷改名《新青年》，以提倡科学和民主、倡导“文学革命”为宗旨，标志“五四”新文化运动的来临。

袁世凯称帝 1915 年 12 月，袁世凯称帝，改国号为“中华帝国”。孙中山立即发表《讨袁檄文》、《讨袁宣言》。

《孔子评议》 1916 年（民国五年），《青年杂志》（后改名为《新青年》）发表易白沙的《孔子评议》，打响新文化运动批孔第一炮。

提倡白话文 1917 年（民国六年），胡适的《文学改良刍议》、陈独秀的《文学革命论》相继在《新青年》上发表，提出白话文学应为文学正宗，新文学应是国民文学。《新青年》还刊载了胡适的白话诗，为中国最早发表的白话诗。

《狂人日记》 1918 年（民国七年），《新青年》发表第一篇白话小说——鲁迅的《狂人日记》。

燕京大学 1919 年（民国八年），北京汇文大学、通州华北协和大学、北京华北女子协和大学等合并，成立燕京大学，以美国传教士司徒雷登为校长。

五四运动 1919 年 5 月 4 日，为抗议帝国主义列强在巴黎和会上拒绝中国收回日本在华的侵略特权，北京爆发声势浩大的学生反帝爱国运动，后称为“五四”运动。为支持学生的爱国行动，蔡元培声明辞去北大校长之职。

工人政治罢工 1919 年 6 月 3 日，上海工人举行罢工，声援北京学生运动。中国工人阶级开始登上政治舞台。

《尝试集》 1920 年（民国九年），中国最早的白话诗集——胡适的《尝试集》出版。

共产主义小组 1920 年，上海共产主义小组于 8 月成立，有陈独秀、李汉俊、李达、陈望道、沈雁冰等人参加，并创办《劳动界》周刊。不久又成立中国社会主义青年团。此后，武汉、济南共产主义小组也相继成立。

中国共产党成立 1921 年（民国十年）7 月 23 日，中国共产党第一次全国人民代表大会在上海召开。会议通过了党纲，选出了中央局。参加会议的代表共 13 人，选举陈独秀任总书记，李达任宣传主任，张国焘任组织主任。大会于 31 日在浙江嘉兴闭会。

仰韶新石器遗址 1921年4月，在河南渑池县仰韶村发现新石器遗址，成为研究中国新石器时期遗址的典型代表。

创造社 1921年7月，郭沫若、郁达夫等在日本东京成立创造社，以反帝反封建及积极浪漫主义精神为基本倾向，以后又提出了“革命文学”的口号。创办刊物有《创造》、《创造周报》、《洪水》等。

古人类牙齿化石 1921年，瑞典人安特生与奥地利古生物学家丹斯基在北京周口店发现北京猿人遗址，于本年及1923年（民国十二年）发现两颗古人类牙齿化石。

《东西文化及其哲学》 1922年（民国十一年），梁漱溟《东西文化及其哲学》出版，提出中国、印度、西洋三种文化类型的观点，主张中国应以传统文化治国，对现代新儒学理论的形成具有重要影响。

《新青年》广州创刊 1923年（民国十二年），由瞿秋白任主编的中共理论刊物《新青年》季刊在广州创刊。《国际歌》中文词曲被首次刊出。

新月社 1923年，徐志摩、梁实秋等在北京成立文学团体新月社，出版《新月》月刊，宣扬人性论和唯美主义文学。

《红楼梦辨》 1923年，俞平伯《红楼梦辨》出版，为新红学派的代表作之一，对红学研究有较大影响。

黄埔军校 1924年（民国十三年），国共两党合作创办的高级军事学校黄埔军校开学。蒋介石任校长、廖仲恺任党代表，周恩来任政治部主任。

农民运动讲习所 1924年，中共领导人彭湃在广州主办农民运动讲习所。至1926年（民国十五年），改由毛泽东主办。

溥仪被驱出宫 1924年11月5日，冯玉祥驱逐清朝末代皇帝溥仪出宫。据16日《民国日报》载，经清点，宫内共有古玩珍宝等30余万件，价值10亿元。

《新著国语文法》 1924年，黎锦熙《新著国语文法》由商务印书馆出版。为中国第一部系统的白话语法著作，在语言学界影响很大。

孙中山逝世 1925年（民国十四年）3月12日，民主革命先驱者孙中山（1866~1925年）逝世。后人编有《孙中山选集》、《孙中山全集》。

五卅惨案 1925年5月15日，上海日本纱厂资本家枪杀工人顾正红，激起民愤。在中共中央号召下，30日上海学生两千余人在租界内宣传声援工人，号召收回租界，被英国巡捕逮捕百余人。随后群众万余人集中在巡捕房前，高呼“打倒帝国主义”。英国巡捕开枪屠杀示威群众，造成“五卅惨案”。上海人民罢工、罢课、罢市，抗议英帝国主义的大屠杀。这一事件引发了中国的北京、南京、汉口等近五百个城镇人民的游行示威、罢工、罢课、罢市以及通电、捐款等巨大反响，形成全国规模的反帝怒潮。至6月下旬，在帝国主义威胁利诱下，民族资产阶级动摇妥协，停止罢市。工人罢工坚持了3个月，为了保存力量，8月中旬才复工。这一运动严重打击了帝国主义，大大提高了中国人民的觉悟。

故宫博物院 1925年，国立故宫博物院于10月10日正式成立。

三一八惨案 1926年（民国十五年），日本联合英美等八国向段祺瑞执政府提出撤除中国对大沽口防守设施的无理要求，激起北京群众5000余人集会抗议，并游行请愿，要求中国政府拒绝八国通牒。请愿队伍遭到段祺瑞军队的枪杀，40余人死亡，酿成“三一八惨案”。对此，鲁迅和朱自清在《语丝》上分别发表《纪念刘和珍君》及《执政府大屠杀记》。

《清史稿》 1927年（民国十六年），《清史稿》编成，由清史馆印行。

南国社 1927年，田汉、徐悲鸿、欧阳予倩等成立文学艺术团体“南国社”，设有文学、绘画、戏剧、电影、音乐五部。1929年（民国十八年），南国社的戏剧活动绽放异彩，演出了田汉的剧作《名优之死》、《苏州夜话》等，产生了强烈的社会反响。同时出版了《南国月刊》。1930年（民国十九年）被查禁。

中央研究院设研究所 1928年（民国十七年），中央研究院地质、天文、气象、历史语言等研究所相继成立，其所长分别为李四光、俞青松、竺可桢、傅斯年。至8月正式成立国立中央研究院，为全国综合性学科最高学术研究机构，蔡元培为院长。

国立中央研究院 1928年，国民政府改中华民国大学院下属中央研究院为国立中央研究院，为全国综合性学科最高学术研究机构。任命蔡元培为院长。

国立中央大学 1928年，国立中央大学在南京成立，吴稚晖为首任校长，但未到校。

龙山文化 1928年，吴金鼎在山东章丘龙山镇发现属于父系氏族社会的新石器时期遗址，后定名为“龙山文化”。

北京人头盖骨化石 1929年（民国十八年），中央研究院地质研究所斐文中在北京周口店发现北京人完整的头盖骨化石，对研究人类进化的进程极具价值，受到世界瞩目。

左联 1930年（民国十九年）3月，中国左翼作家联盟（简称“左联”）在上海成立，为中共领导下的文学组织。下设马克思主义文艺理论、国际文化、文艺大众化、漫画等研究会。创办刊物有《前哨》、《文学导报》、《世界文化》、《拓荒者》、《北斗》、《文学月报》等。1936年（民国二十五年）初，因建立文艺界抗日民族统一战线而自行解散。

中国左翼文化总同盟 1930年10月，中国左翼文化总同盟在上海成立，为中共领导的各文化团体的联合组织。有左翼作家联盟、左翼戏剧家联盟等八个团体参加。1936年（民国二十五年）初，为建立抗日民族统一战线而自动停止活动。

左联五作家被害 1931年（民国二十年）2月，左联五作家柔石、胡也频、殷夫、冯铿、李伟森被国民政府在上海龙华警备司令部秘密杀害。

三联书店 1932年（民国二十一年）7月，邹韬奋等在上海创办生活书店。抗战胜利后，与读书出版社、新知书店合并为生活、读书、新知三联书店。

中国首次参加奥运会 1932年8月，中国运动员刘长春代表中国首次参赛奥运会。

著名长篇小说出版 1933年（民国二十二年），茅盾的长篇小说《子夜》和巴金的长篇小说《家》相继出版。

新生活运动 1934年（民国二十三年），蒋介石发起“新生活运动”。成立新生活运动促进会，蒋介石亲任社长。

林语堂小品文 1934年，林语堂在上海创办《人世间》半月刊，次年又主办《宇宙风》，与此前创办的《论语》同为回避现实斗争、追求创作“闲适”与“灵性”的小品文的刊物，一时形成风尚。遭到鲁迅、茅盾等左翼作家的批评。

《渔光曲》 1934年，联华影业公司摄制了由蔡楚生编导的故事影片《渔光曲》，连映不衰，并于次年在莫斯科国际电影节获荣誉奖。为中国首部获国际奖影片。

《雷雨》 1934年，曹禺剧作《雷雨》发表。

紫金山天文台 1934年，南京紫金山天文台落成。

《义勇军进行曲》 1935年（民国二十四年），由田汉作词，聂耳谱曲的《义勇军进行曲》（电影《风云儿女》主题歌）在《电影画报》上刊出。

埃德加·斯诺与陕北根据地 1936年（民国二十五年），美国记者埃德加·斯诺到中共陕北根据地采访，撰写《西行漫记》，向全世界报道了中共及其根据地的真实情况，产生巨大影响。本年由他编译的《活的中国——现代中国短篇小说选》在伦敦出版。

《辞海》 1936年，舒新城等主编的现代综合性百科辞典《辞海》由中华书局出版。

中国人民抗日军事政治大学 1937年（民国二十六年），中共中央决定将抗日红军大学（前身为红军大学）改名为中国人民抗日军事政治大学。林彪、徐向前先后任校长。培养了上万名军政干部。

卢沟桥事变 1937年7月7日，日本军队在北平（今北京）西南宛平县卢沟桥挑起事端，对中国发动军事进攻，遭到中国驻军29军的顽强抵抗。日本帝国主义对华的侵略战争全面爆发。8日，中共通电全国，号召全民族奋起抗战。17日，蒋介石在庐山发表讲话，宣布对日抗战。

西南联合大学 1937年，因抗战爆发，原北京大学、清华大学、南开大学南下至长沙，联合成立国立长沙临时大学。后来继续南迁至昆明，改名为西南联合大学。

南京大屠杀 1937年12月13日，日军攻占南京，屠杀30万中国人民，酿成南京大屠杀惨案。

中华全国文艺界抗敌协会成立 1938年（民国二十七年）3月，中华全国文艺界抗敌协会在汉口成立，选举郭沫若、茅盾等45人为理事，推举老舍为总务部主任。9月，协会迁至重庆。

白求恩援华 1938年，加拿大著名医生白求恩率医疗队经延安赴晋察冀边区。1939年11月12日，白求恩在实施抢救中因感染中毒牺牲。毛泽东作《纪念白求恩》一文。

《资本论》中译本 1939年（民国二十八年），《资本论》中文全译本由郭大力、王亚南译出并出版。

《黄河大合唱》问世 1939年，在延安，由冼星海作曲、光未然作词的《黄河大合唱》问世，对于唤起中华民族的奋斗精神起到重要作用。

《解放日报》创刊 1941年（民国三十年）5月16日，中共中央机关报《解放日报》在延安创刊。博古任社长。因中共中央撤离延安，于1947年3月27日停刊。

延安文艺座谈会召开 1942年（民国三十一年）5月，在延安召开文艺座谈会，毛泽东发表重要讲话。

抗日战争胜利 1945年（民国三十四年）8月15日，日本宣布无条件投降，抗日战争取得胜利。

政治协商会议 1949年（民国三十八年）9月，中国人民政治协商会议第一届全体会议在北平举行。会议通过了具有临时宪法性质的《共同纲领》，选举毛泽东为中央人民政府主席，宣告成立中华人民共和国。决定北京（原北平）为首都，并确定了国旗和国歌。

新中国成立 1949年10月1日，中华人民共和国中央人民政府成立。同日，在北京天安门广场举行了开国大典。

第三节　重要历史人物

一、远古时代

远古先民们为了生存和繁衍，同大自然展开了搏斗。那些善于总结经验并且取得成就的智者和出色的领袖人物便在口头传说中被人们传颂下来，成了神话传说中的英雄人物。

盘古氏　中国神话传说中以“盘古开天地”之说来解释天地万物的产生。传说盘古生于天地混沌之中。后来天地开辟，天日高一丈，地日厚一丈，盘古则日长一丈。经一万八千岁，天极高，地极低，盘古的身体各部位也都变成了日月、星辰、风云、山川、田地、草木、金石等等，于是有了天地万物。后世，南朝学者任昉（460~508年）在所著《述异记》中指出，关于盘古的神话传说起源于古代桂林郡。但也有起源于广西、湖北等说法，这反映出这一神话传说在中华民族中有着广泛的影响。

有巢氏　传说他为了避免人们遭受野兽侵袭，教人构木为巢，反映了原始生活中巢居的出现。

燧人氏　传说他发明钻木取火，教人熟食，是远古人类从利用自然火进化为人工取火的代表人物。

伏羲氏　传说他与其妹女娲氏相婚而产生人类，因此被尊为人类始祖，反映了远古人类的族内杂婚已为族内血缘婚所取代。还传说八卦也是他所作。

女娲氏　传说她与其兄伏羲相婚而产生人类。关于她的传说，还有用黄土造人、炼五色石补天、折断鳌足以支撑天地四极和治平洪水等等。

黄帝　名轩辕，为姬姓部落联盟的大酋长，后战败炎帝部落及蚩尤部落，并与之相融合，被尊为华夏人文始祖。

炎帝　一说即是神农氏，为姜姓部落联盟的大酋长。相传他发明木耒、木耜等农具，教民农耕，反映了远古人类由采集渔猎走向农业的进步。还传说他曾亲尝百草，发现药材，教人治病。因被黄帝部落战败，遂与之融合。后世中国人自称是炎黄子孙。

共工氏　传说为炎帝后裔，其部落以水为图腾。共工氏是神农氏之后又一个为发展农业生产作出重要贡献的人，他发明了筑堤蓄水的办法。关于他的传说，几乎都与水有关。最有名的传说是“共工怒触不周山”。共工与颛顼争夺部落首领之位时惨败，便愤怒地撞击不周山，造成天柱折断，天向西北倾斜，大地东南角塌陷。

蚩尤 为东夷部落集团的首领，有兄弟81人。据说他会制造金属兵器，能呼风唤雨，骁勇善战，被视为古代战神。后与黄帝战于涿鹿之野，战败被杀。其东夷部落集团也逐渐融入炎黄部落集团，因此蚩尤又被誉为华夏三祖之一。

颛顼 号高阳氏，相传为黄帝之孙，昌意之子，居于帝丘（今河南濮阳东南）。曾命重为南正之官，掌管祭祀天神。又命黎为火正（一作北正）之官，掌管民事，观测"大火"（心宿二）之出没，以定农时。西周后期有颛顼历，以十月为岁首，秦朝时颁行于全国。

尧 号陶唐氏，名放勋，因居于唐（今山西临汾），史称唐尧。为原始氏族社会晚期中原地区部落联盟的大酋长。

舜 号有虞氏，名重华，史称虞舜。曾继承尧位，任大酋长。

禹 姒姓，名文命，又称大禹、夏禹。著名的传说有"大禹治水"。禹先为夏后氏部落酋长，因治水有功，继承舜位，任部落联盟大酋长。致力培植儿子启的势力，中断了原始氏族社会的民主选举传统。

二、夏

启 大禹之子。通过战争建立了中国第一个奴隶制王朝。

后羿 传说为东夷族领袖，善射箭，是个射日英雄。著名的传说有"后羿射日"。据说曾经有10个太阳同时出现，炎热无比，后羿射掉9个，保留了1个，从此人们才得以正常生活。

仪狄 禹之臣，改进了酿酒工艺，取得了突出的成绩。故有"仪狄作酒"(《世本·作篇》）之说。

奚仲 夏朝有主管制造车辆的官职，称车正。据说奚仲即任此职，故有"奚仲作车"（《世本·作篇》）之说。

三、商

伊尹 相传他生于伊水边，遂以为姓。长大后流落到有莘氏处，为灭夏桀，甘愿做商汤的烹饪奴隶，利用侍奉进食机会，陈说灭夏之策，获得商汤的赏识，任用他为"尹"，成为主持国政的最高官员，故称伊尹。最终辅佐商汤灭夏称王。商汤死后，伊尹继续辅佐外丙、仲壬二王。仲壬死后，太甲即位。太甲破坏法度，被伊尹流放。三年后太甲悔过，被伊尹接回复位。上述记载表明，这一时期商朝国政实际由伊尹所操纵。

傅说 本为造土墙的奴隶，商王武丁发现他有治国之才，破格提拔他为相，大加重用。他为商朝实现“武丁中兴”发挥了很大作用。

妇好 为武丁配偶之一，其墓位于河南安阳市小屯村西北。1976 年发掘出土铜器、玉石器、骨器、陶器、蚌器等各类随葬品 1900 余件。其中青铜礼器种类繁多，有不少是前所未见或少见的重器。有 5 件成套的青铜编铙是商代乐器的珍品，而铜镜的首次出土，表明它这时已作为日用品使用。众多的玉石雕造物品相当精致，显示了当时高超的造型艺术与雕琢技术水平。这些精美的随葬品反映了武丁时代文化艺术方面的杰出成就。墓中还出土有 100 多件武器，文献也记载妇好曾经率领 1 万多士兵征伐羌方，可见她还是一个统兵征战的巾帼英雄。

四、西周

周文王（前 1152 ~ 前 1056 年） 周人先祖古公亶父之孙姬昌（周文王）因商纣王暴虐，迁都丰邑（今陕西西安沣水西），招贤纳士，有吕尚（姜太公）等辅佐，势力益增。相传文王曾被商纣王囚于羑里，遂推演八卦为六十四卦。

吕尚（前 1128~ 前 1015 年） 姜姓，名望，又称姜子牙、姜太公。商朝末年，以太师辅佐周武王灭商。因功封于齐，为齐国始祖。

周武王（约前 1087~ 前 1043 年） 文王之子，名发。前 1046 年，以姜尚为太师，率领军队推翻商纣王的统治，建立西周王朝。

周公（生卒年不详） 西周初年的政治家。武王之弟，名旦。曾助武王灭商。武王死后，又摄政辅佐年幼的成王。相传他制作礼乐，为西周王朝建立典章制度。

五、春秋时期

管仲（约前 723 或前 716 ~ 前 645 年） 齐国政治家、思想家，对发展齐国的经济文化、提高社会文明程度起了重要作用。孔子高度评价管仲说：“微管仲，吾披发左衽已！”（《论语·宪问》）意思是：“假如没有管仲，我现在只能还是遵照披散头发、衣襟向右的落后习俗。”

介之推（生卒年不详） 随晋公子重耳流亡19年，前636年（晋文公元年）后返晋。重耳立为晋文公，遍赏随从诸臣，唯介之推退隐绵山（今山西介休东南）中。相传晋文公为逼他出仕而放火烧山，介之推因而焚身。人们为了悼念他，遂于每年这一天（清明节前一二日）禁火寒食，以此传为古代寒食节之起源。

医缓（生卒年不详） 秦名医。前581年（晋景公十九年），晋景公病，使缓视之。缓诊视后谓病在肓之上，膏之下，认为“攻之不可，达之不及，药不至焉，不可为也”（《左传》成公十年）。景公旋死。后世遂有“病入膏肓”之说。

晏婴（？～前500年） 齐国政治家。字平仲，夷维（今山东高密）人。历仕灵公、庄公、景公三世。他曾预言齐国政权将被田氏所取代。今本《晏子春秋》为战国时人辑其言行而作。1972年山东银雀山汉墓出土有《晏子》残简，与今本有关章节对照，内容大体一致。

老子（约前571～前471年） 即老聃，姓李，名耳，楚国苦县（今河南鹿邑东）人，曾做周朝史官，为春秋后期（稍早于孔子）著名思想家，著《老子》，创立道家学说。1993年在湖北荆门郭店出土800余枚战国楚简，载录儒家、道家著作10余篇。其中有《老子》3篇，与今本《老子》多有不同，甚至对儒家提倡的“仁”、“礼”等观念亦持肯定态度。据此有学者认为，道家创立之始，并未与儒家对立，而是源于史官，探求平治天下之道。

孔子（前551～前479年） 名丘，字仲尼，鲁国陬邑（今山东曲阜东南）人，著名思想家、教育家。他继承了西周以来注重道德的文化传统，创立了以仁、礼为核心的儒家学说，提倡重道德、讲有为、轻鬼神。他开创了大规模的私人办学，并对西周以来的文化典籍进行了整理和修订。《论语》是孔子的弟子们对他生前言行的记录，最集中地反映了他的思想理论。西汉开始，孔子创立的儒家学说成为中国封建社会的正统思想，对中国社会及中华民族文化精神具有深远影响。

范蠡（前536～前448年） 越国大夫，辅佐越王勾践灭吴。前473年，范蠡自越至齐，以经商致富，称陶朱公。他认为根据商品的供求关系可预测市场，从而致富。据《史记·货殖列传》等书记载，范蠡从师于春秋战国之际著名经济思想家计然（一说即是越大夫文种）。计然的主要理论有农业丰歉循环论（六年一丰收，十二年一大饥）、平粜论（通过国家买卖粮食、以稳定粮价的理论）、积著之理（经商致富的各种原则）等。

孙武（约前353～？年） 春秋军事家。齐国人，字长卿。前512年（鲁昭公三十年）以所著《兵法》见吴王阖闾，因任为将，率吴军攻破楚国。世称其书为《孙子兵法》、《吴孙子兵法》，是中国最早的军事理论著作，也包含了丰富的辩证法思想，至今仍为中外军事家、思想家所推崇。

六、战国时期

子产（? ～前 522 年） 政治家。郑国贵族之后，名侨，字子产。曾为郑国执政，推行改革，确定田地疆界和赋税制度，把刑书（法律）铸在鼎上公布。为了听取民众批评，反对毁乡校。反对流行民间的一些迷信活动。一时给郑国带来清明政治。

子思（前 483 ～前 402 年） 名伋，孔子之孙，师从曾参。他发挥孔子的仁学思想，著作《中庸》，宣扬心性之学。后孟子受业于他的门人，形成思孟学派。由于文献缺乏，后世对子思一派的心性思想了解很少。1993 年，湖北郭店出土楚简中有《性自命出》等新见儒家著作，填补了孔子之后儒家子思一派对人性与心、命、情关系的论述空白。

吴起（? ～前 381 年） 著名军事家。卫国左氏（今山东曹县北）人。初为鲁将，后为魏将，魏文侯死后至楚，辅佐楚悼王变法。悼王死，吴起被楚贵族杀害。著有《吴起》48 篇，已佚。今本《吴子》6 篇系后人所托。

墨子（约前 468 ～前 376 年） 著名思想家、政治家，名翟。相传为宋国人，后长期居鲁。创立墨家学派，与儒家并称“显学”。墨子学说代表了当时下层社会的农民、手工业者、小商人利益，以平等的“兼爱”思想为核心，提倡非攻、节葬、尚贤、明鬼等主张。

杨朱（生卒年不详） 魏国人，稍晚于墨子，战国早期思想家。他反对儒家仁礼学说，也反对墨家的兼爱、非攻思想，主张以自我为中心，提倡“贵生”、“重己”。其事散见于先秦诸子中。

太史儋（生卒年不详） 原为东周史官，约于前 374 年（周烈王二年）西出函谷关时见到关令尹喜，并修撰今本《老子》。司马迁在《史记》中对老子其人不能确定，或谓为战国之太史儋。自 1993 年湖北郭店楚简古本《老子》出土后，有学者认为，道家创始人本春秋末年之李耳，古本《老子》即其所著，与今本多有不同，至战国中期，太史儋对古本《老子》加以修订改造，发挥了玄妙高远之论，遂成今本《老子》。

孙膑（? ～前 316 年） 战国时军事家，齐国人，孙武的后代。与庞涓同学兵法，涓忌其才，使遭膑刑，故称孙膑。前 341 年（田齐威王十六年），齐魏马陵之战，齐孙膑以逐日减灶之计诱敌深入，大破魏军，魏将庞涓被迫自杀，为著名战例。著有兵书《齐孙子》，隋朝以前失传。1972年在山东临沂县银雀山西汉墓中出土其残简，可见该书对《孙子兵法》的继承与发展。

商鞅（约前390～前338年） 政治家，法家代表人物。卫国人，公孙氏，名鞅。初为魏相的家臣，入秦后，在秦孝公支持下实行变法，奠定了秦国富强的基础。秦孝公卒，商鞅遭贵族杀害。《汉书·艺文志》有《商君》29篇，今存24篇，是商鞅及其后学的著作合编。

孟子（约前372～前289年） 儒家思想家。名轲，字子舆，邹（今山东邹县东南）人。受业于子思门人。孟子着重发展了孔子的仁学，以“人性善”阐述仁义道德的必然性以及天人合一思想，为孔子的仁学提供了理论根据。他提倡仁政，主张法先王。他的“民贵君轻”思想是春秋以来民本思想的代表。后世视他为孔子学说的正统继承者。晚年弟子万章等著《孟子》，记录了他的言行，集中反映了他的思想学说。1993年湖北郭店楚简中儒家著作的新发现，为了解自孔子“性相近”至孟子“人性善”的心性学说发展脉络，提供了宝贵资料，填补了思孟学派的学术空白。

庄子（约前369～前286年） 道家思想家。名周，宋国蒙（今河南商丘东北）人。有学者认为，庄子当“源于隐者”一派。他发展了“道法自然”的思想，强调事物的自然本性，否认有神的主宰。他看到了事物的变化都出自矛盾双方的相互转化，但又否定了事物之间的差别。因此既有辩证法因素，又陷入相对主义和宿命论之中。他注重人的“养生”，但其逍遥避世的思想对后世也产生了一定的消极作用。著有《庄子》（唐朝以后又称《南华经》）33篇。一般认为，其中内篇7篇为庄子本人所作，外篇杂篇可能搀杂其门人之作。其文章富于想象，行文汪洋恣肆，多用寓言比喻，对后世浪漫主义文学的发展有深刻影响。

屈原（约前340～前278年） 楚国政治家、中国最早的诗人。名平，楚国贵族。初佐怀王，主张联齐抗秦，后遭谗去职，被放逐，长期流浪于沅湘流域，对黑暗现实愈益不满。当他得知楚都郢被秦军攻破时，极为悲愤，遂投汨罗江而死。所作《离骚》、《九章》等抒发了他深切忧念国事的爱国情怀。在《天问》中，他对许多自然、社会现象提出质疑，体现了他对传统观念的怀疑精神。他在汲取民间文学艺术营养的基础上，创造出骚体（楚辞体）的文学新形式，在中国文学发展史上具有重要地位。今所见其作品皆出自西汉刘向所辑《楚辞》中。

宋玉（前301～前240年） 楚国辞赋家，与唐勒、景差同为屈原弟子。《九辩》为宋玉代表作。另有《风赋》、《高唐赋》、《登徒子好色赋》亦传为玉所作。宋玉曾说，有人在郢都歌《下里》、《巴人》，和者数千人；再歌《阳阿》、《薤露》，和者数百人；又歌《阳春》、《白雪》，和者不过数十人。《下里》、《白雪》等皆楚国歌曲名，前者通俗，后者高雅。后世以它们比喻不同层次的文艺作品。

李冰（生卒年不详） 战国时水利家。秦昭王时任蜀郡守。李冰父子在总结前人治水经验的基础上，于今四川灌县西北岷江中建都江堰，在排洪、灌溉、航运等方面皆取得显著效益，从此成都平原沃野千里，促进了蜀地经济文化的繁荣发展。

公孙龙（？～约前 242 年） 名家学者。字秉，赵国人。他的名辩论题有“离坚白”、“白马非马”等。认为石头的“坚”和“白”是可以分离而各自存在的；“白马”和“马”也存在着特殊与一般的差别，不可混同。他对概念的规定性和差别性做了深入分析，推动了古代逻辑思维的研究，但由于过分夸大差别性而忽视同一性，从而陷入诡辩论。著有《公孙龙子》，今仅存 5 篇。

扁鹊（生卒年不详） 战国时著名医学家，姓秦，名越。其医术高超，反对巫术迷信，擅长各科，尤善望、切，为中医脉学之倡导者。《汉书·艺文志》著录有《扁鹊内经》等，已佚。今传《难经》系后人托名。

驺衍（约前 305～前 240 年） 驺或作邹，齐国人，五行家代表人物，曾游学稷下。他提出“五德终始”说，以五行相克解释社会的变动和王朝兴替的规律性。他完全撇开鬼神，以一种积极的态度探索天、地、人之间的关系，丰富了中国传统文化中的天人合一的思想。英国学者李约瑟在其《中国科学技术史》中对邹衍给予了高度评价。邹衍著有《邹子》、《邹子终始》，皆佚。

荀子（约前 313～前 238 年） 战国思想家。名况，时人尊称荀卿，赵国人。荀子继承了孔子的儒家礼治思想，强调以“礼”来确定人们贵贱尊卑的不同地位，便可保证社会秩序的稳定。但也还需要有一定的法治奖惩相配合。政治上他主张霸道、王道兼之。他认为人性恶，因此需要道德教化加以改变。他不仅否认鬼神的存在，而且认为人的吉凶与自然的变化没有必然联系。他把先秦时期的朴素唯物主义思想发展到最高水平。著有《荀子》32 篇，其中《赋篇》对汉赋的兴起有一定影响，《成相篇》适宜口头演唱，开中国说唱文学之先河。但书末之 6 篇，或为其弟子所记。

吕不韦（？～前 235 年） 卫国人，原为大商人，在邯郸遇见入质于赵的秦公子异人，以为“奇货可居”，遂游说秦华阳夫人，立异人为太子。异人继位（即庄襄王）后，任吕不韦为相国。秦王政继位后，吕不韦继任相国，有门客三千。后被免职迁蜀，忧惧自杀。曾命门客“人人著所闻”，汇合各家学说，编著成《吕氏春秋》，后世亦称《吕览》。全书以儒、道思想为主，兼及名、法、墨、农、阴阳诸家之说，为秦统一天下、治理国家提供了思想理论。

韩非（约前 280 ~ 前 233 年） 韩国贵族，荀子弟子，法家代表人物。他以人人皆具有趋利避害的本性和社会进化论作为理论基础，对春秋以来的法家思想和实践活动给予总结，强调法、术、势必须结合运用，被视为法家集大成者。曾建议韩王实行变法，不被用。至秦，受到秦王政重视。因李斯等陷害，入狱自杀。《韩非子》系后人收集其遗著及他人论述而编成。

七、秦

李斯（？ ~ 前 208 年） 政治家，楚国上蔡（今河南上蔡）人。入秦为客卿。前 237 年，秦王受保守贵族怂恿，下令逐客。李斯乃上《谏逐客书》，陈说利害。秦王遂废逐客令。主张对六国采取各个击破策略，协助秦始皇统一中国。后任丞相，推行统一文字、度量衡等一系列加强中央集权的措施。后被赵高所忌，被杀。

赵高（？ ~ 前 207 年） 秦始皇时宦官，本赵国人。始皇死，与李斯伪造遗诏，立少子胡亥为二世皇帝。受重用任中丞相。相继害死李斯、秦二世，立子婴为秦王。不久被子婴所杀。

陈胜（？ ~ 前 208 年） 秦末农民起义领袖。字涉，阳城（今河南登封东南）人。出身雇农，因不堪朝廷苛刑重赋，与吴广在蕲县大泽乡（今安徽宿县东南）发动戍卒 900 人起义反秦。被推为王，建立张楚政权。后遭秦军镇压，被叛徒杀害。

八、西汉　新　东汉

贾谊（前 200 ~ 前 168 年） 西汉政论家、文学家。洛阳人。汉文帝时为博士，迁太中大夫。受排挤，贬为长沙王太傅。曾提出以“众建诸侯之策”削弱诸侯王势力，主张重农抑商。著有《过秦论》，文中论述了秦朝兴亡的教训，宣扬以儒家仁义教化作为治国指导思想。谊亦善辞赋。后人辑其著作《贾谊集》。

晁错（前 200 ~ 前 154 年） 西汉政论家。初学法家，后奉命学儒家《尚书》。汉景帝时任御史大夫。景帝采纳晁错削藩之策，引发吴楚七国之乱，景帝被迫腰斩晁错于长安。晁错一向主张重农抑商、移民实边以及削夺地方诸侯势力。著有《论贵粟疏》等。《汉书·艺文志》法家有《晁错》31 篇，今有辑本。

董仲舒（前 179 ~ 前 104 年） 西汉思想家，今文经学大师。前 134 年，汉武帝策问贤良文学，董仲舒对以“天人”三策，提出“罢黜百家，独尊儒术”方针，为武帝所采纳，从此儒学被尊奉为中国封建统治主导思想。专治《春秋公羊传》，提出以“大一统”和“君权神授”为核心思想的“天人感应”论。常以公羊传观点推算阴阳灾异，致使儒学走向神学化。著有《春秋繁露》等。

张骞（？～前114年） 封博望侯。前139年（汉武帝建元二年），以郎应募出使大月氏（今阿姆河流域），以联合抗击匈奴。途中为匈奴扣留。11年后逃脱匈奴，继续西使，经大宛（中亚费而干纳盆地）、康居（今巴尔喀什湖与咸海间），至大月氏。复至大夏（今阿姆河流域南部），见到由身毒（指古印度）传去的四川邛竹杖、蜀布。表明此前中国西南地区早已和印度半岛、阿富汗北部一带有了交通贸易往来。前126年（汉武帝元朔三年），张骞自西域归抵长安，历时13年，成为沟通汉与西域联系之先导，为开辟著名的“丝绸之路”，促进中西文化交流作出了贡献。后从大将军卫青、骁骑将军李广出击匈奴。前119年（汉武帝元狩四年），张骞率三百人出使乌孙（在今新疆伊犁河流域），为第二次通使西域。前115年（汉武帝元鼎二年），张骞与乌孙使者同归长安。张骞在乌孙时，曾遣副使持节分赴大宛、康居、大月氏、大夏、身毒、安息、于阗诸国。不久，诸国多遣使者随汉副使东来。此后，中西使者相望于道，各国的音乐、绘画、雕刻等艺术也随之传入中国。

司马相如（前179～前117年） 西汉辞赋家。字长卿，蜀郡成都（今属四川）人。汉景帝、武帝时以郎入仕，曾奉命出使西南夷。工于辞赋，代表作有《子虚赋》、《上林赋》等，尽极铺张，于篇末寄寓讽谏，为汉代大赋之典型。原集已散佚，后人有辑本。他与卓文君相爱私奔的故事，流传至今，成为美谈。

东方朔（前154～93年） 文学家，字曼倩。汉武帝时，官至太中大夫、给事中。博学多才、恢谐滑稽，善辞赋。后人辑有《东方先生集》。后世《神异经》等小说系伪托其名之作。

司马迁（约前145或前135～前90年后） 西汉史学家。字子长，夏阳（今陕西韩城南）人。早年为考察风俗、史迹，遍游南北。前108年（汉武帝元封三年），继父任为太史令，得读内廷所藏史籍图书。前104年（汉武帝太初元年），与唐都等共修太初历。后因为李陵降匈奴辩解，获罪受腐刑。仍发愤著作史书，人称《太史公书》。后世称《史记》。《史记》为中国第一部通史，创纪传体裁，开创了后世官修国史的体例，对后世文学发展亦有相当影响。

李广（？～前119年） 西汉著名将领，在抗击匈奴战争中功勋卓著。汉文帝时，为郎、武骑常侍。景帝、武帝时，任陇西、北地等郡太守及朝廷卫尉。后任右北平太守，匈奴畏其威力，数年不敢进犯，称其为“飞将军”。后随大将军卫青攻匈奴，因失道被责，自杀。以终生未能封侯为憾。

桑弘羊（前 152～前 80 年） 西汉杰出的经济思想家。汉武帝时，他推行盐铁酒类由国家专卖，增加了政府收入，并打击了富商大贾势力。前 81 年（汉昭帝始元六年），昭帝诏郡国举贤良文学 60 余人来京，与御史大夫桑弘羊辩论盐铁专卖政策。桑弘羊坚持盐铁官营，对各种批评给予反驳。宣帝时，桓宽据会议记录整理为《盐铁论》，为研究西汉经济思想提供了重要资料。

苏武（？～前 60 年） 字子卿，少时与兄并为郎官。前 100 年（汉武帝天汉元年），奉汉武帝之命出使匈奴。因拒绝匈奴的威胁诱降，被扣不得归。在北海（今贝加尔湖）边牧羊 19 年，坚持守节不屈。前 81 年（昭帝元始六年），因匈奴与汉和好，才得遣回，任典属国。其坚持民族气节的不屈精神，为后世所推崇。

刘向（约前 77～前 6 年） 西汉目录学家。本名更生，字子政。治《春秋谷梁传》，好以阴阳灾异推论时政得失，屡次上书劾奏外戚专权。汉成帝时，以中垒校尉校阅内廷藏书，撰成《别录》，为中国最早目录学著作。著有《列女传》、《新序》、《说苑》等存世，后人另有辑集。

扬雄（前 53～18 年） 字子云，在文学、哲学、语言学方面皆有成就。早年工赋，有《长杨赋》、《甘泉赋》等。后转而研究哲学，仿《论语》作《法言》，仿《易经》作《太玄》。提出以“玄”为宇宙万物根源的观点。又著《方言》，对西汉各地方言进行研究。另有字书《训纂篇》。明人辑有《扬子云集》。

王充（27～约 97 年） 东汉唯物主义思想家。字仲任。少时游学洛阳，博览群书但不拘章句。一生致力于批判鬼神迷信思想，敢于“问孔”、“刺孟”，富有反传统精神。主张“元气”为万物的原始形态，对唯心主义的天人感应、谶纬迷信给予否定。著有《论衡》，发展了古代唯物主义，在中国思想史上占有重要地位。

班固（32～92 年） 东汉史学家、文学家。字孟坚。初为继续著成其父班彪的《史记后传》，被告发私撰国史下狱，得弟班超营救，获释。除兰台令史，历 20 余年，续修《汉书》，未成而卒。八表及《天文志》只留草稿，后由其妹班昭和马续完成。继司马迁之后，开创官修断代史之体例。又据 79 年（汉章帝建初四年）今、古文经学家在白虎观辩论五经异同的言论，撰成《白虎通义》。又善为赋、颂，有《两都赋》、《北征颂》等。后人辑有《班兰台集》。

班超（32～102 年） 东汉名将。字仲升，班固弟。东汉明帝时，从窦固击北匈奴，又率吏士 36 人赴西域，铲除了匈奴在当地的势力，巩固了汉朝在西域的统治。以后又击退匈奴的反扑和莎车、龟兹、焉耆贵族的叛乱，保证了当地各族的安全。为汉经营西域30余年，使“丝绸之路”复通，促进了西域与中原的联系。

蔡伦（? ~121年） 字敬仲。为宦官，东汉和帝时任主管制造内廷器物的尚方令。他在西汉以来制造植物纤维纸的基础上，改进造纸技术，提高纸的质量，制出价格低廉又便于书写的纸张，世称“蔡侯纸”，对促进人类文化发展具有重要意义。

张衡（78~139年） 字平子。精通天文历算，曾两次任太史令。132年（汉顺帝阳嘉元年），张衡创制出世界上最早的地动仪，能测定较强地震的方位，比外国地震仪早1700多年。138年（汉顺帝永和三年），地动仪成功地测到金城、陇西的大地震。所制浑天仪利用机械技术，以水力自动演示天象的运行。在其天文著作《灵宪》中，第一次正确解释了月食的成因，并提出了宇宙的无限性。又擅长诗赋，著有《二京赋》，在文学史上具有一定影响。后人辑有《张河间集》。

马融（79~166年） 经学家。字季长。注有《论语》、毛《诗》等多部经书，推动了古文经学的发展。同时兼注《老子》、《淮南子》。又常蔑视礼教，对魏晋清谈有一定影响。后人辑有《马季长集》。

郑玄（127~200年） 经学家。字康成。以治古文经学为主，兼采今文经说，考定是非，择善而从，世称郑学。遍注群经，集两汉经学之大成，从而结束了两汉以来的今、古文经学之争。对整理古代文献颇有贡献。

华佗（? ~208年） 医学家。又名旉，字符化。精通医术，曾成功地施用麻醉药物进行手术，在世界外科麻醉史上占有重要地位。创五禽戏作为医疗保健体操。所著医书已佚。因触怒曹操被杀。

张仲景（150~219年） 医学家。名机。其著作辗转流散，后人整理成《伤寒论》和《金匮要略》两书。他总结了前人的医疗经验，提出辨证施治的若干原则，对中国的医学发展作出重大贡献。

孔融（153~208年） 文学家。字文举。其散文简洁锋利，多讥嘲之辞，亦善诗。为建安七子之一。曾任北海相，人称孔北海。因触怒曹操被杀。有“融四岁，能让梨”故事传世。后人辑有《孔北海集》。

九、三国时期

曹操（155~220年） 政治家、军事家、诗人。字孟德。善用兵，统一了北方。挟汉献帝，都许（今河南许昌），为丞相，掌握朝政。后晋升魏王。在推行屯田、用人、抑制豪强等方面，多采取比较开明的政治策略。其诗歌亦有成就，《蒿里行》、

《步出夏门行》等皆为名篇，慷慨悲怆，气势沉雄，为“建安风骨”之代表作。今人编其遗著有《曹操集》。

刘备（161～223年） 政治家。字玄德，涿郡涿县（今河北涿州）人。东汉汉灵帝末年，刘备因起兵讨伐黄巾军有功而登上汉末政治舞台，三顾茅庐后始得诸葛亮辅佐。208年（汉建安十三年），与孙权周瑜等大胜曹操于赤壁，其后得到荆州五郡，后又夺取益州。夺取汉中击退曹操后，于公元219年（建安二十四年）自立为汉中王。221年（蜀章武元年），蜀中传言汉献帝遇害，刘备遂于成都武担之南即皇帝位，年号章武。次年伐东吴兵败，损失惨重，退回白帝城。223年（蜀章武三年）因病崩逝。

诸葛亮（181～234年） 蜀汉政治家、军事家。字孔明。为刘备设计联合孙权、抗拒曹操、确立三分鼎立的战略方针。其为蜀汉丞相时，为改善西南各族关系、发展当地经济文化作出了贡献。曾创制“木牛流马”，有利于山地运输。所著前后《出师表》著称于世。后人辑有《诸葛亮集》。

孙权（182～252年） 字仲谋，吴郡富春县（今浙江富阳）人。幼年跟随兄长吴侯孙策平定江东，200年（汉献帝建安五年）孙策早逝，孙权继位为江东之主。208年（汉献帝建安十三年），孙权与刘备联盟，并于赤壁击败曹操，天下三分局面初步形成。219年（汉献帝建安二十四年），孙权自刘备手中夺得荆州，使吴国的领土面积大大增加。222年（吴黄武元年）孙权称吴王，229年（吴黄龙元年）称帝，正式建立吴国。

十、西晋　东晋　十六国　南北朝时期

王叔和（201～280年） 医学家。精研脉诊，著成《脉经》，为现存最早的脉学专著。

皇甫谧（216～282年） 医学家。字士安。总结了晋以前针灸学成就，撰成《针灸甲乙经》，为现存最早的针灸学专著。又著有《帝王世纪》等。

荀勖（?～289年） 字公曾，颍川颍阴（今河南许昌）人。律学家、目录学家。初仕魏，西晋时官至尚书令，曾掌管朝廷音乐，考订律吕。曾与张华依《别录》整理典籍，将典籍按经、子、史、集四类编为甲、乙、丙、丁四部，开创了古代图书的四部分类法。

陈寿（233～297年） 史学家。字承祚。晋灭吴后，收集三国时官私著作，著成《三国志》。书以三国并列，亦属创例。

刘徽（约 250～？年） 魏晋时期数学家。263 年（魏景元四年），著成《九章算术注》九卷及《重差》一卷（后称《海岛算经》），对许多数学问题多有创见，尤其是利用圆的内接多边形计算圆周的割圆术成就最大。他得出的圆周率是 3.1416，是当时世界上最先进的数值。

郭璞（276～324 年） 东晋文学家。字景纯。博学，好古文奇字，又喜阴阳卜筮之术。著有《尔雅注》、《尔雅音》、《尔雅图》等，对《尔雅》学的研究颇有贡献。今仅存《尔雅注》三卷。又有《方言注》，以晋代语词释古语，可考汉晋语言流变。明人辑有《郭弘农集》。

顾恺之（314～?，或约 345～406 年） 东晋画家。字长康。工诗赋、书法，尤精绘画。画人注重眼睛之传神。曾为建康瓦棺寺绘《维摩诘像》壁画，轰动一时。著有《画论》，为中国较早的论画专著。现存唐人所摹《女史箴图》。

王羲之（321～379 年，或 303～361 年） 东晋书法家。字逸少。居会稽山阴（今浙江绍兴）。工书法，尤擅正、行，字势强雄多变，世誉为“书圣”，对后世书法影响很大。真迹无存，有唐人摹帖传世。

王献之（344～386 年） 东晋书法家。字子敬。擅行、草，与父王羲之齐名。世存墨迹有行书《鸭头丸帖》等。

陶渊明（365 或 376～427 年） 著名诗人。又名潜。曾任彭泽县令等官，因不满现实，傲视权贵，遂去职归隐。长于诗文辞赋，作品中常隐寓对统治集团的鄙视和不愿同流合污的精神。诗文语言质朴自然，不事雕琢。陶渊明的诗歌以其鲜明的现实内容和独特的风格为当时的文坛开辟了一种悠闲的境界，对后世诗歌影响深远。今有《陶渊明集》。

裴松之（372～451 年） 南朝史学家。字世期。博采群书为《三国志》作注，保存了大量史料，开创了作注新例。其子裴骃也以注史闻名，有《史记集解》。

谢灵运（385～433 年） 诗人。因晋时袭爵康乐公，世称谢康乐。善于诗中描绘山水风光，开创山水诗派。曾整理朝廷秘阁藏书，撰《四部书目》，已流失。明人辑有《谢康乐集》。

贾思勰（386～543 年） 北朝农学家。撰成《齐民要术》，总结了汉魏以来北方农业生产经验，是现存最古老的农书。

刘义庆（403～444 年） 文学家。撰《世说新语》，记述晋代士大夫之言行轶事，为当时轶事小说的代表，对后世笔记小说亦有深远影响。

祖冲之（429～500 年） 南朝科学家。字文远。463 年（宋孝武帝大明七年），撰成《大明历》上奏朝廷。该历已考虑岁差等因素，比以前诸历更为准确。因遭人反对，冲之遂撰《历议》一文驳之。40余年后方才实行。他推算出的圆周率在3.1415926~3.1415927之间，并提出约率22/7和密率355/113，密率值比欧洲早1000多年。又曾研制水碓磨、指南车、千里船等。

沈约（441~513年） 南朝文学家。他据何承天、徐爰诸家的宋史旧本撰成《宋书》。又创“四声八病”说，推动了律诗的发展。

江淹（444~505年） 南朝文学家。字文通。诗多拟古之作，其《恨赋》、《别赋》较为有名。后人辑有《江文通集》。传说江淹少时才思敏捷，及晚年少有佳句，遂有“江郎才尽”之成语。

范缜（约450~约510年） 南朝思想家。字子真。以其无神论思想在西邸与萧子显辩论因果报应问题。众僧难之而不能屈。退而著《神灭论》，对后世无神论的发展及反佛斗争起了推动作用。

周兴嗣（？~521年） 南朝文学家。字思纂。撰有《王羲之千字文》，拓取王羲之遗书不同的字千个，编为四言韵语，为童蒙课本。此为最早的《千字文》本。

刘勰（约465~约532年） 南朝文学理论家。字彦和。撰成《文心雕龙》，全面总结了前代文学现象，系统阐述了文学批评理论，为古代著名的文论巨著。

郦道元（466或472~527年） 北魏地理学家、散文家。字善长。撰《水经注》，是中国最早的综合性水文地理著作，而且文笔生动，有较高的文学价值。

萧统（501~531年） 南朝文学家。字德施。梁武帝长子，立为太子，谥昭明。曾招集文学人士编成《文选》（又称《昭明文选》），选录自先秦至梁的诗文辞赋、分类编排，为现存最早的诗文选集。对研究梁以前文学有重要参考价值。

十一、隋　唐　五代十国

庾信（513~?年） 文学家。字子山。擅诗赋、骈文。与徐陵齐名，亦称“徐庾”。早年风格艳丽轻漫，晚年转为苍劲悲凉，《哀江南赋》是其名作。后人辑有《庾子山集》。

颜之推（531~615年） 北朝文学家。字介。终年60余岁，撰成《颜氏家训》，以儒家传统思想立身治家为主，对后世影响至深。还著有《还冤志》、《证俗音》等。

展子虔（约550~604年） 画家。历北周、北齐，隋时任帐内都督。善画人物鞍马及台阁山水，对唐代绘画有重要影响。世存《游春图》相传是他所作，为迄今最古的山水画。

陆德明（约 550～630 年） 经学家、文字学家。本名元朗，以字行。南朝陈时，曾采集汉魏六朝音切及群经训诂，考证异同，撰成《经典释文》，是研究唐以前文字、音韵以及经籍版本的重要资料。

欧阳询（557～641 年） 书法家。字信本。官至太子率更令，世称“欧阳率更”。与虞世南、褚遂良、薛稷为唐初四大书法家。风格劲险刻厉，平正中见险绝，世称“欧体”。传世墨迹有正书《九成宫醴泉铭》等及行书《张翰帖》等。编有《艺文类聚》。

魏征（580～643 年） 政治家、史学家。字玄成。任谏议大夫、侍中，封郑国公。曾提出“兼听则明，偏听则暗”，应“居安思危”等，屡谏太宗须以隋亡为鉴。其言论见于《贞观政要》。曾为《隋书》、《梁书》、《陈书》、《齐书》等著论，主编《群书治要》。有《魏郑公集》。

孙思邈（约 581～682 年） 医学家。少时因病学医，对医学有较深研究，并博涉经史百家。他总结唐以前的医学理论与临床经验，收集方药、针灸等内容，著成《千金要方》、《千金翼方》等，倡立脏、腑病分类新系统，首列妇、儿科。在医学上有很大贡献，后人尊为“药王”。

唐太宗（599～649 年） 即位后，致力于推行均田制、租庸调法和府兵制，并加强对官吏的考核，发展科举制度，以能从谏如流著称。630 年（贞观四年），击败东突厥，降唐各族君长共推唐太宗为“天可汗”。维护了唐朝的统一与和平。以文成公主入嫁吐蕃，加强了汉、藏之间的经济、文化联系和亲密友谊。在位时政绩卓著，被誉为“贞观之治”。死后葬于昭陵（今陕西礼泉九嵕山）。

玄奘（602～664 年） 本姓陈，名祎。629 年（唐太宗贞观三年，或说 627 年），启程西行，赴天竺求佛法。642 年（唐太宗贞观十六年），玄奘在印度那烂陀寺学法并为众僧讲《唯识抉择论》，沟通大乘各派的分歧。后至各地游学。又用梵文著《会宗论》和《制恶见论》。后天竺戒日王在曲女城设大会，集五天竺沙门、婆罗门、外道等道俗上万人，请玄奘法师为论主，任听各方破驳，经 18 天会终，竟无一人能驳难，一时轰动。大乘尊玄奘为“大乘天”，小乘尊其为“解脱天”。

645 年（唐太宗贞观十九年），玄奘自印度回国，带回大小乘经律论共 657 部及若干佛像、舍利等，数十万人于长安迎接。归国后创立法相唯识宗，并在长安大慈恩寺翻译佛经 75 部。其中《成唯识论》为唯识宗的奠基之作。又把入印途中见闻撰成《大唐西域记》，为研究中西亚交通史重要著作。

松赞干布（617～650 年） 吐蕃赞普（吐蕃的君长），在位时创文字，定法律，立官制、军制，定都拉萨。与唐文成公主联姻，接受汉族先进生产技术，促进汉藏经济文化交流，又从印度、唐等地引入佛教，开始藏传佛教的前弘期。死后葬于木惹山（今西藏穷结）。以后历代赞普均葬于此，称藏王墓。

阎立本（？～673年） 画家。继承家学，擅画人物，并取法张僧繇，笔力圆劲雄浑，善刻画性格。所画《秦府十八学士图》、《凌烟阁功臣图》等称誉当时。有《历代帝王》、《步辇图》、《职贡》等图传世。

骆宾王（约640～684年） 文学家。曾任临海郡丞，诗多悲愤之词，善骈文，为“初唐四杰”之一。徐敬业讨伐武则天，为作《为徐敬业讨武瞾檄》。敬业败，宾王亦被杀，一说不知所终。有《骆宾王全集》。

王勃（648或650~675或676年） 文学家。字子安。少时即显露才华，与杨炯、卢照邻、骆宾王并称“初唐四杰”。其诗风格清新，与当时纤巧雕刻的风格不同，多为描写个人生活，抒发政治感慨及不满豪门世族之作。文章名作有《滕王阁序》等。明人辑有《王子安集》。

刘知几（661～721年） 史学家。字子玄。自武后至玄宗在位期间，以作史官为主。主张史家须具有“史才”、“史学”、“史识”三长，对著史强调直笔，提倡“不掩恶，不属善”。所著《史通》是我国第一部史学评论专著，体现其史学思想。

吴道子（约685～758年） 画家。游历洛阳时，被唐玄宗任以内教博士，擅画佛道人物，创“吴装”，对后世绘画及雕塑有很深的影响。有“画圣”美誉。曾于大同绘壁画300余间，有《送子天王图》传世。

王之焕（688～742年） 诗人。字季陵。官文安县尉。生性豪放，常击剑悲歌，其诗名噪一时，与高适、王昌龄等相唱和，以抒写边塞风光著称。《凉州词》、《登鹳雀楼》最为有名。

鉴真（688～763年） 律宗高僧。本姓淳于。753年（唐玄宗天宝十二年）第6次东航，到达日本九州岛，翌年在奈良东大寺建戒坛，为日本佛教徒登坛受戒之始。759年（唐肃宗乾元二年）建造唐招提寺，传布律宗，并将中国的建筑、雕塑、医药学等传到日本，为中日两国文化交流作出了卓越贡献。763年（唐代宗广德元年）卒于日本。有《鉴真上人秘方》传世。

孟浩然（689或691～740年） 早年隐居鹿门山。年40游长安，应进士不第。后曾游历东南诸省，诗与王维齐名，开创山水田园诗派，称为“王孟”。其诗风格疏淡，长咏田园山水，有《孟浩然集》。

钟馗（生卒年不详） 传说为唐玄宗时人，曾应武举未中。死后托梦玄宗，誓灭天下妖孽，玄宗即命吴道子绘其形象，贴之门壁。旧俗端午节民间有悬挂钟馗像以驱鬼避邪的风俗。

王昌龄（约 698 ~ 756 年） 诗人。长安人，字少伯。擅作七绝，多写当时边塞军旅生活，气势雄浑，情调高昂。以《从军行》七首及《出塞》二首闻名于世。因避乱还乡，途中为亳州刺史闾丘晓所杀。明人辑有《王昌龄集》。

王维（701 ~ 759 或 761 年） 诗人、画家。字摩诘。官至尚书右丞，世称“王右丞”。诗、画、书、乐俱佳。诗以山水田园为主，恬淡传神，体现其抒发隐逸超然的情怀以及对禅理的追求。又擅画平远之景，后人以为“文人画”创始者。其诗中有画，画中有诗。好谈禅说佛，对其诗画风格有较深的影响。明董其昌推他为“南宗”之祖。有《雪溪图》、《写济南伏生像》等传世。著有《王右丞集》。

李白（701 ~ 762 年） 诗人。字太白，号青莲居士。生于碎叶（今属吉尔吉斯共和国，唐时属安西都护府）。祖籍本陇西成纪（今甘肃秦安）人，隋末其先人流落碎叶城。少时即显露才华，吟诗作赋，博学广览，并好行侠漫游，对社会生活多有体验。742 年（唐玄宗天宝元年），李白入长安，供职翰林供奉。但在政治上不被重视，且受权贵谗毁，仅一年多便离开长安。安史之乱中，曾为永王李璘幕僚，因璘败牵累，流放夜郎。中途遇赦东还。晚年生活困顿，卒于当涂。其诗风格雄奇豪放，表现出蔑视权贵的傲岸精神。善于描绘优美壮丽的自然景色，表达出对祖国山河的热爱。诗歌想象丰富，语言流畅自然，是屈原以来积极浪漫主义诗歌的新高峰，被誉为“诗仙”。744 年（唐玄宗天宝三年），与杜甫在洛阳相识。同杜甫并称“李杜”，对后世影响极大。《蜀道难》、《行路难》、《静夜思》、《早发白帝城》、《梦游天姥吟留别》等为代表作。有《李太白集》传世。

颜真卿（709 ~ 785 年） 书法家、学者。字清臣。封鲁国公，世称“颜鲁公”。书法始学褚遂良，后从张旭，正楷端庄雄伟，气势开阔；行书遒劲郁勃，创“颜体”新风格，对后来书法影响甚大。传世碑墨有《多宝塔碑》、《麻姑仙坛记》及行书《争坐位帖》等。其文章后人辑为《颜鲁公文集》。

杜甫（712 ~ 770 年） 诗人。生于河南巩县。字子美，自称少陵野老。少而好学，知识渊博，政治上有抱负。生活穷困，逐渐接近人民，较深刻地认识到当时的黑暗统治。曾官检校工部员外郎，故世称“杜工部”。其诗多忧国忧民之作，大胆揭露当时社会矛盾，深切同情穷苦人民，善于选取具有普遍意义的社会题材，反映出当时社会及政治上的腐败，在一定程度上表达了人民的愿望，成为我国古代现实主义诗歌的典范。被誉为“诗圣”。在艺术上，善于运用各种诗歌体裁及形式，风格多样，以沉郁凝重为主；格律严谨，用典工稳贴切，对后世诗歌创作和发展影响极大。与李白同为唐代诗歌创作的顶峰。《春望》、《秋兴》、《三吏》、《三别》、《茅屋为秋风所破歌》等诗均为世人传诵。有《杜工部集》传世。

杨贵妃（719～755年） 字玉环，号太真。通音律，善歌舞，长于《霓裳羽衣舞》与《胡旋舞》。与唐玄宗逃奔途中，在马嵬驿（今陕西兴平西）被缢死。

怀素（725～785年） 僧人，书法家。俗姓钱，字藏真。苦练勤勉，精于学书，以善“狂草”著名，继承张旭而有所发展，世并称“颠张醉素”。性好饮酒，意到笔挥，如暴风骤雨，圆转旋动，多有变化而自具法度，对后世草书影响很大。其运笔飞动流转，堪称一绝。存世书迹有《自叙》、《苦笋》等帖。

韩愈（768～824年） 文学家、思想家。字退之。自谓郡望昌黎，世称韩昌黎。早孤，勤奋刻苦，自学成材。任监察御史。因谏阻唐宪宗迎佛骨，贬为潮州刺史，后官至吏部侍郎。卒谥文，世称韩文公。反对藩镇割据，尊儒排佛，以复兴儒学和古文为己任，是当时思想界领袖。强调儒家的“道统”传承。又与柳宗元倡导古文运动，并称“韩柳”。唐宋八大家之首。文风气势雄健，诗风新奇险怪，对宋诗影响较大。有《昌黎先生集》。

白居易（772～846年） 诗人。字乐天，晚年号香山居士。青年时家境贫苦，对社会生活及人民疾苦，有较深的接触和了解。后官至刑部尚书。文学上积极倡导新乐府运动，强调继承《诗经》传统和杜甫的积极现实主义创作精神。与元稹齐名，世称“元白”。晚年与刘禹锡多有唱和，人称“刘白”。语言通俗易懂，名作有《长恨歌》、《琵琶行》、《新乐府》等。有《白氏长庆集》留世。还编有类书《白氏六帖》。

柳宗元（773～819年） 文学家、思想家。字子厚，河东解（今山西运城县解州镇）人，世称“柳河东”。任礼部员外郎等。参加主张革新的王叔文集团，失败后贬为永州司马，后迁柳州刺史，故又称柳柳州。与韩愈倡导古文运动，并称“韩柳”，同被列入“唐宋八大家”。所作散文矫健峭拔，说理透彻；山水游记和寓言以《永州八记》、《三戒》为代表，或写景状物，有所寄托。其哲学思想有《天说》、《天对》等重要论著，对两汉以来儒学中的神学倾向进行了批判。有《河东先生集》。

柳公权（778～865年） 书法家。字诚悬。精通音律经术。工书法，正楷最知名。骨力遒健，结构紧劲，世称“柳体”。与颜真卿有“颜筋柳骨”之称。传世碑墨有《玄秘塔碑》、《金刚经》等。

李贺（790～816年） 诗人。字长吉。唐皇室远亲，生活困顿。曾官奉礼郎。因避父讳，被迫不能应进士科考试。早岁即工诗，见知于韩愈、皇浦湜，死时年仅27

岁。少年时即以诗才被称为“东京才子”。其诗想象浪漫，意境奇峭瑰丽，具有积极浪漫主义精神，在中唐诗坛上独树一帜。其《雁门太守行》尤为后世传诵。有《昌谷集》传世。

吕洞宾（798～？年） 道士，名喦（一作岩），号纯阳子。唐武宗时曾两举进士皆不中，遂浪游江湖，后隐居修道。主张以慈悲度生为成道途径，对后世道教教理较有影响。全真道奉为北五祖之一，通称吕祖。关于他的神话传说大约起于北宋，为八仙之一。《全唐诗》收有其诗。

杜牧（803～852年） 文学家，诗人。字牧之。杜佑孙。官至中书舍人。以济世之才自负。注《孙子兵法》十三篇，善诗文，多指陈时政。擅七绝诗，清俊透爽，其文《阿房宫赋》最负盛名。在晚唐文坛上独树一帜。后人称杜甫为“老杜”，杜牧为“小杜”。有《樊川文集》。

李商隐（813～857年） 诗人。字义山，号玉溪生。因受牛李党争影响，被人排挤，潦倒终身。其诗批判和揭露当时藩镇割据、宦官当权和上层统治集团的腐朽靡烂，《行次西郊作一百韵》、《有感二首》等较著名；“咏史”诗多托古以讽时政；“无题”诗也有所寄寓。擅长律、绝，构思精致，情感婉曲。亦工四六骈文。有《李义山诗集》、《樊南文集》等。

十二、辽　宋　夏　金

顾闳中（约910～980年） 南唐画院待诏。工画人物。善于描绘神情意态，笔力圆劲，色彩浓丽。存世作品有《韩熙载夜宴图》。

李煜（937～978年） 词人、南唐后主。字重光，初名从嘉，号钟隐。善诗词书画，通音律。尤以词著称，形象鲜明，语言生动，在题材与意境上也突破了以往以写艳情为主的窠臼。后人将他与其父李璟的作品合编为《南唐二主词》。

柳永（约987～约1053年） 北宋词人。字耆卿，原名三变。排行第七，世称柳七。为人放荡不羁，终身潦倒。其词多写羁旅之情、城市风光和歌妓生活，尤以创作慢词为多，明白通俗，风格委婉，流传极广。有《乐章集》。

范仲淹（989～1052年） 政治家、文学家。字希文。庆历年间任参知政事，曾力主改革。工诗词散文。所写《岳阳楼记》有“先天下之忧而忧，后天下之乐而乐”的警句为后世传诵。有《范文正公集》。

丁度（990～1053年） 文字训诂学家。字公雅。奉宋仁宗诏，与李淑等刊修

《韵略》，改称《礼部韵略》，以专备礼部科试之用。又刊修《广韵》为《集韵》，改并《广韵》独用韵为同用的有十三处，为文字训诂学与宋代语音学史重要著作。

晏殊（991～1054 年） 词人。字同叔。庆历中官至同平章事兼枢密使，谥元献。其词擅长小令，语言清媚婉丽，多表现上层士大夫的闲情逸致，《浣溪沙》中“无可奈何花落去，似曾相识燕归来”句流传甚广。为北宋婉约派的重要词人。著有《珠玉词》及辑本《晏元献遗文》。

包拯（999～1062 年） 政治家。字希仁。宋仁宗时任监察御史，后官至枢密副史。为官清正，执法严明，有《包孝肃奏议》。他的事迹被后人编为戏文小说广为流传，成为人民心目中敢于冒犯权贵、为民做主的清官典范。

梅尧臣（1002～1060 年） 文学家、诗人。字圣俞。世称宛陵先生。官至尚书都官员外郎。一生致力诗歌创作，论诗注重政治内容，反对宋初浮靡诗风，诗作含蓄平淡，对宋代诗风的转变很有影响，与欧阳修同为北宋前期诗文革新运动领袖。著有《宛陵先生文集》，又曾注释《孙子》。

欧阳修（1007～1072 年） 文学家、史学家。字永叔，号醉翁，晚年号六一居士。曾任枢密副使、参知政事、谥文忠。是北宋古文运动领袖，工诗词，文为唐宋八大家之一。诗风与其散文相近，语言流畅自然，词风婉丽。著有《欧阳文忠集》、《六一词》、《新五代史》、《新唐书》等；另有《集古录》，是我国最早研究石刻文字的专著，《六一诗话》是最早的诗话著作。

苏洵（1009～1066 年） 文学家。字明允。长于古文，笔力雄健，语句明畅，为唐宋八大家之一，与子轼、辙合称“三苏”。著有《嘉祐集》。

周敦颐（1017～1073 年） 思想家、哲学家。字茂叔，号濂溪。他把儒学与道家思想结合起来，提出“无极而太极”的宇宙构成论，主张圣人又依照太极建立“人极”，这是人伦道德的最高境界。人只有通过“主静”、“无欲”才能达到这一境界。后人尊他为理学的开创者。著有《太极图说》、《通书》等。所撰《爱莲说》赞颂莲花“出淤泥而不染”的美德，为人们所熟悉。

曾巩（1019～1083 年） 文学家。字子固。官至中书舍人。善诗文，散文平易，为“唐宋八大家”之一。曾整理《战国策》、《说苑》。著有《元丰类稿》。

司马光（1019～1086 年） 史学家、政治家。字君实，陕州夏县（今属山西）涑水乡人，世称“涑水先生”。他竭力反对王安石行新政，在宋哲宗即位后主持朝政，尽废新法。在史学上取得巨大成就，编纂了《资治通鉴》。另有著作《司马文正公集》、《稽古录》、《涑水纪闻》等。

张载（1020～1077年） 哲学家。字子厚，世称横渠先生。讲学关中，其学派称“关学”。主要观点认为“气”是充塞宇宙的实体，具有唯物主义思想。著有《正蒙》、《易说》、《张子语录》等，编入《张子全书》。

王安石（1021～1086年） 政治家、文学家。字介甫，号半山。于神宗朝主持变法，推行社会改革，对宋代历史影响甚大。善诗文，雄健峭拔，为唐宋八大家之一。又对儒家部分经典做出新的解说，著有《三经新义》。现存《临川集》、《临川集拾遗》、《三经新义》等。

沈括（1031～1095年） 科学家、政治家。字存中。博学多闻，精研科学，用功勤勉，通晓天文、地理、典制、律历、音乐、医药等。晚年居润州（今江苏镇江）梦溪园，撰《梦溪笔谈》，为科学巨著，在世界科技史上占有重要地位。

程颢（1032～1085年） 哲学家。字伯淳，世称明道先生。与其弟颐俱学于周敦颐，同为北宋理学的奠基人，世称“二程”，同讲学洛阳，故其学派称为“洛学”。颢主张天理为宇宙万事万物的最高原则，而天理即在人的心中。著作有《定性书》、《识仁篇》，后人所编《遗书》、《文集》等，收入《二程全书》（即今《二程集》）中。

程颐（1033～1107年） 哲学家、教育家。字正叔，世称伊川先生。与兄颢俱学于周敦颐，并同为北宋重要理学家，世称“二程”，讲学30余年，其学派称“洛学”。其学主张“存天理，去人欲”。以天理为客观之存在，而后产生天地万物。后来为朱熹所继承和发展，成为程朱理学，是宋代理学的主流派。他的论述编入《二程全书》。

苏轼（1037～1101年） 文学家、书画家。字子瞻，号东坡居士。官至礼部尚书，追谥文忠。与父洵、弟辙，合称“三苏”。为北宋一代文豪。散文、诗词、书画均有成就，文为唐宋八大家之一；其诗豪健清新，善用夸张比喻，独具风格；词开豪放一派；书法为宋四家之一。亦通经学，著述丰富，有《东坡七集》、《东坡乐府》等。

苏辙（1039～1112年） 文学家。字子由，一字同叔，号颍滨遗老。与父洵、兄轼，合称“三苏”。其文为唐宋八大家之一。著有《栾城集》等。

黄庭坚（1045～1105年） 文学家、书法家。字鲁直，自号山谷道人。与苏轼齐名，世称“苏黄”。工诗文，“苏门四学士”之一。诗风奇拗硬涩，讲究修辞造句，为江西诗派创始人，影响一时。诗风瘦硬，要求字字有来历。又能词。亦善书法，与苏轼、米芾、蔡襄并称“宋四家”。著有《山谷集》等。

米芾（1051～1107年） 书画家。字符章，号襄阳漫士。人称米南宫，因举止“颠狂”，又称“米颠”。能诗文，擅书画，精鉴别。书法与蔡襄、苏轼、黄庭坚合称

"宋四家"。山水不求工细，多以水墨点染，重意境，画史上有"米家山"、"米派"之称。著有《书史》、《画史》、《宝晋英光集》等。

周邦彦（1056～1119年） 文学家、音乐家。字美成。精音律，曾提举大晟府（音乐机关），创制不少新词调。工词，格律谨严，词句典丽，作品多为闺情咏物之作，为宋词婉约派大家，被奉为"词家之冠"。著有《清真集》，今存《片玉词》。

宋徽宗（1082～1135年） 名赵佶。善书画诗词，书法自成一家，称"瘦金体"，有《千字文卷》等墨迹传世。工花鸟，存世作品有《芙蓉锦鸡》、《池塘秋晚》、《雪江归棹》等画作。著有《宣和宫词》（已佚）。卒于五围城（今黑龙江依兰）。后人辑有《宋徽宗诗》、《宋徽宗词》。

李清照（1084～1151年） 女词人。自号易安居士。金石考据家赵明诚妻。为南宋婉约派代表。其词语言清丽，典雅别致，善白描，号"易安体"。有《漱玉词》、《李清照集》。

岳飞（1103～1142年） 著名抗金将领。字鹏举。20岁从军抗金，屡建战功。以"莫须有"罪名被宋宰相秦桧杀害。亦能诗文，《满江红》为流传千古的爱国名作。后人编有《岳武穆遗文》。

陆游（1125～1210年） 诗人。字务观，号放翁。南宋四大家之一。政治上坚决主张抗金，收复中原，其诗多表现爱国情怀，也有反映日常生活的作品。一生诗作传世近万首，风格雄浑豪放，表现出渴望恢复国家统一的强烈感情。著有《剑南诗稿》、《渭南文集》、《老学庵笔记》等。

范成大（1126～1193年） 诗人。字效能，号石湖居士。其诗题材广泛，风格轻快，与陆游、杨万里、尤袤合称"南宋四大家"。使金途中作绝句一卷，写渡淮后见闻，表现其渴望恢复国家统一的心情。其组诗《田园四时杂兴》六十首，描写农村田园风光及民生疾苦较突出。亦工词。著有《石湖词》、《石湖居士诗集》等。

朱熹（1130～1200年） 思想家、教育家。字符晦，一字仲晦，号晦庵。他集理学之大成，建立了完整的理学体系，世称"程朱理学"，是中国封建社会后期影响最大的思想家。其学说在明清时被官方奉为儒学正宗，他的博览群书和精密分析的学风对后世学者很有影响。一生以讲学著述为主，学生众多。又广注典籍，对经史、文学、乐律以及自然科学均有贡献。主要著作有《四书章句集注》、《诗集传》、《伊洛渊源录》、《资治通鉴纲目》及后人编纂的《朱子语类》、《朱文公文集》等。

陆九渊（1139～1193年） 理学家。字子静，世称象山先生。其学与兄九韶、九龄并称"三陆子之学"，南宋重要思想家，与朱熹齐名。强调天理就在自己心中，所以“心即理”，“吾心便是宇宙”，被称为“心学”。曾与朱熹在信州鹅湖寺相会辩论。其学说为明代王守仁继承发展，成为陆王学派。著有《象山先生全集》（即今《陆九渊集》）。

辛弃疾（1140～1207年） 词人。字幼安，号稼轩居士。一生坚决主张抗金，且文武兼备，身体力行。善诗文，尤工词，风格悲壮慷慨，热情洋溢，笔力雄厚，多抒写报国雄心，为豪放派的杰出代表，与苏轼并称“苏辛”。有《稼轩长短句》。

董解元（生卒年不详） 戏曲家。解元为金元时对文人的敬称。董解元有《西厢记诸宫调》，从唐元稹《莺莺传》取材，世称《董西厢》，闻名于世。

刘克庄（1187～1269年） 文学家。字潜夫，号后村居士。其诗学晚唐，推崇陆游，为江湖派重要作家；词风近辛弃疾，风格豪迈雄伟。著有《后村先生大全集》。又编有《千家诗》，为流传久远的蒙学教材。

耶律楚材（1190～1244年） 政治家、作家。字晋卿，契丹族人，辽皇族后裔，历仕金、元。受到元太祖成吉思汗信用，后劝说元太宗窝阔台吸取汉人政治制度，废除屠城旧制。强调治国需用文臣，主张实行科举取士。其诗以《西域河中十咏》最为著称，系随成吉思汗西征路上描绘塞外景物及人民生活之作。又有《西游录》，记述西域各地风光民俗等。有《湛然居士集》。

元好问（1190～1257年） 金文学家。字裕之，号遗山。工诗文，文章深沉质朴，被誉为一代文宗。金亡不仕，以著作为己任。曾记录金代君臣言行，凡百万余言，元修《金史》，多有参考。著有《遗山先生集》，编有金代诗词集《中州集》。

十三、元

成吉思汗（1162～1227年） 名铁木真，孛儿只斤氏，蒙古乞颜部人。蒙古各部由他统一后，1206年（南宋宁宗开禧二年）被推为大汗，称成吉思汗，建蒙古帝国。他制定军事、政治、法律等制度，并开始使用文字。对中原和西域发动战争，给这些地区的经济、文化带来破坏，但对蒙古社会经济文化的发展与中西文化的交流起了一定的积极作用。“汗”是最高统治者的意思。“成吉思”意为“大海”，颂扬他像海洋一样伟大。

关汉卿（约1220～1300年） 剧作家。号已斋叟。为金末遗民，入元不仕。所作杂剧60余种，现存10余种，《窦娥冤》、《救风尘》等皆为名作。其剧作大多揭露了元代封建统治的黑暗腐败，对其阶级压迫与民族歧视给予抨击，特别是描写了下层年轻妇女遭受的苦难，对她们的斗争精神给予颂扬。剧本结构严整，情节生动，人物思想性格鲜明，语言不事雕琢。由于创作上取得了很高的思想、艺术成就，对元杂剧及后世戏曲发展也有重要影响，因此关汉卿被视为元代前期杂剧界的领袖人物。

八思巴（1235～1280年） 吐蕃僧侣，元朝第一代帝师。元诸帝均沿设帝师，每帝必先就帝师受戒后才登位。八思巴（藏语“圣者”）本名罗追坚参，西藏人。对推动中央政府在西藏建立地方行政机构，促进汉藏文化交流有很大贡献。曾创制八思巴蒙文。著作有《彰所知论》等，汇为《萨迦五祖集》。

文天祥（1236～1283年） 南宋政治家、文学家。字履善，一字宋瑞，号文山。毕生主张抗战，被元军俘获后，坚定不屈。于元大都柴市就义。起兵抗元后所作诗篇收入《指南录》，可称诗史，其中《过零丁洋》、《正气歌》尤为著名。

黄道婆（约1245～?） 女纺织技术家。家庭贫苦，流落到崖州（属今海南）。约1296年（元成宗元贞二年）返回松江乌泥泾（今上海华泾镇）故乡，带回海南黎族人民的棉纺技术，并改革了轧花车、弹棉椎弓、纺车、织机等工具与技能，遂使棉纺技术与植棉在江南很快得到推广。金元之际，棉花已由畏兀儿人从北路传入陕甘地区。

王实甫（生卒年不详） 剧作家。其生年应比关汉卿略晚。字德信。早年曾做官，后退隐专事剧作。所作杂剧10余种，以《西厢记》最为著称。剧中塑造的红娘、崔莺莺，对封建礼教和婚姻制度具有鲜明的反抗精神，历来为广大人民所喜爱。其曲辞华美，情意深切。《西厢记》在元朝时已被人推重，视为诸杂剧之冠，对元杂剧及后世戏曲发展有很大影响。

马致远（约1250～约1324年） 剧作家。号东篱。曾在浙江行省任官。作有杂剧15种，今存6种。以《汉宫秋》最为著名，写汉代王昭君与匈奴和亲故事，塑造了王昭君的爱国形象，同时也对腐败的朝政给予批评。全剧结构紧凑，曲辞动人，对后世戏曲发展具有一定影响。其散曲、小令语言清新，亦为人称道。今人将其散曲辑为《东篱乐府》。

赵孟頫（1254～1322年） 书画家。字子昂，号松雪道人。入元后，官至翰林学士承旨，封魏国公。以书画最为著称。其书法圆转秀美，人称“赵体”。其画擅用书法笔调描绘古木竹石，开创元代画风。其诗注重寄兴。他的作品常是绘画、题诗、书法三者完美的结合。有《松雪斋文集》。

王冕（约1287～1359年） 诗人、画家。字符章。幼年家贫，白天放牛，晚至佛寺长明灯下读书。预感元朝将亡，一生不仕，卖画为生。善画墨梅，花枝劲健，曾以梅花之清逸自喻。又以胭脂作“没骨梅”，受人推崇。其诗多咏隐逸生活，亦有同情人民疾苦、揭露社会弊端之作。著有《竹斋诗集》。

布敦（1290～1364年） 西藏史学家、翻译家。名宝成。著有《善逝教法史》(或译《吐蕃佛教源流》)，为西藏较早的佛教通史，与《红册》同为元代藏文两大史学名著。又编有藏文《大藏经目录》等，成为后世各版藏译《大藏经》的依据。

萨都剌（约1305～1355年） 诗人。回族人（一说蒙古族），字天锡。曾任燕南河北道肃政廉访司经历等地方小官。以诗著称，多为歌咏山水景物、归隐赋闲之作，亦有反映人民疾苦、讽刺上层统治者的诗篇。其词亦有影响。著有《雁门集》等。

高明（约1305～1359年） 戏曲作家。字则诚，号菜根道人。取蔡伯喈、赵五娘故事写成南戏《琵琶记》，为南戏从民间文学过渡到文人创作的代表作。自此南戏逐渐汲取北曲杂剧养分，在江南大为流行。著有《柔克斋集》。

十四、明

施耐庵（约1296～1370年） 小说家。他根据民间流传的北宋末年宋江领导的农民起义事迹以及说书人的话本，加工创作成长篇章回小说《水浒传》，对起义英雄们的反抗精神和正义斗争给予了热情的讴歌，成为古典长篇小说一代名著，亦是长篇白话文学的奠基之作。

宋濂（1310～1381年） 文学家。字景濂，号潜溪，又号真玄子。明初奉命主修《元史》，职任学士承旨知制诰。后因牵连胡惟庸案而被流放，中途病死。生平所著甚多，散文简洁，其文宗法唐宋，力主义理、事功、文辞三统一。著有《宋学士文集》、《周礼集说》等。

罗贯中（约1330～1400年） 小说家。名本，号湖海散人。相传他是施耐庵的学生。所著《三国志通俗演义》，为中国古典历史小说名著。还著有《三遂平妖传》、《隋唐志传》与杂剧《风云会》等。

宗喀巴（1357～1419年） 西藏黄教格鲁派创始人。本名罗桑扎巴。著有《菩提道次第广论》，为藏传佛教学说总结性著作。还著有《密宗道次第广论》。

郑和（1371～1435年） 航海家。本姓马，小字三保。回族。祖与父都到过伊斯兰教圣地麦加，幼时即对外洋情况有所了解。明初入为宦官，从燕王起兵，赐姓郑。其七下西洋是继张骞两通西域后中国对中西文化交流又一次开创性的伟大贡献。郑和远洋宝船的规模巨大（最大长约147米、宽约60米、载重约1千吨），水密隔舱的创制、罗盘、计程法、测深器、牵星板的使用，针路、海图的绘制等，都表明了造船、航海技术领先于世界。远航到达非洲东海岸和天方（麦加）等30余国。郑和曾在满剌加和苏门答腊设官厂为临时贸易站，所到之处用丝织品、瓷器与当地商民贸易，换回香药、胡椒、棉布、珍宝等。并有阿拉伯玻璃工匠随同来华，传授烧制钠钾玻璃新工艺，使玻璃制造得以推广。自郑和远航后，华人谋生海外者渐多，进一步促进中国与海外诸国的经济文化交流。现存《郑和航海图》，当为其远航西洋时的海图。1433年（明宣宗宣德八年），郑和远航结束。

唐寅（1470～1523年） 书画家、文学家。字伯虎，号六如居士等。擅山水、人物、花鸟，工笔、写意俱佳，毕生致力绘画。亦善书法，工诗文。其文学六朝，诗初多□丽，中年较平易近人，晚年不拘风格，与祝允明、徐祯卿、文征明并称“吴中四才子”。画与沈周、仇英、文征明合称“明四家”。著有《六如居士全集》、《画谱》等。曾刻有“江南第一风流才子”印，故后世戏曲小说多以风流韵事附会之。

文征明（1470～1559年） 书画家。字征仲，号衡山居士。“吴中四才子”之一。工行草书，尤精小楷。画与沈周、唐寅、仇英合称“明四家”。擅画山水，师法宋元，构图平稳，笔墨秀雅，形成“吴门派”。亦能诗，宗白居易、苏轼。有《甫田集》。

王守仁（1472～1528年） 哲学家、教育家。字伯安。尝筑室故乡阳明洞讲学，世称阳明先生。官至兵部尚书。他以为格物致知当求诸心，不当求诸物，宣扬“心外无物”。又提出“知行合一”与“知行并进”说。他以陆九渊的“心学”批判朱熹的理学观点，是明中后期最重要的思想家。他提出“破山中贼易，破心中贼难”，反映出知识分子敏锐地感到了封建制度面临灭亡的危机。著有《王文成公全书》。

吴承恩（约1500～1582年） 小说家。字汝忠，号射阳山人。自幼喜爱神话故事，在科举中屡遭挫折，晚年绝意仕途，专意著述。所著长篇小说《西游记》为中国古典神话小说之杰作。亦工诗文，风格清逸。有《射阳先生存稿》。

海瑞（1514～1587年） 嘉靖名臣。字汝贤，自号刚峰。回族。以为政清正刚直，被后人视为清官典型，故渲染其事迹的戏曲小说颇多，卒时南京为之罢市送丧。死后谥忠介。著有《海刚峰集》。

李时珍（1518～1593年） 医药学家。字东璧，号濒湖。世业医，重视临床实践。经常上山采药，深入民间。参考历代医药书籍，鉴别药物，纠正错误，收集整理民间发现的很多药物，历经27年的艰苦劳动，著成《本草纲目》，收药1932种，为中医药物学总结性的巨著，亦是一部博物学著作。另有《濒湖脉学》、《奇经八脉考》等。

徐渭（1521～1593年） 文学家、书画家。字文长，号天池山人等。屡试不中，曾参与策划抗倭军事。诗文奇险奔放。文学批评方面提倡独创，对公安派颇有影响。创作杂剧有《四声猿》等。其书法长于行草。擅水墨画，无论人物、花鸟、山水，皆淋漓恣肆，别具一格。有《徐文长全集》、《徐文长佚稿》等。

李贽（1527～1602年） 思想家、文学家。字卓吾，号宏甫，回族。以“惑乱人心”罪被捕，于狱中自杀。其思想观点公开以“异端”自居，抨击封建礼教和道学，贬斥《六经》和《论语》、《孟子》。他最早重视对通俗文学的研究和批评，曾评点《水浒传》、《西厢记》等，文学创作上提倡“童心说”，重视小说戏曲在文学上的地位。著有《焚书》、《藏书》等。

戚继光（1528～1587年） 抗倭名将、军事家。字元敬，号南塘。将门出身，对练兵、治械、阵图等均有创见。练就戚家军，解除了东南倭患。又镇守蓟州，加强战备，遭到排挤。提倡拳术以御倭，对后世拳术的发展影响较大。著有《纪效新书》、《练兵纪实》、《止止堂集》。

汤显祖（1550～1616年） 剧作家、文学家。字义仍，号海若，临川（今江西抚州）人。以不附权贵而免官，未再出仕。晚年滋长佛、道教的出世思想。在戏曲创作方面，反对拟古及拘泥格律，为关汉卿后又一戏剧巨匠。所作以《牡丹亭》最为著名，与其《紫钗记》、《南柯记》、《邯郸记》合称“临川四梦”，其文辞风格颇为日后戏曲作家所推崇，被称为“临川派”或“玉茗堂派”。另有诗文《玉茗堂全集》。

利玛窦（1552～1610年） 意大利传教士。号西泰，为明末来华传教士中影响最大者。主张将中国的尊孔敬祖传统融入天主教教义之中，以便发展其宗教势力。与徐光启、李之藻等中国学者合作，将西方一些自然科学知识传入中国。译著有《坤舆万国图说》、《天主实义》、《几何原本》等。

董其昌（1555～1636年） 书画家。字玄宰，号思白。官南京礼部尚书，谥文敏。遍学诸家书法，洒脱秀逸，自具特色，对后来书法影响很大。擅画山水，采宋元诸家之长，风格清润明秀，创山水画南北宗之说，崇“南”贬“北”。主张作画须“读万卷书，行万里路”，对明末清初画坛影响深远。著有《画旨》、《容台集》、《画禅室随笔》等。

徐光启（1562～1633年） 科学家。字子先，号玄扈。笃信天主教。明末清初西学东渐，其推动最先最力。他的科学研究范围广泛，曾从利玛窦学天文、数学、历法、火器。主持编修《崇祯历书》。所著《农政全书》及所译《几何原本》最为著名。

袁宏道（1568～1610年） 文学家。字中郎，号石公。官吏部郎中。在文学上反对前后七子的形式主义与拟古倾向，强调抒写“性灵”，与兄宗道、弟中道并称

"三袁"，而以他成就最大。著有《袁中郎全集》。另有《西方合论》，为明代宣扬净土宗思想的居士著作。

徐霞客（1586 ~ 1641 年） 地理学家、旅行家。名弘祖，字振之，号霞客。因明末政治黑暗，不愿入仕，遂专心旅游。足迹遍及南北。其日记记述了所到之处的地理、水文、地质、植物等资料。对于石灰岩岩溶地貌的记载，较西方早约两个世纪。死后，所记经人整理，成《徐霞客游记》。

宋应星（1587 ~ 约 1660 年） 科学家。字长庚，万历举人。平生注重实学，反对轻视生产科技，著《天工开物》，为中国古代工农业生产技术总结性巨著，具有重要的科学价值。其《序》中特别明言，此书与科举功名无关。

十五、清

冯梦龙（1574 ~ 1646 年） 文学家。字犹龙。编有白话小说集《喻世明言》、《警世通言》、《醒世恒言》，世称"三言"。又辑有民歌集、改写小说等，对通俗文学的整理、创作作出贡献。

凌蒙初（1580 ~ 1644 年） 文学家。字玄房，号初成。仇视李自成起义军，曾献《剿寇十策》。所著《拍案惊奇》初刻、二刻为明代著名白话短篇小说集，世称"二拍"。

陈洪绶（1598 ~ 1652 年） 画家。号老莲。擅画人物、花鸟。绘有《水浒叶子》、《九歌》等绣像插图，为明清间版画精品。

黄宗羲（1610 ~ 1695 年） 思想家。字太冲，人称梨洲先生。明亡后，从事武装抗清，后隐居著述。学问精博，具有鲜明的民主思想。所著《明儒学案》，为中国最早的学术史专著。

顾炎武（1613 ~ 1682 年） 思想家。人称亭林先生。提倡经世致用之学，批判理学空谈。在哲学、史学、音韵学等方面皆有成就，开清代考据学之风气。著有《日知录》等。

王夫之（1619 ~ 1692 年） 思想家。号姜斋。明亡后隐居湘西石船山，人称船山先生。精通经、史，长于史论。对宋明理学的唯心主义观点进行深刻批判，总结和发展了中国传统的唯物主义。后人编有《船山遗书》。

雷发达（1619 ~ 1693 年） 建筑设计工匠。曾参与北京故宫太和殿等工程的重建。子孙继承其业，主持宫廷营造达200年，如圆明园等建筑皆为雷氏设计，人称“样式雷”。

郑成功（1624～1662年） 民族英雄。字大木。1646年（清世祖顺治三年），反对其父降清，在今广东南部起事，进行抗清活动。时荷兰殖民者侵占台湾，遂率领将士数万人赴台湾开展驱逐荷兰殖民者的斗争。1662年（清圣祖康熙元年），迫使荷兰总督投降，彻底收复台湾，为维护中国领土主权和发展台湾的经济、文化作出贡献。不久病死，由子郑经嗣位。

蒲松龄（1640～1715年） 文学家。字留仙。虽有文名，但屡试不第。以所撰《聊斋志异》著称，为文言短篇小说之杰作。

洪昇（1645～1704年） 戏剧家。字昉思。以创作《长生殿》传奇而闻名。另有诗集《稗畦集》等。

孔尚任（1648～1718年） 戏剧家。字聘之。以撰《桃花扇》传奇闻名于世。该剧反映了明亡前后的政治动乱。

纳兰性德（1655～1685年） 文学家。字容若，满洲正黄旗人。大学士明珠子。以词著称，尤擅小令，情调清婉感伤，间有雄浑之作。有《纳兰词》等。

沈德潜（1673～1769年） 文学评论家。字确士。著有《说诗晬语》，论诗主格调。所选《古诗源》、《唐诗别裁》等皆有影响。

曹雪芹（？～1763或1764年） 小说家。名霑。号雪芹、芹圃、芹溪。祖上三代任江宁织造，受到康熙帝的宠信。雍正时失宠，家产被抄。雪芹晚年生活困顿，贫病而亡。所著长篇小说《石头记》（即《红楼梦》），借助贵族家庭的繁华没落背景，描写了宝玉、黛玉、宝钗的爱情纠葛，对封建社会的黑暗腐败给予了深刻的解剖和批判。小说的语言表达也达到极高水平。在中国古典小说中享誉最高。

朗世宁（1688～1766年） 意大利传教士。历任康、雍、乾三朝内廷画师。其画参酌中西绘法，名作有《百骏图》等。又曾参与圆明园之西洋建筑设计。

郑燮（1693～1765年） 书画家。号板桥。扬州八怪之一。长于画兰竹，工书法，能诗文。有《板桥全集》。

吴敬梓（1701～1754年） 文学家。字敏轩。安徽全椒（今安徽东部）人。以所著小说《儒林外史》闻名，对晚清谴责小说的产生具有影响。

戴震（1723～1777年） 学者。字东原。创皖派考据学，在经学、史学及音韵、历算、地理等方面皆有成就。以“理存于欲”批判了程朱理学的“去人欲”思想。著述丰富，后人编有《戴氏遗书》。

钱大昕（1728～1804年） 学者。字辛楣。于音韵训诂学方面的研究多有创见。又于史学研究长于校勘考订，著有《廿二史考异》等。有文集《十驾斋养新录》、《潜揅堂文集》等。

段玉裁（1735～1815年） 文字学家。字若膺。以《说文解字注》最为著称。并著有《六书音韵表》等。

章学诚（1738～1801年） 学者。字实斋。提出"六经皆史"之说，把治经引向治史。所著《文史通义》为史学理论名著。对桐城派的拟古倾向有所批判。后人编有《章氏遗书》。

高鹗（约1738～约1815年） 文学家。字兰墅，汉军镶黄旗人。一般认为，《红楼梦》后40回为高鹗续成，并对前80回有所改动。亦能诗词，有《高兰墅集》。

王念孙（1744～1832年） 学者。字怀祖。精于校勘训诂，于考据学成果丰富。撰有《广雅疏证》、《读书杂志》等。

王引之（1766～1834年） 学者。字伯申。与父王念孙齐名。精于音韵训诂，著有《经传释词》、《经义述闻》等。

林则徐（1785～1850年） 政治家。字少穆。为查禁鸦片与不法洋商斗争，组织人员翻译西方报刊书籍，编成《四洲志》，较早地把欧洲地理、历史、政治、民俗等介绍到中国来，并支持魏源编撰《海国图志》。后充军新疆，在当地兴办水利，垦辟屯田。

龚自珍（1792～1841年） 学者。字璱人。浙江仁和人。为今文经学家，力主"更法"、"改图"，对腐败吏治多有抨击。其《病梅馆记》等文及《己亥杂诗》"九州生气恃风雷"等诗篇皆著称于世。今人辑有《龚自珍全集》。

曾国藩（1811～1872年） 湘军首领。字涤生。创办湘军，镇压太平军和捻军。与李鸿章、左宗棠等推行洋务运动，创办军事工业。提倡桐城派古文，创"同光体"诗派。有《曾文正公全集》。

左宗棠（1812～1885年） 湘军首领，洋务派官僚。字季高。曾创办福州船政局、兰州机器织呢局等。同治时，曾组织"常捷军"镇压太平军和捻军。1875年（清德宗光绪元年）督办新疆军务，回击了俄、英等对新疆的侵略，收复失地，维护了国土主权。有《左文襄公全集》。

俞樾（1821～1907年） 学者。字荫甫，号曲园。治学博深，崇尚朴学。著有《群经平议》等。曾改编小说《七侠五义》，又有笔记、戏曲等。皆收入《春在堂全书》。又以曹雪芹之身世评论小说《红楼梦》的描写，开启中国"红学"的研究。

洪仁玕（1822～1864年）　太平天国干王。字益谦。洪秀全族弟。1859年（清文宗咸丰九年）后主持太平天国政务，并兼管文化教育。著有《资政新篇》，倡导实行西方各种制度。

李鸿章（1823～1901年）　淮军首领，洋务派代表人物。字少荃。早期创办淮军，镇压太平军。后建立北洋海军，注重引进外国军事装备和科学技术，创办军工和民用企业。外交上为形势所迫，对列强一味妥协。有《李文忠公全集》。

张之洞（1837～1909年）　洋务派代表人物。曾任内阁学士、湖广总督等职。创办汉阳铁厂、湖北枪炮厂，筹办芦汉铁路等，对兴办民族工业、发展近代教育事业作出贡献。但又提出“旧学为体，新学为用”的改革原则，反映了洋务派坚持封建伦理纲常的保守立场。晚年参与镇压两湖反洋教斗争等。有《张文襄公全集》。

孙诒让（1848～1908年）　学者。字仲容。较早地对甲骨文字进行考释，著有《契文举例》。还著有《周礼正义》、《墨子闲诂》等，对于先秦诸子的研究、古籍的校释等都有一定成就。

林纾（1852～1924年）　文学家。字琴南。举人出身，曾在京师大学堂任教。早年热衷于资产阶级改良主义，积极参加政治活动。以后依人翻译口述，用古文撰录许多欧美文学名著，流传社会。晚年反对“五四”新文化运动。

严复（1853～1921年）　近代启蒙主义思想家、翻译家。字又陵，又字几道。福州船政学堂毕业后，任北洋水师学堂总办。1894年（清德宗光绪二十年）中日甲午战争后，发表《原强》等文章，强调变法维新。翻译英国赫胥黎的《天演论》，以“物竞天择，适者生存”思想宣扬中国必须自强图存，在社会上引起强烈反响。辛亥革命后，思想趋于保守。在翻译方面，提出“信、达、雅”的主张。

康有为（1858～1927年）　近代改良派领袖，后转变为保皇派。字广厦，号更生，人称康南海。广东南海人。1895年（清德宗光绪二十二年），发动上京会试的千余举人要求变法、拒签与日和约，即“公车上书”事件。1898年（清德宗光绪二十四年），又依靠光绪皇帝发动戊戌变法。后遭到保守派的镇压，变法失败，逃亡日本。此后又组织保皇会、孔教会。学术上，早期将儒家今文经学求“变”的观点与西方资产阶级民主思想相糅合，主张实行君主立宪制，在与顽固派斗争中起了一定积极作用。但在后期，仍然坚持其保皇立场，大大落后于革命形势。著有《新学伪经考》、《孔子改制考》等。

李谷克（1860～1930年）　德国学者。曾率远征队到中国新疆窃取大量珍贵文物。约有600余幅壁画、200余尊塑像及大量手稿等被盗走。第二次世界大战中，这些珍宝毁坏殆半。

詹天佑（1861～1919年） 字眷诚，生于广东南海（今广州）。曾主持修建中国第一条自建的铁路京张铁路，为中国铁路事业的发展作出贡献。

斯坦因（1862～1943年） 英籍匈牙利学者。自1900年（清德宗光绪二十六年）起，多次深入中国新疆、甘肃等地，非法测量、盗窃当地文物。在敦煌藏经洞窃走大量古代写本经书及佛教绘画等珍贵文物。著有《古代和阗》、《在中亚古道上》等。

斯文赫定（1865～1952年） 瑞典学者。1899年（清德宗光绪二十五年）第三次来华，进入新疆塔克拉玛干，发现楼兰古城，并带走大量历史文物。他于1885年（清德宗光绪十一年）~1935年（民国二十四年）七次来中亚及中国新疆、西藏等地，搜集大量有关地质、考古、生物、气象等方面的文献资料盗出国外。

梁启超（1873～1929年） 近代资产阶级改良主义者。字卓如，号饮冰室主人。举人出身，康有为弟子。1896年（清德宗光绪二十二年），在上海主编《时务报》，宣扬变法维新。1898年（清德宗光绪二十四年），参与百日维新。失败后，逃亡日本，继续宣传君主立宪制。辛亥革命后，初期支持袁世凯，后反对其称帝。反对五四运动的批孔思想。早年鼓吹维新的政论文，文字流畅，充满激情，富于鼓动力。曾提出“诗界革命”、“小说界革命”，主张以新文体代替桐城派古文。有《饮冰室文集》。

秋瑾（1875～1907年） 民主革命家。字璇卿，号鉴湖女侠。1904年（清德宗光绪三十年），留学日本，积极参加反清的革命活动。回国后，主办《中国女报》，提倡女权，鼓动革命。又组织光复军，筹划皖浙起义。失败后，被捕就义。有《秋瑾集》，作品充满革命激情。

十六、民国

孙中山（1866～1925年） 中国民主革命先驱。名文，字逸仙。早年即主张改革政治制度。在国内受阻后，1894年（清德宗光绪二十年），赴美国檀香山，成立兴中会，组织国内反清的武装起义。失败后，继续在国外开展革命活动。1905年（清德宗光绪三十一年），在日本成立中国同盟会，确定“驱逐鞑虏，恢复中华，建立民国，平均地权”的民主革命纲领，提出关于民族、民权、民生的“三民主义”学说，创办《民报》，宣传革命。1911年（清宣统三年）10月10日，武昌起义爆发，各省纷纷响应。12月29日，十七省代表在南京推举孙中山为中华民国临时大总统。1912年（民国元年）1月1日，宣布就职。2月13日，因革命党人与袁世凯妥协，孙中山被迫辞去大总统职。8月，同盟会改组为国民党，被选为理事长。1915年和1916年，两次发表《讨袁宣言》。1917年，任护法军政府大元帅，誓师北伐。次年由于军阀、反动政客挟制，被迫去职。1921年，就任非常大总统。次年因陈炯明叛变，退居上海。受中、俄共产党影响，1924年1月，在广州召开国民党第一次全国代表大会，提出“联俄、联共、扶助农工”的三大政策。11月到北京，号召与帝国主义及军阀进行斗争。1925年3月12日于北京逝世。有多种遗著出版。

蔡元培（1868～1940年） 革命家、教育家、政治家。号孑民，浙江绍兴人。早年投身反清革命。民国后支持新文化运动，主张新旧思想“兼容并包”和“科学救国”等。曾长期担任教育总长、北京大学校长、中央研究院院长等职，其主张在中国教育界、思想界具有深远影响。

章炳麟（1869～1936年） 学者。号太炎，浙江余杭人。早年从事文字音韵训诂研究。后投入反清、倒袁政治活动。20世纪20年代后期以讲学为业。晚年积极宣传抗日救国。所著《訄书》反映了他早期的唯物主义哲学思想，以后随着事业受挫，受唯心主义影响愈深。

曾朴（1872～1935年） 字太朴，江苏常熟人。著有小说《孽海花》，闻名于世。后致力于法国文学译介。翻译了法国著名作家雨果、左拉、莫里哀等人的作品，并著有《法国文学史大纲》等。

王国维（1877～1927年） 字静安，浙江海宁人。对古代戏曲史和词曲有研究，并取得重要成果。又致力于古代史料、古器物、古文字、音韵学的研究和考释，被誉为一代学术大师。著作有60余种，见《观堂集林》、《海宁王静安先生遗书》。

陈独秀（1880～1942年） 中共早期领导人。字仲甫，安徽怀宁（今安徽西南部）人。早年留学日本。1915年主编《新青年》，1918年与李大钊创办《每周评论》，宣传马克思主义，成为新文化运动的倡导者之一。1921年中国共产党成立，任总书记。因执行右倾路线，1929年被开除出党。遗著有《独秀文存》、《实庵自传》等。

鲁迅（1881～1936年） 文学家、思想家、教育家。原名周树人，浙江绍兴人。民国后在教育部任职，并在北京大学等校授课。1918年，发表了现代文学史上第一篇白话文小说《狂人日记》，后又积极参加革命文艺运动，撰写大量杂文，深刻剖析了各种社会问题，与国民党的文化“围剿”进行了不懈的斗争。一生著述极丰，有各种版本的全集、选集行世。

李大钊（1889～1927年） 字守常，河北乐亭（今河北东部）人。曾任北京大学教授、《新青年》编辑等，较早地在中国传播马克思主义，是中国共产党创始人之一。1927年4月28日，李大钊在北京被奉系军阀杀害，遗著编有《李大钊文集》。

萧三（1896～1983年）　现代诗人。生于湖南省湘乡县。1922年，加入中国共产党。1930年，国际革命作家会议在苏联举行，萧三以中国左联代表身份参加会议。会后参加国际革命作家联盟工作，主编《国际文学》中文版。

瞿秋白（1899～1935年）　江苏常州人。早年参加李大钊主办的社会主义研究会。又以记者身份访问苏联，把十月革命后的苏联社会介绍给中国。后曾任中共最高负责人。著有《饿乡纪程》、《海上述林》等。1935年牺牲。遗著被编为《瞿秋白文集》。

聂耳（1912～1935年）　字子义，云南玉溪（今云南中部）人。青年时期即参加革命活动。创作多首著名歌曲流传于世，如《勇军进行曲》、《毕业歌》等。还作有《金蛇狂舞》等民族乐曲。

第四节　中国古代科技成就

一、天文历法

1. 商周时期的天文历法

根据商朝甲骨卜辞记载，商朝有平年和闰年的区分。平年12个月，闰年13个月。闰月放在年终，称十三月。由于还不能准确把握年月之间的长度关系，有时还会出现十四月。

商周历法以新月出现为一月的开始。有大月和小月两种：大月30日，小月29日。最初是大、小月相间排列，后来出现了两个大月相连的排列，表明当时朔望月(初一为朔，十五为望）的长度以及对它的调整更加精确了。

商朝已经使用干支来记日了。就是把10个天干（甲、乙、丙、丁、戊、己、庚、辛、壬、癸）与12个地支（子、丑、寅、卯、辰、巳、午、未、申、酉、戌、亥）相互搭配，构成60甲子，为一轮回。这种干支纪日方法顺序循环，可以使用到今天，可谓是世界上最长的记日方法了。

西周基本延续了商朝的天文历法，并且较之更为发达。西周有专职官员负责观察、记录天象变化。河南登封的测景台相传是周公观测天象之所，可测黄、赤两道交角，是世界上古老的天文台遗迹之一。

2. 二十八宿系统的形成

春秋时期已有二十八宿系统存在。所谓二十八宿，简单说就是把天球赤道（设想地球赤道延伸至同天球相交的大圆）附近的恒星分为二十八组，从北半球观测，它们是在南方天空中横过，东升西没。由于二十八宿的位置是固定的，就可以把它们作为坐标来观测日月及行星的视运动，从而做到把天文观测定量化和系统化。

古人给二十八宿都起了名称，而且按照四方区域，把他们分为四组，以北斗斗柄所指的角宿为起点，分别是：

东方苍龙　角、亢、氐、房、心、尾、箕；

北方玄武　斗、牛、女、虚、危、室、壁；

西方白虎　奎、娄、胃、昴、毕、觜、参；

南方朱雀　井、鬼、柳、星、张、翼、轸。

了解二十八宿的位置，便可以理解古人在史籍和文学作品中将星空与地域相对应的表达方式，即分野的运用。

3. 二十四节气的产生

由于中国是以农业生产为主的国家，因此特别关注太阳运行对于气候变化的影响。商朝的甲骨卜辞中已有关于二分（春分、秋分）和二至（夏至、冬至）的记载。到了战国时已经形成完备的二十四节气系统。它们是：冬至、小寒、大寒、立春、雨水、惊蛰、春分、清明、谷雨、立夏、小满、芒种、夏至、小暑、大暑、立秋、处暑、白露、秋分、寒露、霜降、立冬、小雪、大雪。它们能够较好地反映一年中气候的变化，不但具有重要的天文意义，而且对于农业生产也有重要的指导作用，一直沿用至今。

4. 三家“宇宙说”

古人对于天体宇宙的认识，在长期观察和思索的基础上，至春秋战国以来，逐渐形成盖天说、宣夜说和浑天说三家理论。

（1）盖天说

成书于西汉中期的《周髀算经》试图应用数学的勾股定理等复杂运算，来证实天地的关系。书中介绍先秦时曾有人主张“天圆如张盖，地方如棋局”，即天是圆的，好像是撑开的伞；地是方的，好像是棋盘。这就是早期的盖天说。到了汉代，把它进一步发展，主张“天象盖笠，地法覆盘”，意思是，天在上面，像一个倒扣的斗笠（草帽）；地在下面，像是翻扣的盘子，这样就体现出了天地的拱形特征。而日月星辰都附着在天盖上运转，其东升西没是由于远近不同，造成视觉的差异。尽管与实际情况相差很远，但却反映出我们祖先积极探索的精神，他们以实际观测为依据，完全抛开了鬼神的神秘威力。不过，由于这种盖天说对于许多实际天象还是难以解释，因此东汉以后影响趋于衰微。

(2) 宣夜说

这一派认为，日月星辰是自由自在地漂浮在虚空之中的，而虚空就是充满了气的宇宙。西汉成帝时，有会稽人虞喜解释说：宣，明亮；夜，幽暗。由于这一派要同时探讨明亮与幽暗的各种天象规律，所以称为宣夜说（见蔡邕《天文志》引虞喜说）。

虞喜还著有《安天论》，对宣夜说加以阐述。他说，天的高远是无穷尽的，地的广厚也是不可测的。天和地没有大小之分，他们密合在一起，无所谓边隙。日月星辰都是各自运行等等。

宣夜说传到东汉时，了解它的人很少了。当时的秘书郎郗萌得到老师的传授，《后汉书·张衡传》注以及《晋书·天文志》都记载了郗萌对宣夜说的阐述。大意是：天空虚得无色无质，抬头望去，高远没有边际。我们看到的蓝天，只是错觉，就好像平时看远处的土山都是青绿色，低头看万丈深渊，谷底都是暗黑色是一个道理，青绿和暗黑都是不真实的。日月众星自由地漂浮在虚空之中，它们或移动、或静止，都是受到气的影响；它们或隐或现、或进或退，都是不一致的，这是因为它们不受什么东西所牵制。由于北斗处在轴心的部位，所以它的位置总是固定不变的。

宣夜说所描绘的天体图景是：在浩渺无垠的宇宙中，漂附着众多的星辰，它们受气的影响而有所动止。应该说，这种描述较盖天说更接近天体的实际情况，但是由于宣夜说缺乏进一步的实验性钻研，而更多地停留在推理上，限制了它的影响以及进一步发展。

(3) 浑天说

这一学说主张，天地的形状就像鸡蛋，天在外，包裹着地，而地就像蛋黄一样在蛋中。因此，天半在地上，半在地下。南北两极固定在天的两端，日月星辰都绕着两极极轴旋转，它们每天绕轴自东向西旋转一周。西汉学者落下闳、鲜于妄人、耿寿昌、扬雄等人将这一学说加以传承发展，尤其是东汉天文学家张衡撰成《浑天仪注》，使这一学说达到最高水平。虽然浑天说存在着种种缺欠，但它影响着中国以后历代天文历法的制定。

在西方，古希腊的亚里士多德（前 384~前 322 年）曾经提出宇宙的“水晶球”结构说。他认为，宇宙是由56个同心球壳层层包裹而成，地球静止在球心，其他天体都分别固定在不同的、运动着的球壳上，那些球壳是透明的和极为坚硬、不可穿透的，因此称之为水晶球。这个理论在欧洲延续了1000多年。到了14世纪初，天主教把这个理论定为基本教义之一，不准对它有任何怀疑。所以15、16世纪时，当哥白尼、布鲁诺宣传日心说时，都遭到了罗马教廷的残酷迫害。和亚里士多德的水晶球理论相比较，中国的宣夜说、浑天说等宇宙学说具有明显的先进性。

5. 宋元时代浑仪、简仪研制的新成就

宋元时期，无论在天文仪器研制方面还是观测方法、精确度等方面都达到了一个新的高峰。浑仪和简仪的研制就是重要标志。浑仪又称浑天仪，是古代测定天体位置的仪器。它在支架上固定两个垂直的圆圈，分别代表地平面和子午圈，其内有若干能转动的同心圆，代表黄道、赤道等，还有能旋转的窥管，用以观测天体。

两宋天文学家研制了多架巨型的铜浑仪，它们都在传统浑仪的基础上有所改进提高。北宋天文学家沈括设计的浑仪，通过对南北极轴孔中心位置的调整，使浑仪的极轴得到了校正。沈括还著有《浑仪议》、《浮漏议》和《景表议》，对于后来一系列天文仪器的改进和发明产生了重大影响。沈括也是第一个提出简仪概念的学者。简仪是将浑仪简化使之更便于观测天体，既是赤道仪，也是多功能测量仪。

在沈括的启发下，元代科学家郭守敬、王恂创制出简仪以及其他20多种天文仪器，都极具创新性。他们编制的授时历通行了360余年，在总结前人经验的基础上，把中国传统历法的发展又推向了新的高峰。

6. 宋代的先进历法推动了农业大发展

宋代的历法较之过去又有较大进步。北宋颁行的《明天历》，其回归年长度已经比前代历法的误差减少了一半，而南宋颁行的《统天历》，误差只有22秒，跟当前国际通行的公历完全一样，比欧洲早了整整400年。

中国是一个以农业为基础的文明古国，古人对天象的观测、对历法的修订主要是为农业生产服务的。宋代先进的天文历法保证并推动了农业生产的大发展。有材料统计，在中世纪的欧洲，农业播种量和收获量的比是1∶5到1∶10，而中国的宋朝则是1∶100，也就是说，宋代粮食的产量是欧洲的10倍甚至20倍。农业发达促进了宋代整个社会的经济、科技、文化的发展和进步。当时世界上最繁荣的汴梁城，人口已经多达150万，是盛唐时期长安城的1.5倍，即使到了南宋时，临安城的人口也超过了100万，粮食问题自然是头等大事。这一时期的土地大开发、先进的农业生产技术、能够种植二季甚至

三季的水稻优良品种等等，被学者们誉为宋代农业的“绿色革命”。宋代的人口首次超过了一个亿，这就是说，宋代的农业养活了当时世界上人口最多的国家。

7. 宋元以来对宇宙认识的深化

随着古代科学技术整体的发展和进步，古人对于宇宙的认识也在不断深化，特别是关于宇宙演化的思想和宇宙的无限性等方面，都有更深刻的论述。

中国古代哲学思想中，一般认为“气”是物质的，而“理”是精神的。北宋学者张载主张，在广袤无际的宇宙太虚中，充满了气，即充满了各种运动的物质，它们不停地聚集，又不停地离散，往复无穷。在张载的描述中，万物生生不息，无穷无尽，因而时间也是无限的。

南宋理学家朱熹提出，是阴阳二气相互摩擦、撞击产生许多渣滓，于是形成了地，而气之清者，便成为天和日月星辰。朱熹还特别强调，天和日月星辰只在地的外围运转，地处于中央不动，因此地的四周都是天，并非是天在上、地在下。这是个“地心说”的理论。然而，朱熹的理学思想却是宣扬作为精神的天理主宰一切，属于客观唯心主义哲学理论。

宋元时期的学者邓牧在《伯牙琴·超然观记》中指出，我们感受到的天地虽然十分广大，但在宇宙太虚中也不过是一粒粟米而已。宇宙就像一棵大树，我们所见的天地不过是这棵大树的一粒果实；宇宙就像一个国家，天地不过是这个国家中的一个人。邓牧强调，天地之外还有天地；具体的事物是有限的，它们的总合构成了无限的宇宙太虚。

在论述时间的无限性问题时，明朝的《豢龙子》一书认为，就每一个具体的日月星辰等天体而言，它们都有初始的产生和终结的消亡，但就无穷的宇宙来说，则是无始无终的。

上述这些论述都深刻地揭示了宇宙空间和时间的有限与无限的辩证关系。

8. 明清时期西方天文历法的影响

明朝初年，封建统治者为了杜绝有人利用谶纬天象散布叛逆舆论，于是对涉及天文历法的行为采取了极其严厉的禁止政策，大大压制了民间对天文历法的研究。与此同时，官方的钦天监官员则满足于墨守成规，仍然沿用元代的授时历，保守的态度使他们无所建树。至万历年间，禁令有所松弛，虽然有朱载堉、邢云路在天文历法方面取得一定成就，对授时历提出一些修正意见，但也未能改变停滞的大局。倒是明朝末年，随着西方传教士的到来，使得西方天文历法在中国开始产生了影响。

明末，徐光启与来华的德国传教士汤若望等人共同编纂了《崇祯历书》，对西方的历法作了系统介绍。该书采用了16世纪丹麦天文学家第谷的地心说理论，虽然较之哥白尼日心说落后，但书中引进的许多新的概念和计算方法，还是大大开阔了中国学者的眼界和思路；而且书中也对哥白尼、第谷、伽利略、开普勒等人的部分科学成果作了介绍，有助于西方先进的天文历法在中国传播。

明清之际，有王锡阐、梅文鼎等人努力把西法融汇到中国传统的历法中来。清朝建立后，一度曾任用传教士汤若望主持钦天监，而钦天监的中国官员大多仍然坚持保守立场。康熙皇帝虽然十分喜好包括天文历法在内的自然科学，也努力向那些传教士学习，但遗憾的是，他始终把自然科学局限于个人爱好，而未能作为国策加以推广。此后清王朝实行的闭关锁国政策，使得中国传统的天文历法与西法的差距更加拉大。

二、古代数学

1. 最早使用十进位值制

中国自古有黄帝命“隶首作数”的传说，实际上记数和计算并非是哪一个人发明的，而是先民们由于日常生活和生产的需要自然而然地逐步掌握的。在运算中，中国人最早采取了十进位值制。

十进位值制的使用对于人类数学的发展具有重大意义。所谓十进位值制是指：运用10个由小到大顺序排列的数字符号，按照逢10进1的法则进行运算的做法。早在3000年前商朝的甲骨卜辞中就已经对此有所记载了，它证明中国是世界上最早采用这种运算方法的国家。与十进位值制不同的是，十进制不是逢10进1，而是遇到20、30时，把两个10、三个10并列起来。例如，罗马字母的10用X表示，若是20，就用XX表示；若是30，就用XXX表示，这与我们通常理解的十进位制完全是两码事。一些古代文明发达较早的民族和国家，往往采用60进位法、20进位法等。在文明古国中，唯有中国一开始就采用了十进位值制，由于人有10指，屈指可数，所以这是最简便，也是最先进的方法。

2. 独具特色的运算工具——算筹和算盘

世界上一些古代文明发展较早的民族都曾有过各自不同的计算工具，例如古巴比伦人是用有棱角的木片在泥板上刻压出各种有棱角的斜形符号来记数和进行计算的；古埃及人是用一种象形文字在尼罗河边所产的水草叶子上记录数学问题并进行计算的；古代中国人则是用一种叫做算筹的竹木棍儿进行计算的。

在中国，利用短的竹木棍作为工具进行运算，称为筹算。那些短竹木棍叫做算筹。通常将算筹竖着放，1 根代表一；横向排列 2 根，表示二；横向排列 4 根，表示四；如果只横放 1 根，表示五；在横棍上方放一根竖棍，表示六；若放 4 根表示九；若是 10，便在十位处放一根，如：|（1），— —(2)，—(5)，⊥（6）…… 中国早在春秋时期已有关于筹算的记载。利用算筹可以进行加、减、乘、除和开方的运算。后来珠算发明了，算筹逐渐被算盘所代替。

中国的算盘是何时发明的？对此说法不一。但早在东汉徐岳所著的《数术记遗》一书中就提到“珠算”。书中著录了 14 种计算方法，珠算是其中之一。我们在北宋画家张择端所绘的《清明上河图》中，看到宋代商店中在使用算盘。明朝永乐以后编印的《鲁班木经》中，对于算盘的制作规格有明确的记载。20 世纪 80 年代，考古学家在陕西周原遗址发现了西周的“陶丸”，被认为是西周时的算珠。2003 年在西安西汉长安城遗址附近又出土了 10 颗陶质圆球，经专家考证，是西汉时期的算珠。专家用古代这种没有盘杆的算盘，进行了加减乘除法的示范表演。汉代“算珠”的出土，无疑说明了在古罗马珠算起源的同时，我国汉代也已有算珠诞生并开始应用到计数上。专家认为，“西周陶丸”和汉代算珠可以印证，世界上最早的珠算应该诞生在中国。20 世纪 50 年代，曾有日本人认为，中国的算盘与欧洲的罗马算盘是同一体系，由此断定中国算盘是从罗马传入的。针对这一错误观点，中国的珠算专家华印椿先生写了《论中国算盘的独创性》一文，从中国算盘与罗马算盘的结构、记数法、乘除算法等方面作了详细对比，有力地证明了中国算盘有着自己独特的发展道路，与西方罗马算盘并无关系。这篇论文也获得了当时日本全国珠算教育联盟会长荒木勋及大多数日本珠算专家的赞同。因此，珠算的诞生地还应该在中国。

3. 中国最早的数学著作

中国现存最早的数学书是《周髀算经》，约成书于前 2 世纪的西汉或更早时期。髀是指测量日影的标杆。中国的数学总是与天文历法紧密地联系在一起，因此，数学和数学家又被称为历算和历算家。在《周髀算经》中就重点阐述了天文学的盖天说和四分历法（以 365.25 日为一年的历法）。在数学方面的成就，主要体现在对勾股定理的引用。

稍晚时候，约在公元前后的两汉之际，另一部数学著作《九章算术》成书。它总结了先秦至东汉初年的数学成就，经多次增补而成，是中国古代数学的奠基之作。全书分为九章，有计算田亩面积的“方田”，有计算粮食交易方法的“粟米”，有关于一次方程组解法及正负数的“方程”，有应用勾股定理进行测量的“勾股”等等，共九部分。书中涉及正负数和分数的计算、联立一次方程解法等，都处于世界领先地位。

此外，1983 年在湖北江陵张家山西汉前期墓葬中出土了《筭（算）数书》。这是迄今为止见到的我国最早的算数书，早于《九章算术》。《筭（算）数书》是一部数学问题集，约 7000 余字。算题可分为 7 大类、60 余个小题，算法类包括《合分》（分数加法）、《增（增）减分》、《分乘》（分数乘法）、《径（经）分》（分数除法）、《约分》等，算题类还有《方田》、《粟米》、《衰分》、《少广》、《商功》、《均输》、《盈不足》等。它同《九章算术》有很多相同之处，但时代要比《九章算术》早 200 多年。它是《九章算术》之源，是我国最早的数学巨著，也是世界数学史上的惊人奇迹。

4. 刘徽的割圆术

刘徽是魏晋时期的数学家。他在 263 年（魏元帝景元四年）著成《九章算术注》九卷，分别对《九章算术》的每一章作出注解。又撰写《重差》一卷（后称《海岛算经》，主要是阐述测量的方法）。他在数学上有许多发明创造。最突出的就是他的“割圆术”。为了尽量精确地求出圆的周长，刘徽从计算圆的内接正六边形周长入手，然后加倍成十二边形、二十四边形、四十八边形等等，这些正多边形的周长就会越来越接近圆周的实际长度。英国学者李约瑟在其《中国科学技术史》中说：“在古代世界的数学都不发达的情况下，圆周率的精确度可以代表一个国家数学发展的水平。”中国古代对圆周率的计算始自魏晋时刘徽的割圆术，是领先于当时世界的。

5. 祖冲之的圆周率

祖冲之是南北朝时的天文历算学家、机械制造家，成果丰硕。《隋书·历律志》中记载，祖冲之推算出的 π 值（圆周率）在 3.1415926~3.1415927 之间；用分数表示，其约率为 22/7，密律为 355/113，这个 π 值领先世界 1000 年，是对中国也是对世界科学发展的一大贡献。直到 15 世纪，才有外国学者算出 π 值超过小数点后 7 位，打破祖冲之的纪录。李约瑟说：“从圆周率的计算方法过程中，汲取中国的传统数学思想、方法的营养，开创了机械化数学的新方向。”

6. 李约瑟难题

宋元时期，中国传统数学发展到新的高峰。李约瑟对此推崇备至，他说：“中国的数学成就远远超过了西方五六百年。”“中国实际上是比西方更早提出了代数学。”不过，李约瑟也指出，中国的数学家是用文字来表示数字，这就限制了数学在以后的进一步发展。例如，朱世杰找出了四元高次方程的解法，但他难以解出五元、六元等高次方程。以至于元代以后，中国的传统数学趋于停滞。直到清朝后期，数学家李善兰、华蘅芳将西方的解析几何、微积分、概率论等翻译介绍到中国来，中国的数学才逐渐跨入世界数学发展的潮流之中。

李约瑟就此进一步思索并提出一个严峻的问题：“近代科学革命为什么没有在中国诞生？”这被称作“李约瑟难题”。这一问题引起了中外学者的关注，至今仍是学者们研究的重要课题。

三、指南车和指南针的发明

1. 指南车和记里鼓车

古人传说黄帝（或周公）发明指南车，又叫司南车，无论车子转向何方，车上的小人装置都总是指向南方。根据文献记载看，西汉时期已经存在这样的车了。约成书于东晋时的《西京杂记》对西汉的遗闻轶事多有记载，其中便提到司南车。文献上虽然多有记载，但都过于简略，对其结构、原理等未能详述。因此后人都是在没有详细资料和实物的情况下重新研制而成的。到了北宋，有燕肃、吴德仁制造出指南车，《宋史·舆服志》对他们所造指南车的记载就颇为详细了，凡车的大小、规格、型制以及内部齿轮结构等都作了一一介绍，使我们可以依样复制出来。

记里鼓车是利用车轮转动的距离自动报告车行里程的车子。《西京杂记》以及《晋书·舆服志》等历史文献中也都有记载。北宋卢道隆、吴德仁等造出记里鼓车，《宋史·舆服志》对其型制、大小、齿轮转动结构等都作了详细记载。其车为独辕双轮，上下两层。下层有木人执槌司鼓，上层有木人执槌司钲。车厢内设一套齿轮转动系统与上下木人连接。车行一里，下层木人击鼓一次；车行十里，上层木人击钲一次。

2. 司南和指南针

中国人很早就掌握了磁石具有磁性吸铁和指示方向的特点。战国时期，《韩非子》中说：“先王立司南以端朝夕”，意思是利用司南来测定方向。《吕氏春秋》中说：“磁石招铁”，是说磁石有吸铁的作用。东汉的王充在《论衡》中对司南有所介绍，说司南是勺子形状，把它放在光滑的地盘上，它就能自然地指向南方。地盘是一个标明方位的铜盘，包括东、南、西、北等 24 个方位。李约瑟高度评价中国的司南是世界上“第一个和最古老的一种”指示方向的工具。不过，由于司南是将磁石磨成勺状，在加工中会使它的磁性减弱，影响效果，所以发展到唐宋时期才趋于成熟，出现了指南针。

据《古今图书集成》卷 655 记载，唐末五代时的王伋就有诗句云“虚危之间针路明”，显然是说指南针明确指向二十八宿的虚和危之间。

北宋的文献中也有关于指南针的记载。沈括在《梦溪笔谈》中的记载比较详细，他说，当时的堪舆家（风水学家）都用指南针，是将磁石磨成针状加以磁化。并且进一步说明可用水浮、放指甲上、放碗边儿上和悬丝等四种方法，还指出了这些方法的优缺点。沈括的记述，使我们对于北宋时的指南针有了清晰的了解。尤其可贵的是，沈括还注意到指南针“常微偏东”，这是发现了地球的磁偏角特点，大大提高了指南针的使用价值。

除了用磁石磨成指南针外，古人还发明了利用地球磁场将铁片磁化的办法制成指南鱼、指南针。在北宋曾公亮所编的《武经总要》中就记载，把薄铁片剪成鱼形并烧红，趁热把尾部蘸入水中，让鱼尾指向正北，并且微微向下倾斜，铁片便被磁化。让鱼形铁片浮在水面上，它就能指向南北。鱼尾所以要向下倾斜，是因为在地球磁场的磁倾角作用下，可以增强磁化程度。

中国人对地球磁场及其磁偏角、磁倾角的认识，大大早于西方人。欧洲人直到四五百年以后，对此才开始了解。李约瑟说：“磁针的吸铁性质，既是罗马人，也是汉代中国人发现的，但是能够指示方向的磁针，却是出现在宋朝的中国。所以指南针肯定是中国发明的。”

四、炼丹术和火药的发明

1. 火药的发明与外传

中国是火药的故乡，而火药又起源于炼丹术。炼丹家在长期炼丹的实践中，逐渐摸索出硝石与硫黄、炭粉在一起时，很容易发生起火爆炸现象，于是最早的黑色火药就问世了。最初医生还把这种火药拿来医治皮肤病等，所以称之为药。后来也用于制作焰火、炮竹等。

大约在唐朝后期，火药被制成火箭、火炮应用在战争中。当时是将火药放置在箭的头部，点燃后，用弓射出。火炮则是将火药包点燃后，用抛石机抛掷到敌军中，烧杀敌人。到了五代时，还制造出火球、火蒺藜等火药武器。

北宋仁宗时，宰相曾公亮编成《武经总要》，书中记载了世界上最早的火药配方，比欧洲的火药配方早了300年，为中国乃至世界的武器发展史写下了光辉的一页。曾公亮记录的火药配方共有3个，其基本成分是硝石、硫黄和木炭。三种成分的比例也更趋于合理，接近于后世的黑火药。第一种是在此基础上，再掺放适量的干漆、桐油、蜡等助燃物，可制成燃烧性的蒺藜火球，以烧伤敌人及其马匹。第二种是掺加松脂、黄丹、砒黄、桐油等，可制成火炮火药；还可再放入铁针、铁屑，进一步加大杀伤力。第三种是加入巴豆、砒霜等药物，点燃火药后投入敌阵，利用产生的有毒烟雾削弱敌方战斗力。宋代名将李纲就是用这些火器打退了金兵对开封的围攻。

宋朝以后，中国的火药一方面随着中西方交通贸易的发展，传到阿拉伯，再传到欧洲；另一方面，随着蒙古大军的西征，也把火药、火器带到欧洲。因为硝石是白色的，阿拉伯人称为中国雪，波斯人称为中国盐。

2. 管形火器和利用火箭升天的壮举

宋元时期已经出现了管形火器，这是人类兵器史上的划时代成就，为后世枪炮的产生开辟了新道路。据史籍记载，南宋时已在战争中使用了管形火器，是用竹筒制成的突火枪，后来发展为用铜铸造的铜火铳。如今在考古发掘中，已经发现了数尊南宋和元代的铜火铳。蒙古大军将火器与骑兵结合，使得欧洲最精锐的骑兵部队也不堪一击。

明代又制成铁铸火铳，口径、炮筒长度都增加许多。《明史》中还记载说，大的火铳放在车上，便于转移；小的可用支架、用桩、用托。后来，小的发展为枪，大的发展为炮。明神宗万历年间，武器革新家赵士桢曾参照西方的连发火器制成有5支枪管的“迅雷铳”，可以轮流发射5颗子弹。随后又在“迅雷铳”的基础上改进研制成了“连铳”，轮流发射的子弹比“迅雷铳”更多了。明朝末年还有一种三筒火铳，又名三眼铳，是把三个铜火铳捆绑在一起，同时发射以加强其射杀力。当年李自成起义军攻入北京后，崇祯皇帝逃出皇宫时，手中提的便是这种三眼铳。最早的“红夷大炮”是中国人仿制西洋的。1620年（明神宗万历四十八年），一艘名为“独角兽号”的英国东印度公司商船行驶至广东沿海时遇台风沉没，船上配有数十门当时世界上最先进的火炮——红夷大炮，这种以射程远、威力大而闻名的前装滑膛加农炮，在此后的两个多世纪里成为影响世界格局的最重要的武器之一。在明朝进士邓士亮的指挥下，这些红夷大炮终于被打捞上岸。打捞上来的22门“红夷大炮”很快运至北京，其中的10门红夷大炮继续北上，交给了当时镇守宁远的明朝大将袁崇焕。1626年（明熹宗天启六年），袁崇焕就是用这批架在城墙上的火炮，打退了努尔哈赤的后金大军，取得宁远大捷的。现在北京军事博物馆还展出有这种火炮，上面铸刻着东印度公司的徽章，还有两广总督胡应台押送京城的标记，时间标注为1622年（明熹宗天启二年）。其实，当时中国的火器制造技术并不比西方差。英国伦敦皇家火炮博物馆有一门中国人于1620年（明光宗泰昌元年）制造的火炮，其水平与“红夷大炮”相差无几。万历末年，担任协理京营戎政的黄克缵，曾招募能铸“吕宋大铜炮”的14位工匠至京，铸成各式大炮28门。它们都比此前打捞上来的铁制英国舰炮还大。然而自此以后，中国的火炮还是落后了。西方的火炮都有了准星和照门，还有两只“耳朵”，可以支在炮车上，发射时调整仰角，其射程和准度都比较高。另外，其炮管设计前薄后厚，可以有效避免膛炸。可惜清朝统治者用先进的火炮打下了江山，却没有热心进一步发展它。朝廷担心汉人制造先进火器会威胁其统治，因此禁止地方官自行研制新炮，甚至禁止百姓学习火器铸造技术。以至于200年后英国人再打过来时，发现我们用的火炮尚不及明末时的水平。与此同时，意大利数学家塔尔塔利亚于1537年（明世宗嘉靖十六年）所出版的《新科学》一书，首次提出了抛射体理论，成为近代弹道学的重要奠基著作。此后，随着数学、力学、物理学等近代自然科学的进一步发展，西方的火器技术取得了突飞猛进。

这一时期还发明了利用火药喷射产生的反作用力将箭簇射出的火药箭。这是人类制造的最早的火箭，与现代火箭原理完全一致。到了明朝，还发明了二级火箭。明人茅元仪所编《武备志》中对各种火器成果作了归纳总结，尤其是提到一种叫做“火龙出水”的二级火箭，是用捆绑在一起的四支火箭作为一级火箭，其燃烧后可以引燃火龙口中的二级火箭，这样便延长了火箭的射程。这是中华民族对火箭技术发展作出的重大贡献，为人类登月、探索宇宙迈出了第一步。

不仅在火箭技术方面，中国人在探索摆脱地球引力、升上天空方面，也表现出极大的勇气与智慧。在明代史籍中记载了一个名叫万户的人，他把自己绑在椅子上，椅背上固定了47支火炮，左右手各拿一只大风筝。他让仆人点燃火炮，希望利用火炮的推力将他送上太空。尽管他的实验并未成功，他也因此献出了生命，但是其中的含义却是十分重大的，这是人类迈向太空的最早的实践行动。

3. 中国火器研制的滞后

进入清代以后，康熙、乾隆等皇帝仍然重视传统冷兵器在战斗中的运用，相比之下，忽略火药、火器的研制和运用。康熙朝有一个官员叫戴梓，曾发明了可以连发 28 发子弹的“连火铳”（又称连珠火铳），是现代机关枪的前身，比欧洲早了 200 多年。“连火铳”的构造和射击原理是有两个机轮，利用第一个机轮的转动，把火药和子弹装进铳枪脊背的琵琶舱里。当扳动第一个机轮时，第二个机轮随着开始扣动，撞击火石发火，引燃火药，把子弹送出枪膛。如此循环，连续射击 28 发子弹，然后重装。然而，戴梓却因比利时传教士南怀仁等人的诬陷，被康熙帝流放到东北，艰难生活 30 余年，贫病交加而亡。

戴梓作为当时世界最先进武器的研制人，遭到如此下场，有其必然性。根本原因还是在于清朝统治者思想观念守旧，缺乏历史发展的前瞻眼光，固守封建统治观念，不能捕捉机遇引领社会前进。即使是热衷于钻研自然科学的康熙皇帝，也只是把自然科学局限在个人的爱好上，未能作为国策向全社会推广。由于深受“骑射乃满洲根本”的思想禁锢，清军虽然处于冷热兵器混用的时代，但是仍然以刀、矛等冷兵器为主。即使是所用的火器，也主要是仿造明朝引进的佛郎机、红夷炮等西方火器制作的，并且只限八旗兵使用，严禁汉人掌握。从此清军自制的老式洋枪洋炮，在工艺和质量上都与西方的差距越来越大了。

五、造纸技术的发明

1. 纸的产生

中国是最早发明造纸技术的国家，纸的产生对人类文明的进步有着巨大的影响。在纸产生以前，中国人采用的书写材料是石器、甲骨、青铜器、竹木简牍以及缣帛等。这些材料或者十分笨重，或者价钱昂贵。随着文化的发展，人们终于制造出了轻便廉价的纸来。

我们现在所说的“纸”，是指植物纤维纸，而中国人最初所说的纸，是指丝棉纸。所以“纸”字是从丝旁。古人为了用丝棉制作冬衣，先将蚕茧煮过，然后放在篚箩内浸入水中，反复捶打，使蚕茧铺开成了丝棉。当把丝棉取下以后，篚箩上就留有薄薄一层丝絮碎屑，将它们晒干揭下来，就成了轻薄的丝絮片，这就是中国人最初所说的纸，在《汉书·外戚传》中称它为“赫蹄”（xī tí）。古人解释，将白色丝絮片染成红色，就叫“赫蹄”。西汉时，赵飞燕姐妹很受汉成帝宠爱，而一个叫曹伟能的宫女给皇帝生了一个男孩，赵飞燕姐妹十分忌恨，就派人送给曹伟能一个小匣子，里面放有毒药和一封“赫蹄书”，迫令曹氏自杀。

从考古发掘成果看，西汉时期已经有了植物纤维纸。1933年，在新疆罗布卓尔汉代烽燧遗址中就发现了西汉麻纸；20世纪50年代和70年代，在陕西西安灞桥附近和甘肃汉代居延旧址也分别发现有西汉麻纸。1986年，在甘肃天水放马滩西汉早期墓葬中，出土有地图碎片，有学者判断是绘画在植物纤维纸上的。总的来说，西汉时期的植物纤维纸质地粗糙，难于书写。正因如此，东汉的蔡伦进一步改进和提高造纸技术，利用廉价的树皮、麻头、破布、鱼网等作原料，将它们捣烂成浆，制成色白、平滑的纸张，人称“蔡侯纸”。这种纸不仅适于书写，而且价格低廉，便于推广，这才是对人类文化发展具有重大意义的纸张。也正因此，蔡伦虽然不是纸的最早发明者，但他的贡献依然是伟大的。

2. 纸的普遍使用

蔡侯纸问世不久，就受到读书人的欢迎。东汉学者崔瑗送给朋友一部用手抄写的《许子》，并且解释说，因为我没有很多的钱，不能买帛来写，只好抄写在纸上。可见这时的纸已经具有质高价低的优势了。

纸作为主要的书写材料在东晋以后就完全取代了简牍。东晋末年，桓玄称帝后即下令，过去凡是用简牍的公文，今后都改用黄纸。这时人们已经掌握了用黄柏树煮水染纸可以防虫蛀的技术，所以称黄纸。由于纸张的推广和普及，更促进造纸技术不断提高，造纸手工业由洛阳一带扩展到南方、北方，各地都有自己的特色纸张。例如，书法家王羲之父子使用的是会稽生产的竖纹竹纸，剡溪（今浙江嵊县）产有藤纸，北方有河北纸、胶东纸等等。北魏贾思勰在《齐民要术》中，对当时的造纸原料、技术等作了介绍和总结。到了唐朝时，纸张的使用种类已达20多种，有写字的、包茶叶的、糊窗户的，甚至用于出殡撒的纸钱。用于日常生活的众多纸制品一直延续至今，如纸巾、纸扇、纸钱币等等不一而足，纸已经紧密地与人类生活捆绑在一起了。

3. 独具特色的宣纸

宣纸是中国特产的一种书写绘画用纸，它具有纯白、细密、柔软、经久不变等优点。由于有了宣纸，中国的书法绘画艺术才得以表现出绝妙的艺术神采和风韵。因此，宣纸在中国文化艺术发展史上发挥了独特的作用。宣纸出产于安徽省泾县、歙县等地。由于它多集中在附近的宣城销售，逐渐被称为宣纸。制造宣纸的主要原料是泾县周围盛产的青檀树皮，当地清冽纯净的泉水是保证宣纸质量的重要条件。在制造过程中，除了对原料、水质有严格要求外，还需要一套精湛的制作技艺。一张宣纸要经过一年多时间才能制造出来。

中国书画艺术的特点得力于宣纸，被表现得淋漓尽致，而且由于宣纸质地细密、耐老化等特点，使得许多古代书画珍品得以长年保存，至今完好。古代凡用丝绢写画的，经过一段时间就变黑变脆了，保存至今的甚少；而用宣纸的书画，则历经千百年不坏，光润如故，因此有“千年纸五百年绢”之说，或谓“纸寿千年”，都是指宣纸而言。

4. 造纸术的外传

中国是世界上最早掌握造纸技术的国家。中国的纸和造纸技术最先传到邻近的朝鲜半岛，隋朝末年又由朝鲜传到日本。

2 世纪初，蔡伦造出了能用于书写的纸张，这一时期正是中国和西域交通畅达之时，中国的纸张自然地沿着丝绸之路传到西域诸国并进而向西传到阿拉伯诸国。8 世纪初，阿拉伯军队占领了欧洲的西班牙，从此西班牙建立起由阿拉伯人经营的造纸厂。欧洲人在得到中国的纸张以前，是用羊皮或者苇草纸（从北非传来的一种可以书写的水草茎片）作为书写材料的。至 10 世纪末，欧洲大陆才开始有用纸的记录。直到 13 世纪后期，在西班牙和意大利才有了由欧洲人自己经营的造纸厂。纸张在欧洲被广泛使用后，对欧洲资产阶级冲破教会和封建主的黑暗统治、推动文艺复兴运动起了重要作用。

六、印章、石刻捶拓和印刷术的发明

1. 古代印章和石刻捶拓的启示

中国的印章、图章，古代也称印玺，在春秋战国甚至更早时候就已经存在了。今天所能见到的最早的官府或私人印玺实物是战国时期的遗物。到了秦朝，就只有皇帝的印能称为“玺”了，官吏和平民的只能称为“印”、“印章”、“印信”。这些印是个人身份的凭证、信物，上面刻有姓名或官称。用印的方法是将印按在封泥上。随着纸张的普及，用印方法也改为将印沾上印色，再按印在纸上。

印章上的文字大多是用刀刻写的，也有的是铸成的。上面的文字有的是凸出的阳文，有的是凹下的阴文，字体都是反刻的，一旦印到纸上，就成了正体字形了。大约在东汉后期，就有人利用印章技术，刻印通缉逃犯的短文或道教符咒了，说明这一时期已经开始运用印章技术来刊刻短文了，这是雕版印刷技术的雏形。

秦始皇统一中国后，在巡游中到处刻石纪功。175 年（东汉灵帝熹平四年），书法家蔡邕用隶书在石碑上刻成部分儒家经典，称为熹平石经。它们成了读书人的标准读本，供大家来抄写与校对。然而抄写不仅很慢，而且容易抄错。于是大约在南北朝时，人们掌握了捶拓的方法来摹印石经上的文字。这种方法是先将潮湿的纸贴在石碑面上，然后轻轻捶打纸面，由于石碑上的文字都是凹下去的正体文字，被捶打的纸遇到文字笔画时便也凹下去。这时在纸上刷墨，凡是凹下去的文字不会沾上墨。把纸揭下来就成了黑底白字的读物了。捶拓的方法还做不到大量迅速地摹印石刻文字，但是它启发人们想到在木板上刻字，然后多次拓印。以后，经过许多人的不断试验和总结经验，雕版印刷技术终于问世了。

2. 雕版印刷术的诞生

雕版印刷术是把石碑上刻的凹下阴文改为在坚硬木板上刻突起的阳文；并且采用印章的办法刻反体文字；再在雕好的版上刷墨，这时突起的字体便沾上了墨色，将纸张铺在上面，用干净刷子在纸上揩拭一遍，纸上就沾印了墨色字迹，成为白底黑字的读物了。每块雕好的版可以印刷出许多张纸，使得书籍能够大量地生产出来。

雕版印刷术在中国是什么时候发明的？对此，学者们意见还不一致。有人认为隋朝时已经有了，但缺乏有力的证据。可以确定的是，唐朝已经掌握了雕版印刷技术，并且考古发掘中已经发现了印刷品实物。唐朝人冯贽在其笔记中曾记载，唐初三藏法师玄奘“以回锋纸印普贤像施于四众，每岁五驮（用牲畜负载）无余”。最重要的考古出土实物是 20 世纪初在敦煌莫高窟发现的一幅雕版印刷的《金刚经》。这部佛经是一幅长约一丈六尺的卷子，上面不仅刻印佛经，还有释迦牟尼说法的图画。文字和图画都雕刻得十分精美，印刷出来也很清晰。卷子末尾清楚地记有“咸通九年四月十五日王玠为二亲敬造普施”的字样。咸通是唐懿宗的年号，其九年为 868 年。这是目前世界上最早的有日期的印刷品。1954 年，在四川省成都市东门外唐墓中，又发现唐朝成都府城都县龙池坊卞家刻印的《陀罗尼经咒》，大约一尺见方，刻有古梵文经咒和小佛像。这件印刷品也雕印得很精细，墨色均匀，表现出纯熟的雕版印刷技巧。这是中国国内现存最早的雕版印刷品了。

1969 年，在韩国发现了一部汉文译本的雕版印刷的《无垢净光大陀罗尼经咒》。国外有学者研究，认为它是 704 年（唐武则天长安四年）至 751 年（唐玄宗天宝十年）间的印本。如果这个推断不错的话，它比上述的《金刚经》提早了 120 年。

唐朝人应用雕版印刷技术，主要是刻印日历、佛经、字典、文集等与广大农民、百姓的生产生活密切相关的书籍。到了五代时期，封建统治者开始利用雕版印刷技术大量刊印儒家经典。后 932 年（唐明宗长兴三年），在宰相冯道的倡议下，朝廷决定由当时的最高学府国子监派任校定、刊刻《易》、《诗》、《书》等 9 部儒家经典，一共用了 20 多年，直到 953 年（后周广顺三年）才全部完成。这是中国历史上第一次用雕版印刷术大规模刊印儒家经典。从此，民间的私人刻书事业也随之发展起来。宋代是雕版印刷书籍繁荣发达的时期，不仅刻功精细、纸墨优良，而且经过认真校勘，堪称珍品。

3. 活字印刷术的问世

雕版印刷术的发明促进了文化图书事业的发展，为了节省雕版花费的精力、时间和钱财，10 世纪时又有人发明了“泥活字”版印刷术，把印刷技术推向新的高度。

首先发明泥活字版印刷术的是北宋时一个名叫毕昇的普通平民。他用黏性的胶泥做成许多方块字模，在每一字模上面反刻出一个字，称为字印，然后在火上烘烧坚硬。先在一块铁板上涂一层松脂、蜡、纸灰等混合物。铁板四周有铁框围着。然后按照书上的字句把字印排列好，再把铁板放在火上烘烤，使松脂、蜡等遇热熔化。这时取一块平板放在字印上压平，待铁板冷却，这些排列好的字印就都固定在铁板上了，而且表面高低一样。印刷时，先在字印上刷墨，把纸铺在上面就可以印出字迹来。毕昇还想到，同时准备两套铁板、铁框等用具，在第一块铁板排好字印并印刷时，就可以由他人同时排第二块铁板，两块铁板交替使用，效率大大提高。印刷完，再用火烤铁板，使松脂、蜡等熔化，原来粘在上面的字印便可以一个个取下来，上面也不会粘着松脂等物。有些常用字就得事先多做些字印。平时这些字印按照韵部分别放在不同的木格里，排字时，可以按韵找出需要的字印来。

毕昇发明的泥活字印刷技术是相当完备的，已经具备了现代印刷术的铸字、排版、印刷等全部程序。关于毕昇的这一重大发明，多亏沈括把它记录在《梦溪笔谈》一书中，才使后人得以了解。沈括说，用这种泥活字印刷，如果只印三五本书，不算简易；若印成百上千本，就显得非常简便迅速了。可惜沈括没有告诉我们，当时用泥活字印刷了一些什么书籍。泥活字印刷技术在当时以及后世都有应用，但是并没能得到普遍推广，雕版印刷仍然居于主要地位。不过，这丝毫也没有降低泥活字版印刷对世界印刷技术发展所起到的深远影响。

元朝时候，学者王祯在总结了泥活字印刷技术的经验后，又发明了木活字版印刷技术。他还发明了转轮盘排字架，使得排字效率得到提高。王祯把自己发明的制造木活字方法以及一整套印刷技术系统地记载在《造活字印书法》一文中，这是中国古代关于活字印刷技术的重要论著，它附录在王祯的农学著作《农书》中。木活字印刷术在明清时代都被采用过。明朝时候，人们用铜活字印书获得成功。清朝雍正年间印出的《古今图书集成》就是用铜活字排印的。这些铜活字版书籍排版整齐，字体清晰，具有很高的印刷质量。

在明朝，也有人试验铸造铅活字印书，由于未能解决铅不易沾墨的问题，印刷效果很不理想。清朝后期，铅活字印刷反而作为先进技术从西方传入中国。

明末清初又有人摸索利用磁活字印书。山东省泰安县的徐志定成功地用磁活字印成了《周易说略》这部书。他说磁活字的坚硬程度胜过木活字，印刷效果很好。

4. 中国古代印刷术的外传

中国是世界上最早发明印刷术的国家。7 世纪，中国的雕版印刷品首先传到东方的近邻朝鲜半岛和日本。大约 10 世纪，在朝鲜半岛上就开始应用雕版印刷技术了。当时大多是刊刻佛经、医书和中国的儒家经典等。据记载，1011 年（高丽显宗二年）曾刻印《大藏经》六千卷，历时 70 年才完成，可惜不久即毁于战火。后来 1237 年（高丽高宗二十四年）又重新刻版印刷。今天保存下来的著名的《高丽藏》就是这次的印本。15 世纪，在朝鲜不仅采用了铜活字、铅活字，而且还创造了铁活字印刷，对活字印刷技术的发展作出了新的贡献。

日本采用雕版印刷技术的时间与朝鲜大致相同。1088 年（崛河天皇宽治二年）刻印的《成唯识论》是今天所知的有年代可考的最早印刷品。14 世纪中叶甚至有中国的刻书工匠前往日本刻印书籍，对日本的印刷出版事业尽了一份力量。

在越南，13 世纪中叶已经有了印刷品，15 世纪开始雕刻印刷书籍。在菲律宾，今天所知的最早的印刷品，是 16 世纪末由中国工匠在当地用汉文和当地文字刻印的《基督教义》。有记载说，当时有 8 名中国刻工在菲律宾从事雕版印刷工作。此外如真腊（柬埔寨）、暹罗（泰国）、爪哇（印度尼西亚）等地，在 14 世纪以后也都先后采用了印刷技术。显然，这些国家或地区的印刷技术都是由中国传去的。

中国的印刷技术向西方传播是先传至西亚、北非等地，后又于 14 世纪传到欧洲。20 世纪在新疆地区考古发掘出一些古代回纥文、梵文、西夏文、蒙古文、西藏文及汉文的印刷品残片，表明 9 世纪时，中国的印刷技术已经通过西域地区传向中近东一带，后来又进一步传到波斯、埃及等地。11~13 世纪，西欧的天主教会、封建主发动了几次大的十字军东征，虽然最终以失败告终，但是当他们从东方撤回欧洲时，也把许多印刷品如纸牌、版画、图像等带了回去。与此同时，一些西方的旅行家如意大利的马可·波罗、法国的弟·鲁布卢奎等人也在他们的游记中，对中国元朝的印刷纸币做过详细介绍。这些对于欧洲人了解、掌握印刷技术都产生了深远影响。因此 14 世纪末的欧洲开始出现了雕版印刷品，例如德国纽伦堡的宗教版画便问世了。当时每页画像都是对折起来再装订成册，这表明在书籍装帧方法上，也开始学习中国的蝴蝶装、包背装了。中国的印刷术传到欧洲以后，对于欧洲文艺复兴运动的兴起以及整体科学文化的发展都起到了推动作用。

第五节　中国重要的历史文物

一、最早的龙

龙是中华民族的象征，中国人自称是“龙的传人”。在中国，龙的形象实际上是多种动物形象的组合，它体现了远古时代众多部落图腾的大融汇，成了这些部落走向大联合并且最终构成中华民族的一个形象性标志。

1987 年，在河南濮阳西水坡发现了距今 6500 年前的三组用贝壳堆塑的龙虎图案。特别是第一组图案中的龙，形象生动逼真，其艺术构图和文化内涵已经和后世龙的大部分要素相符合。这是迄今所见最早的龙，因此被誉为中华第一龙。

古代天文学中，有东方青龙、南方朱雀、西方白虎、北方玄武的“四象”说法，这种龙虎图案也透露了古代天文观念中的“四象”观在这时已开始出现。

二、红山文化及其女神塑像

红山文化发现于 1935 年，是 5000 多年前中国北方西辽河流域新石器时期较重要的文化。1954 年被命名为“红山文化”。红山文化的重要遗址之一是辽宁省朝阳市的牛河梁和东山嘴遗址。

自 20 世纪 60 年代以来，在红山文化遗址中曾多次发现陶塑女裸像，其中以 1983 年在牛河梁发现的女神庙和女神像最为著名。该神庙墙壁经过彩绘，室内发现大量的人物塑像碎块，有头、肩、手以及乳房等部位的残块，均属女性。有一尊泥塑头像，如真人大小，面涂红彩，双眼镶嵌青色圆饼状玉片，其面部轮廓为方圆形，较扁平，颧骨突出，鼻梁较低而短，嘴较宽，微露笑意，具有蒙古人种特征，这是中国最早的女神像。有迹象表明：在神庙主室中心，原先塑有型体更大的女神像。专家认为，它们是生育神和农神的象征，同时也是母权制遗风的体现。牛河梁女神头像具有很强的艺术表现力，完美地塑造出一个极富生命力而又神话了的女神面相。她不仅是中国新石器时代高超雕塑艺术的标志，也是后世中华子孙第一次看到的5000年前用黄土塑造的祖先形象，对研究中华文明起源、原始宗教思想等都具有极其重要的价值。

三、贾湖骨笛

1984年开始，考古工作者对河南省舞阳县贾湖村一处新石器时代早期遗址进行了考古发掘，先后发现了30多支骨笛，它们是距今八九千年前的古代管乐器，它们的亮相，震惊了考古界，也引起了世界学者的关注。在先秦时期，笛子都是竖吹的。汉武帝时，张骞出使西域，带回了横吹的笛子，于是竖吹的才改叫箫。贾湖骨笛是用鹤类腿部的尺骨做成的，它们没有专门的吹孔，应该是竖着吹或者稍微斜一点吹，但它们还是属于笛子。经过专家严格的实验和试吹，证明贾湖骨笛不仅已经具备音阶结构，而且还能演奏出传统的五声或七声调式的乐曲来。这表明，8000多年前的贾湖先民们已经有了音阶、音律的认识和实践。在古笛上可以明显地看到，在钻孔前面有刻画标记，有的钻孔旁还有几个小孔，这是有针对性地用来调整孔位和高音的，说明当时制作骨笛时，是有过精确的计算和设计的。贾湖骨笛的发现，彻底打破了中国先秦时期只有五声音阶的断言，它推翻了音乐史上多年来的一些定论，把中国音乐史的源头提前了3000多年。贾湖骨笛是目前世界上出土年代最早的、保存最完整而且依然能够用来演奏的乐器实物。可以说，贾湖骨笛是中国音乐史，甚至是中华文明起源的标志性器物。

河南省博物院收藏的一支贾湖骨笛呈棕黄色，全长23.6厘米，笛身上钻有7个圆形音孔，分布均匀，经测试，可以发出完备的六声音阶和不完备的七声音阶，在目前所发现的30多支贾湖骨笛中，是保存最完整的一支，堪称中华第一笛。

四、殷墟甲骨

今天的河南省安阳市一带，是古代商朝最后的国都，当时叫做“殷”。司马迁在

《史记》中就把这里称为殷墟。当地农民在耕地时时常刨出动物的骨骼化石，并称它们为龙骨。这些龙骨大多是龟的腹甲和野兽的胛骨，上面还常常刻有文字。农民们不了解其价值，只把这些龙骨当做中药卖给药店。直到 1899 年，当时的国子监祭酒王懿荣发现甲骨上面刻画的是古代文字而加以研究，这些甲骨才受到学者们的重视，身价倍增。其后罗振玉通过调查，确定了甲骨出土于今安阳市的小屯村，上面的文字记有商朝先公先王的名字，于是证明属于商代的遗物。由于甲骨文字记录了商朝统治者占卜的内容，因此学者们把甲骨文字所记录的内容称为甲骨卜辞。随着学者们研究的深入，商朝社会全方位地展现在现代人面前。司马迁的《史记·殷本纪》有助于人们破解那些甲骨文和甲骨卜辞；反过来，学者们也借助新发现的甲骨文和甲骨卜辞了解了商朝社会的更多情况，并且纠正了《殷本纪》中关于商王顺序的错乱。

由于王懿荣等学者高价收买甲骨，引起当地地主和农民滥挖的风潮，不少甲骨遭到破坏；随后外国传教士以及其他一些外国人也蜂拥而至，大肆搜购甲骨，成千上万的甲骨流失到国外；有些不法奸商也乘机伪造甲骨，这一切都使这一宝贵文物遭到浩劫。1928 年，中央研究院历史语言研究所成立考古组，对殷墟进行了第一次科学的考古发掘。1937 年，发掘工作因日本军队的侵华而中断。然而在这 10 年间，考古组共进行了 15 次发掘，取得了较大收获。弄清了考古地层的基本情况，发现了 30 余座宫殿、宗庙遗址，出土了有字的甲骨 1.7 万多片。这些成果丰富了商代历史和文化的研究资料，引起了国内外学者的重视。

1949 年新中国成立以后，迅速恢复了对殷墟的考古发掘工作，并不断取得重大的考古成果。例如，1950 年对武官村大墓的发掘，出土了戍嗣子鼎，上有铭文长达 30 字；1973 年在小屯南地出土刻字甲骨 4000 多片；1976 年在小屯村西北发现妇好墓等，都为研究商朝历史提供了宝贵资料。至今，甲骨学已经成为一门国际性的研究学科了。

五、司母戊方鼎

1939 年出土于河南安阳武官村，长方形，立耳，柱足，饕餮纹饰，通高 133 厘米，重达 832. 84 公斤。司母戊方鼎是中国已发现的最大青铜器，在世界青铜器中也是仅见的。鼎内腹壁铸有铭文“司母戊”三字。经专家考证，它是商王为祭祀其母戊而做。大鼎结构复杂，其耳、身、足分别铸成后，再合铸成一个整体。现藏于中国历史博物馆。

六、遂公盨

2002年北京保利艺术博物馆从海外重金收回，经权威专家鉴定，为西周中期偏晚铜器。此件铜盨高11.8厘米、口径24. 8厘米，重2.5公斤。盨盖缺失。内底有铭文共10行98字。因为铭文中记述了大禹治水和划分九州之事，遂将“大禹治水”的古文字记录提早了几百年，为解开中华上古历史之谜提供了可靠的文献证据，也再一次证明大禹应该确有其人。铭文中关于大禹治水的文字竟与儒家经典《尚书》上的记载惊人地一致。这篇铭文是西周时期遂国某位国君所作，是一篇专门论述“德治”的政论文。这在已发现的中国众多青铜器铭文中是绝无仅有的。文中6次提到“德”字，它以大禹治水、施德天下为例，论述“为政以德”、“以德行事”的重要性。中国自西周初年开始就建立起“以德配天”的文化传统，即所谓轻鬼神、重人事。这篇铭文是目前所发现的关于“德治”的最早文献记录。现藏于北京保利艺术博物馆。

七、毛公鼎

清朝道光末年出土于陕西省岐山，为西周后期遗物。鼎高53.8厘米、口径47.9厘米、腹围145厘米，重34.7公斤。鼎内底有499字铭文，记述了周宣王告诫毛公要效忠王室并赏赐他大量珍贵物品等事，是一篇完整的册命文章，对于研究西周晚期的政治历史具有重要的史料价值。这是铭文最长的青铜器，现存于台湾故宫博物院。

八、越王勾践剑和吴王夫差矛

1965年，在湖北江陵望山一号楚墓出土了春秋末年越王勾践所用青铜剑。剑通长55.7厘米，剑格向外凸出，正面镶有蓝色玻璃体，后面镶有绿松石，剑身分布着黑色菱形花纹，即便在黑暗中也散发出幽幽蓝光。剑身上刻有两行鸟篆铭文，为“越王鸠（句）浅（践）自乍（作）用鐱（剑）”八字。剑刃仍然十分锋利，考古人员曾在桌上平铺了几十层纸，只用剑锋轻轻一划，竟有26层纸被它轻松划破。于是越王勾践剑享有了“天下第一剑”的美誉，不愧是王者之剑。有专家指出，经测验发现越王勾践剑的表面黑色菱形花纹是采用氧化硫技术处理的，硫化铜可以防止锈蚀，以保持花纹的艳丽。更令人惊奇的是，剑的表面竟有一层10微米厚的铬盐化合物，能够强化剑的硬度和抗腐蚀。铬是一种防磨损能力极高的金属，但提炼方法相当复杂，其熔点更高达摄氏一千九百度左右。“铬盐氧化”处理是近代才出现的技术，德国在20世纪30年代率先发现，美国则于50年代才有此发明，何以竟然出现在2000多年前的中华大地上？古人究竟掌握了怎样的方法？这些至今是个谜！

1987年，在安徽省安庆市战国墓中出土了越王亓北古剑。剑长64厘米，铸造工艺精湛，通体无锈蚀，剑锋锐利，剑格和剑首铸有鸟篆铭文32字，笔画细如毫发，金光灿然。剑的主人正是勾践的孙子——越王亓北古。长久以来，学者们对于是否确有越王亓北古其人，一直争论不休。此剑的出土证实了亓北古的真实存在，解开了这一历史之谜。

继越王勾践剑出土10余年后，吴王夫差矛于1983年在江陵马山楚墓出土。由于该墓的保存情况不好，棺木等大都已经腐烂，夫差矛出土时不仅矛柄几乎全部腐烂，其青铜表面也都布满了绿色的锈层。1984年12月，为了庆祝中英关于香港问题联合声明签字、香港问题圆满解决，越王勾践剑和吴王夫差矛双双赴港展出，成为人们的趣谈。越王勾践剑现藏湖北省博物馆。

九、曾侯乙墓编钟和殳

曾侯乙为战国早期曾国的国君，其墓位于湖北省随州市西郊。1978年对其墓进行考古发掘，出土随葬品1万余件，其中以规制宏大的编钟震惊于世。编钟共65件，最大的一件通高153. 4厘米，重203. 6公斤；最小的一件通高20. 4厘米，重2. 4公斤。整套编钟总重2500多公斤，悬挂在铜木结构的三层钟架上。钟架旁有6个髹漆彩绘木槌和两根彩绘髹漆长木棒。全套钟架由245个构件组成，可以拆卸，设计十分精巧，历经2000多年，出土时仍然矗立如故。钟上均有篆体铭文，共2800余字，都是记载音乐方面的内容。整套编钟的音阶结构与现今国际通用的C大调七声音阶同一音列，总音域包括5个八度，中心音域12个半音齐备。演奏起来，音色优美，音域很宽，能奏出今天的各种曲调。乐律铭文中还有春秋战国之际楚、晋、齐、申、周等国与曾国各种律名、阶名、变化音名之间对应关系的记载，反映了当时各诸侯国之间在文化艺术领域里相互交流的情况，是研究先秦音乐史的珍贵资料。

顺便提一下，对于古代所谓十八般兵器，大多提到有“殳”，但从未见到其实物，因此人们对它的形制样式推测不一。曾侯乙墓中出土了数件柄长3米多的长兵器，上面自铭为“殳”，终于让我们看到了殳的实物。原来殳是由矛和锤结合在一起的兵器，在矛头的下部是一圆锤，上面分布着一些棘突，然后下面紧接长柄。这种殳既可以刺杀，也可以捶击，具有双重功能。曾侯乙墓出土的三件殳上，在其矛的一侧都铸有“曾侯之用殳”，这是迄今为止唯一所见有铭文殳的兵器，彻底解开了殳的形制之谜。

十、秦始皇陵兵马俑

秦始皇陵位于陕西省西安市以东35公里的临潼区境内，是中国历史上第一个皇帝秦始皇于前246年（秦始皇元年）至前208年（秦二世二年）营建的。其巨大的规模、丰富的陪葬物居历代帝王陵之首，是最大的皇帝陵。据史料记载，秦始皇为造此陵征集了70万个工匠，建造时间长达38年。

秦始皇陵分陵园区和从葬区两部分，有外、内城两重，封土呈四方锥形。秦始皇陵封土原高约115米，陵基近似方形，状如覆斗。顶部平坦，腰略呈阶梯形。现存高76米的陵墓及大量地面建筑遗迹和陪葬物。1974年，当地农民在皇陵东侧打井时偶然发现了与真人真马一样大小的兵马俑。从此，一个埋藏了2000多年的地下军阵被挖掘出来，并建成博物馆。秦兵马俑坑是秦始皇的陪葬坑，由一号、二号、三号坑和兵马俑坑组成。展出的陶质陪葬武士俑和兵马俑共计8000个，排列成阵，气势壮观。俑分将军俑、铠甲俑、跪射俑、骑兵俑、武士俑、车兵俑（驭手、兵士）、弓弩俑、马俑等。坑内还出土有数万件实战兵器，馆内展出秦始皇大型彩绘铜车马。

陵墓地宫中心是安放秦始皇棺椁的地方，陵墓四周有陪葬坑和墓葬400多个。主要赔葬坑有铜车、马坑、珍禽异兽坑、马厩坑以及兵马俑坑等，历年来已有数万件重要历史文物出土。1980年，发掘出土的一组两乘大型彩绘铜车马——高车和安车，是迄今中国发现的体形最大、装饰最华丽，结构和系驾最逼真、最完整的古代铜车马，被誉为“青铜之冠”。

从葬兵马俑坑三处，成品字形排列，其中一号坑为“右军”，埋葬着和真人真马同大的陶俑、陶马约6000件；二号坑为“左军”，有陶俑、陶马1300余件，战车89辆，是一个由步兵、骑兵、战车等三个兵种混合编组的曲阵，也是秦俑坑的精华所在；三号坑有武士俑68个，战车1辆，陶马4匹，是统帅地下大军的指挥部。这个军阵是秦国军队编组的缩影。以后又发现了大型石质铠甲坑、百戏俑坑、文官俑以及陪葬墓等600余处，数十年来秦陵考古工作中出土的文物多达10万余件。

在二号俑坑内出土有铜矛、铜弩机、铜镞、残剑等，其中还有一批青铜剑，长度为86厘米，剑身上共有8个棱面。考古学家用游标卡尺测量，发现这8个棱面的误差不足一根头发丝。19把青铜剑都是如此。这批青铜剑光亮平滑，刃部磨纹细腻，

2000多年后的今天，依然光亮如新，锋利无比。剑的表面也有一层铬盐化合物，同越王勾践剑一样是个迷。考古工作者发现一把青铜剑被一尊重达1.5公斤的陶俑压弯了，其弯曲的程度超过45度，当人们移开陶俑之后，那又窄又薄的青铜剑，竟在一瞬间反弹平直，恢复了原状。当代冶金学家追求的“形态记忆合金”，竟然出现在2000多年前的墓葬中。

秦始皇陵兵马俑的发现，引起了全世界的震惊和关注，这些按当时军阵编组的陶俑、陶马为研究秦代军事编制、作战方式、骑步卒装备等提供了形象的实物资料，被誉为20世纪考古史上的伟大发现之一。秦俑采用写实手法，在中国雕塑史上发挥了承前启后的作用，为世界瞩目。

秦代以前，对先王的祭奠不在墓地进行，秦始皇首次将祭祀的寝殿建在墓地上。秦始皇的陵园内有两重城垣，陵丘位于内城垣中偏南侧。陵丘的西北50米处建有寝殿，现可见到的基址近方形，面积3500平方米，附近还有其他建筑遗址。在寝殿中对秦始皇像进行供奉和祭祖，这种陵寝制度对后代产生了深远的影响，为以后历代帝王陵墓所效仿。

据《史记·秦始皇本纪》记载，秦始皇陵挖至泉水之下，然后用铜汁浇铸加固。墓宫中修建了宫殿楼阁和百官相见的位次，放满了奇珍异宝。为了防范盗窃，墓室内设有一触即发的暗箭。墓室弯顶上饰有宝石明珠，象征着天体星辰；下面是百川、五岳和九州的地理形势，墓内灌输了水银，象征江河大海川流不息，上面浮着金制的野鸡，墓室内点着用鲸鱼油制成的“长明灯”。陵墓周围布置了巨型兵马俑阵。

2002年9月至2003年6月，专家利用卫星遥感和物理探测方法对陵园和陵墓进行了探测，确认了地宫就在秦陵园封土堆下，距地平面35米深。探测还发现，墓室周围有一圈极厚的宫墙，墓室完好无损与此密切相关。此外，探测结果与《史记》中秦始皇陵“以水银为百川江河大海”的记载也相吻合。也有个别学者不同意兵马俑属于秦始皇陵的陪葬坑，而认为是秦始皇高祖母宣太后墓葬的陪葬坑。

十一、郭店楚简

郭店楚简是1993年10月在湖北省荆门市纪山镇郭店一号楚墓出土的竹简。郭店楚简共804枚，其中有字的竹简有726枚，字数有13000余个，全部为先秦时期的儒家和道家典籍，共18篇。秦始皇在焚书坑儒中将大量先秦书籍焚毁，而郭店楚简幸免于难，提供了很珍贵的历史资料。“郭店楚墓竹简”的意义已经远远超出了考古学和历史学的范围，应当以更广阔的视角来充分探索这批资料所蕴涵的学术史价值。

就楚简的儒家著作而言，有作为孔子之孙的子思本人的作品，有子思所记孔子的言论，有子思门人所记子思的言论，有子思门人的著作等。它们反映了子思学派的许多不为后人所知的卓越见解。孔子死后，儒家分化为八个派系，由子思传承至孟子的一派，被称为思孟学派。这一派学术在战国以后失传，使得我们难以了解它们的学术思想，郭店楚简的发现，填补了儒家学说的这一段空白。

作为道家学说，楚简本《老子》甲、乙、丙三篇是迄今为止所见年代最早的《老子》传抄本，连庄子也未曾见到。楚简本《老子》分见于今本《老子》的31章，其内容有的相当于今本全章，有的只相当于该章的一部或大部。楚简本现存字数，约为今本的五分之二。楚简本《老子》的发现，使得学术界对于老子其人、其书有了新的认识。例如，有学者指出道家的创始人应该是与孔子同时的李耳，早期的道家思想有些是与儒家相近的；至战国中期，太史儋对道家思想有所改造和发展，增加了高远玄虚之论和非黜儒家之言，于是形成今本《老子》。在这样的框架下，自古以来关于道家的许多争论，都可以做出比较合理的解释了。

十二、上海博物馆藏楚简

1994年，上海博物馆在香港学者的热心帮助下，费尽周折从香港抢救购回1200余枚战国楚简，约有3.5万多字。这些竹简文字多是尚未知晓的先秦古籍，约有近百种，其中能够和已经流传的先秦古籍相对照的不到10种，足见发现这批楚竹简文献的独特意义及其重大价值。这些竹简的时代均为战国晚期，简文所涉史事多与楚国有关，有的是楚国的文学作品。简文字体为楚国文字，识别有一定困难。这批战国楚简在填补文献空白、完善精辟论述上显示了文化价值，并将促使我们对今本古籍进行重新评估。

其中《孔子诗论》约有30枚，共1006字，为先秦儒家佚文，是弟子就孔子授诗内容的追记，有总论和分论。在形式上总论和分论的记载方式不同，总论起首有5枚简，简上下留白，内容为表述赋诗、奏乐、著文必须具有的志、情和言，并论《讼》(颂)、《大夏》(大雅)及《邦风》(国风)。分论满简书写，简上下不留白，分论以若干诗篇为单位，对每一篇诗作了简短、深入、反复的递进论述，以加深对诗的深入理解。诗篇的组合次序今本未见，为我们进一步理解、研究诗的内容提供了直接、可靠的证据。

楚竹书内容涉及哲学、文学、历史、宗教、军事、教育、政论、音乐、文字学等。不少经典论点的首见，将对哲学史、思想史、文学史、教育史、音乐史等产生深刻影响。这些战国楚竹书为楚国迁郢都以前贵族墓中的随葬物，其中以儒家类为主，兼及道家、兵家、阴阳家等。而简书本身又是书法艺术史上的重要文化遗产，其文化价值不言而喻。

十三、云梦秦简

1975 年出土于湖北省云梦县睡虎地秦墓。墓主是秦的狱吏，名喜。出土竹简约有 1100 支，主要记载战国晚期到秦统一中国后的法律条文、官府文书，另有《编年记》等，共 9 种。《语书》为前 223 年（秦始皇二十四年）4 月南郡守腾颁发给所属县、道啬夫的文书等；《日书》记录了当时有关预测吉凶的习俗；《编年记》记述了从前 306 年（秦昭王元年）到前 217 年（秦始皇三十年）的重要史事。

睡虎地秦简的内容，反映了秦代刑法、诉讼法、民法、军法、行政法、经济立法等法律，涉及官吏任免、军爵赏赐、牛马饲养、粮食储存、徭役征发、刑徒服役、军训军纪等社会生活的许多方面，弥补了过去文献的不足，对于了解秦的政策、制度极为重要，在中国及世界法制史上占有重要地位。

十四、里耶秦简

2002 年，在湖南省湘西里耶古城出土了 3.6 万只秦代简牍，生动地“复活”了秦代历史。这些秦简内容丰富，涉及政治、军事、民族、经济、法律、文化、职官、行政设置、邮传、地理等诸多领域，极大地丰富了人们对中国历史上承前启后的秦王朝有关制度的了解和认识，对秦史研究具有不可估量的意义。

秦简的纪年从前 222 年（秦始皇二十五年）~前 209 年（秦二世元年），记事详细到月、日，十几年连续不断，这是极为重要的日志式实录。里耶秦简记录有洞庭郡，这是史书上所没有的。有的简牍上记有“特快”二字，显示出“特快专递”的性质，属于秦朝邮政制度的重要资料。而对滴漏计时及文书收发时间的精确记载，反映出秦在建立了统一的中央集权统治后，依靠严密的制度使它的上传下达有了高效率的保证。里耶秦简的户籍简上，连主人家的臣妾和私家奴婢等也编排进主人家的户籍。说明秦代具有非常严格的人口管理制度，包括如同现在的“流动人口”等也可能被严格的户籍制度所管理。这些都能填补正史的大片空白，为战国秦汉历史的研究开拓出更广阔的思维空间。因此可以说里耶秦简的发现，是继兵马俑以后秦代考古的又一惊世发现，蕴涵着巨大的学术价值。

十五、放马滩秦木板地图

1986年在甘肃天水放马滩秦墓中发现秦国木板地图。这些地图基本上反映了战国晚期至秦统一时、邽县地区即今天水一带的地理概貌。地图均是用黑线绘制在4块大小基本相同的松木板上（每块木板长约26厘米、宽约18厘米），共7幅，图形比较清晰、完整。该地图记录了秦国所属的行政区域、地理形势和经济概况。令人惊叹的是，今天渭水支流以及该地区的许多峡谷在木板地图上仍可以找到，并与《水经注》一书的记载相符。过去一般认为，中国传统地图学理论形成于魏晋时期，但放马滩地图作为世界上最早的实用地图，将中国地图学理论以及测绘技术的形成时间从魏晋上推到战国时期，不仅将中国实物地图的历史又向前推进一个半世纪，为研究先秦时期我国地图学和地图绘制技术的发展，提供了极为珍贵与可信的资料；而且它对研究中国早期县制的起源，揭示今天水地区先秦时期的历史、文化与社会经济面貌以及自然环境变迁等方面，都具有重要价值。

放马滩地图内容丰富、精确度较高，代表了战国时代地图学的科学水平。它以实物地图的形式，充分证实了先秦典籍《周礼》、《管子》中关于当时中国地图种类繁多、内容丰富的记载是完全可信的。这批秦代木板地图为研究中国先秦发达的地图学文献资料提供了实物佐证，是研究中国地图绘制技术的珍贵资料，为中国乃至世界的科技史、地图学史增添了新的篇章。

十六、马王堆汉墓女尸及帛画帛书

自1972年开始，在湖南省长沙市郊马王堆处发掘了三座墓葬，根据出土印章得知，2号墓主是西汉高祖、惠帝时，长沙王的相轪侯利仓，3号墓主是利仓之子，1号墓主为利仓之妻，名叫辛追。其中1号墓的出土价值最大。3座墓葬的墓底和椁室周围都塞满木炭和白膏泥，然后层层填土夯实。由于1号墓封固尤为严密，因而墓主尸体及随葬器物都完好地保存下来。女尸出土时，浸泡在透明棺液中。经研究，棺液不是防腐剂，与尸体长期保存关系不大。

1号墓女尸虽然封存了2100年，身体各部位和内脏器官的外形仍然相当完整，其肌肉、软骨、结缔组织等也保存较好，这在世界尸体保存记录中是十分罕见的，为研究尸体的保存以及古代组织学、古代病理学和中国医学发展史等，都提供了重要的科学资料。

女尸身着丝绵袍和麻布单衣，足登青丝履，面盖酱色锦帕，然后包裹 18 层丝、麻衣衾，捆扎 9 道组带，又覆盖两件丝绵袍。最能反映汉代纺织技术水平的是素纱和绒圈锦。薄如蝉翼的素纱单衣，重不到 1 两，是汉代高水平缫纺技术的标志。用作衣物缘饰的绒圈锦，具有立体的纹样效果，否定了过去误认为绒圈锦是唐代以后才有或是从外国传入的说法。

1 号墓和 3 号墓的棺上铺有保存完好的彩绘帛画，色彩鲜艳。两幅帛画构图基本一致，呈 T 字形，长 2 米左右，四角有穗下垂，为葬仪时的经幡。画面上段绘有日、月、升龙及蛇身神人图形，象征天上境界；下段绘有交龙穿璧图案以及墓主出行、宴飨等场面。整个主体思想是“引魂升天”。

在 3 号墓中发现了大批帛书，大部分写在宽 48 厘米的整幅帛上，折叠成长方形；少部分书写在宽 24 厘米的半幅帛上，用木条卷起。经整理得知，共有 28 件，计 12 万字。其中除《周易》、《老子》二书有今本传世外，绝大多数是已失传的佚书，如依《汉书·艺文志》分类，有六艺类的《春秋事语》、《战国纵横家书》等，诸子类的《黄帝四经》，兵书类的《刑德》，数术类的《阴阳五行》、《五星占》、《天文气象杂占》、《相马经》等，方术类的《五十二病方》、《脉经》、《足臂十一脉灸经》、《导引图》等，地图类有《长沙国南部地形图》、《驻军图》两幅。（以上图书，大多原无名称，系今人根据内容暂定。）此外还有医书简 2 卷 200 枚，记述了养生之道和房中术。马王堆汉墓文献的出土，是中国古代典籍资料的一次重大发现，在许多方面为我们提供了极其宝贵的历史信息。

十七、满城汉墓金缕玉衣

西汉中山靖王刘胜墓及其妻窦绾墓位于河北省满城县陵山上，属于夫妇并穴合葬崖墓，1968 年开始发掘。刘胜是汉景帝之子汉武帝的庶兄，死于汉武帝时。刘胜葬以髹漆一棺一椁，改变了过去诸侯王使用多层棺椁的旧制。其妻之棺更加特殊，棺内周壁用 192 块玉版镶嵌，棺外壁也镶嵌玉璧。这种在棺内外都镶玉的葬制是首次出现。

刘胜和窦绾均以“金缕玉衣”作为殓服，与以往殓以多层衣衾的葬法不同。金缕玉衣的外观和人体一样，由头部、上衣、裤筒、手套、鞋子 5 部分组成，全部由玉片拼成，用金丝编缀。刘胜的玉衣由 2498 片玉编成，所用金丝约 1100 克；窦绾的玉衣共用玉片 2160 片，金丝重 700 克，其制作所费的人力和物力是十分惊人的。这是中国考古史上第一次发现的、有准确年代可考的金缕玉衣。

古代统治者迷信“玉能寒尸”。为使其尸体不朽，他们用昂贵的玉衣作殓服，使用九窍器塞其九窍。但结果反而招来许多盗墓贼，以致连自己的尸骸都遭到破坏。

中国目前有玉衣出土的西汉墓葬约有 18 座，而金缕玉衣墓只有 8 座。其中最具代表性的就是河北满城 1 号墓出土的中山靖王刘胜的金缕玉衣。此外在河南省永城芒砀山西汉梁孝王墓、江苏省徐州狮子山西汉楚王墓等也都有出土。楚王墓金缕玉衣玉片总数为 4248 片，是目前年代最早、玉片数量最多、玉质最好、工艺最精的玉衣。到三国时期，由于魏文帝曹丕下令禁止使用玉衣，从此玉衣葬制在中国历史上便消失了。

十八、临沂银雀山汉简和《孙子兵法》

1972 年在山东省临沂县银雀山发掘了两座西汉中期的墓葬，共出土了竹简 4942 枚，此外还有数千残片。这些简策可分为现有传本古籍和已经失佚古籍两类。现有传本古籍有《孙子兵法》、《尉缭子》、《六韬》、《晏子》。失佚古籍有《孙膑兵法》、《守法守令十三篇》、《地典》、《唐勒》以及《相狗》、《作酱》和论政论兵文章、阴阳占候等杂书。

《尉缭子》、《六韬》、《晏子》等书，自唐宋以来就被疑为后人假托的伪书，银雀山汉简的出土证实了它们在西汉前期已经存在。更令人兴奋的是，《孙膑兵法》的问世，使得自古以来对于孙子其人、其书的争论，涣然而解，证实了司马迁在《史记》中对孙武、孙膑的记载是可靠的。《汉书·艺文志》著录了二人的著作，分别是《吴孙子》和《齐孙子》，但到《隋书·经籍志》中，已无《齐孙子》著录。于是唐宋以来，对于传世的《孙子兵法》作者究竟是谁，提出了各种怀疑。银雀山《孙膑兵法》的亮相，明确地解决了长期的争论。

银雀山汉简给我们带来了众多珍贵的古籍，对今天研究古代历史、哲学、兵法、历法、简策制度乃至书法艺术等，都提供了宝贵的资料。

第六节　中国的世界遗产

一、关于世界遗产

世界遗产是指被联合国教育、科学及文化组织和世界遗产委员会确认的人类罕见的、目前无法替代的财富，是全人类公认的具有突出意义和普遍价值的文物古迹及自然景观。狭义的世界遗产包括世界文化遗产、世界自然遗产、世界文化与自然遗产和文化景观四类。广义的世界遗产，根据形态和性质，分为文化遗产、自然遗产、文化与自然双重遗产、文化景观遗产、人类口述和非物质遗产（简称非物质文化遗产）、记忆遗产。

联合国教科文组织注意到世界各国文化遗产和自然遗产越来越有遭到破坏的威胁，一方面因年久腐变所致，另一方面社会和经济条件使情况恶化，造成更加难以应对的损害或破坏，而任何文化或自然遗产的破坏或毁灭都会使全世界遗产面临枯竭的困境。因此联合国教科文组织认为有必要采用公约的形式，为集体保护具有突出的普遍价值的文化和自然遗产建立一个根据现代科学方法制定的永久性的有效制度，使这些全人类的世界遗产得以留存。于是联合国教科文组织大会于1972年10月17日至11月21日在巴黎举行的第十七届大会上通过了《保护世界文化和自然遗产公约》。

至2009年止，在全球范围内，共有186个国家和地区加入《世界遗产公约》，成为缔约国。《世界遗产公约》是目前加入缔约国最多的《公约》之一。截至2009年，全世界共有890处世界文化和自然遗产被列入《世界遗产名录》。

中国于1985年12月12日加入《保护世界文化和自然遗产公约》。1999年10月29日，中国当选为世界遗产委员会成员。中国于1986年开始向联合国教科文组织申报世界遗产项目。自1987年至2009年6月，中国先后被批准列入《世界遗产名录》的世界遗产已达38处，其中文化遗产25处、自然遗产7处、自然与文化遗产4处、文化景观2处，数量居世界第三位。此外还有4项非物质文化遗产列入《人类口述和非物质遗产代表作名录》，22项非物质文化遗产列入《人类非物质文化遗产代表作名录》，3项非物质文化遗产列入《急需保护的非物质文化遗产名录》，4项世界记忆遗产列入《世界记忆遗产名录》。

二、中国的世界遗产名单（38处）

1. 文化遗产（25处）

长城
明清故宫
颐和园
天坛

莫高窟
秦始皇陵及兵马俑
周口店“北京人”遗址
承德避暑山庄及周围寺庙
孔庙、孔府、孔林
武当山古建筑群
拉萨布达拉宫和大昭寺
丽江古城
平遥古城
苏州古典园林
明清皇家陵寝
澳门历史城区
龙门石窟
殷墟
大足石刻
青城山—都江堰
皖南古村落——西递、宏村
云岗石窟
高句丽王城、王陵及贵族墓葬
开平碉楼与村落
福建土楼

2. 自然遗产（7 处）

武陵源风景名胜区
九寨沟风景名胜区
黄龙风景名胜区
云南“三江并流”保护区
四川大熊猫栖息地
中国南方喀斯特
三清山

3. 文化与自然双重遗产（4 处）

泰山

黄山

峨眉山—乐山大佛

武夷山

4. 文化景观遗产（2 处）

庐山

五台山

5. 人类口述和非物质遗产（4 项）

昆曲

古琴

新疆木卡姆

蒙古长调（与蒙古国共同申报）

6. 人类非物质文化遗产（22 项）

中国篆刻

中国雕版印刷技艺

中国书法

中国剪纸

中国传统木结构营造技艺

南京云锦织造技艺

端午节

中国朝鲜族农乐舞

《格萨（斯）尔》

侗族大歌

花儿

《玛纳斯》

妈祖信俗

呼麦

南音

热贡艺术

中国传统蚕桑丝织技艺

藏戏

龙泉青瓷传统烧制技艺

宣纸传统制作技艺

西安鼓乐

粤剧

7. 急需保护的非物质文化遗产（3 项）

羌年

中国木拱桥传统营造技艺

黎族传统纺染织绣技艺

8. 记忆遗产（4 项）

传统音乐录音档案

清朝内阁秘本档

清代大金榜

纳西东巴古籍文献

第二章
中国主要哲学思想与宗教文化

第一节　先秦诸子哲学

一、儒家学派

1. 孔子创立儒家学说

孔子名丘，字仲尼，是春秋末期的思想家、教育家。孔子的父亲为鲁国大夫，早死，家世中落，所以孔子说："我少也贱。"（《论语·子罕》）孔子一生在政治上并不顺利，五十岁后担任过鲁国高级官职，但时间不长。此后以教书为业。曾带领学生周游列国，推行自己的学术思想和政治主张，但始终未能如愿。晚年致力于教育事业，整理《诗》、《书》等古代文献。孔子是当时大规模私人办学的开创者，他继承了西周以来注重道德的文化传统，从伦理、政治、哲学、教育等各个方面加以提高，形成系统的理论学说，创立了儒家学派，对中华民族的文化发展作出了重大贡献。

孔子的思想学说集中反映在《论语》一书中。《论语》主要是他的弟子对他言行的记录。

2. 儒家的思想核心——仁和礼

孔子把以前"敬亲尊长"、"爱众庶"、"忠君主"等属于"仁"的道德发展为仁学。什么是"仁"？可以归纳为以下四点：

(1)"樊迟问仁，子曰：爱人。"（《论语·颜渊》）同别人相友爱，这是仁的基本点。

(2)“子曰：克己复礼为仁。”（《论语·颜渊》）孔子在这里主要针对那些野心膨胀的诸侯国国君，告诫他们要约束自己，服从周天子的统治。孔子主张恢复周礼反映了他保守的一面，但是也不宜把他说成是“反动的”。我们全面考察孔子就会发现，孔子在宣传“复礼”的同时，也强调对周礼要有所“损益”（《论语·为政》），并非全盘照搬。奴隶社会时奴隶主贵族把持着教育，普通平民没有受教育的权利。孔子带头大规模私人办学，用实际行动冲破旧的奴隶制度的束缚，是有进步意义的。可见孔子思想有保守的一面，同时也有大胆革新的行动。

(3)“子曰：夫仁者，己欲立而立人，己欲达而达人。”（《论语·雍也》）对于有道德的人，不仅自己想要取得成就、在世上有自己的地位，而且也会帮助别人取得成就而在世上有立足之地；不仅自己希望顺利通达，而且也帮助别人顺利通达。

(4) 推人及物，将人类的道德关怀推及自然万物，对今天尊重和保护自然生态环境具有重要的现实意义。孔子告诫人们：“钓鱼可以，但不要用大网去捞鱼，免得一网打尽。射鸟可以，但不要射那些傍晚疲劳归巢的鸟。”孟子对此解释说：“亲亲而仁民，仁民而爱物。”（《孟子·尽心上》）可见，儒家不仅强调人与人之间应该建立和谐的关系，而且也关注人与自然之间应该和谐相处，因此对于生态环境采取的是积极爱护的态度。

3. 儒家学说的特点

孔子创立的以“仁”为核心的儒家学说对中华民族产生了深远影响，这是因为它具有如下的特点：

(1) “仁”具有崇高的道德境界，但又很容易做到。孔子说：“仁远乎哉？我欲仁，斯仁至矣。”（《论语·述而》）又说：“为仁由己，而由人乎哉！”（《论语·颜渊》）只要自己有愿望树立“仁”的道德，付诸实践去做，这种道德就在自己身上具备了。对于树立仁的道德，不需要天资和学识，也不需要富有钱财，更不需要政治地位，关键是自己把“爱心”付诸行动。

(2) “仁”兼顾人我两方面，最有利调节人与人的关系。仁，一方面要求自立自达、自强不息，又要求立人达人，是助人为乐、成人之美。既有对自己的约束，也有对他人的关心和帮助；既否定了利己主义，也不是苦行僧式的利他主义。所以，仁这种道德可以使人际关系处于最和谐的状态。

(3) 没有特别的条件，也不需要改变人的正常生活，就可具备仁的道德。无论是饮食、婚姻、习俗等等，都不必改变，体现了对人的生存权利的最大尊重。

(4) 儒家提倡仁政，要求统治者对人民应该宽容施惠，在一定程度上反映了人民的呼声，同时也符合封建统治者的长远利益。因此，儒家提倡的以“仁”为核心的伦理道德观念能够深入人心，对中华民族产生长达2000年之久的深远影响。

“礼”是指儒家提倡的行为准则和礼仪制度。仁和礼是一个整体，共同构成儒家学说的核心。它们的关系是：仁是内在的精神，礼是外在的表现；仁是追求的目标，礼是实现目标的途径。

4. 孔子的天命观及鬼神思想

孔子多次提到“天”和“天命”，不免让人感到有宿命论的思想。我们应该全面看待孔子关于天和天命的思想。

孔子对于“天”有两种不同态度。在他着急赌咒或感慨悲痛的时候，往往口中呼出有意志、有神灵的天。他带领学生周游列国，到了卫国，为了推行儒家主张，他直接去找南子。对此，学生子路极为不满。因为南子是卫灵公最宠爱的女人，她把持国政并且在男女作风上不检点，名声很不好。孔子从内廷出来后，极力向学生们表白，说：“予所否者，天厌之，天厌之！”（《论语·雍也》）孔子最喜欢的学生颜渊年纪轻轻就死了，孔子非常悲伤，他捶胸顿足地哭道：“噫！天丧予！天丧予！”（《论语·先进》）孔子在这些地方呼出的“天”都是有意志、有神灵的天。但是，孔子也曾冷静地谈到对天的看法，他说：“天何言哉！四时行焉，百物生焉，天何言哉！”（《论语·阳货》）意思是“天说什么了？四季照常运行，万物照常生长，天说什么了？”显然，孔子这里所说的“天”是完全自然的天，这才是孔子对天的真实评价。

孔子的儒家学说本是强调人应该奋发有为，通过提高道德修养解决各种问题，因此并不赞成迷信鬼神、依赖鬼神。当学生问及死后和鬼神之事时，孔子说：“未能事人，焉能事鬼？”（《论语·先进》）还说：“未知生，焉知死？”（《论语·先进》）实际上是一种回避态度。儒家注重利用祭祀等礼仪活动来区分人的贵贱尊卑，因此并不绝对否认鬼神的存在和对鬼神的祭祀，不赞成冒犯鬼神，但同时又强调人的“有为”，所以孔子说：“敬鬼神而远之，可谓知矣。”（《论语·雍也》）

由孔子确定下来的儒家鬼神观对中华民族有着深远的影响，使得中国人民没有单一的、绝对的宗教信仰和对鬼神的信奉，可以说是又信又不信。往往是遇到难处了，例如婚姻、求职、考学、疾病等，便去寺庙祈求神灵保佑，这时内心是很虔诚的，但是很难坚持一辈子都去烧香磕头。尤其是对于剃发出家等成为纯粹的宗教信徒，一般的中国人都会认为是一种非正常的行为而难以接受。又由于没有单一的宗教信仰，所以也可以同时接受几种宗教。人们可以在佛教寺庙烧过香后，又去道教宫观磕头，或许还随着别人去基督教堂参加礼拜活动。大多数中国人认为，这些宗教既然都是宣扬行善，就没有什么根本的冲突，可以同时信奉。于是在某些寺庙等处出现了儒、道、释三家教主并排站在一起的现象，也就不足为奇了。例如，四川的大足石窟就有五代时雕造的释迦牟尼在中，孔子和老子并列两旁的造像。这种情况在山西恒山的悬空寺等处也都存在，并不十分罕见。这正反映出中国传统文化中儒、道、释三家合流的特征。《红楼梦》中，贾宝玉要读儒家的四书五经、参加科举考试；在他心情不痛快时，情不自禁地手持《南华经》（《庄子》）读了起来，企图从道家思想中获得解脱；他还与妙玉、黛玉等人参禅，这又是佛家的行为了。对贾宝玉的这些描写，读者感觉合情合理，就是因为这符合中国人的文化心理。

5. 孔子对文化教育的贡献

孔子删定诗书，以六经教授学生，整理和保存了中国古代的文化典籍，这是孔子的一大贡献。孔子是大规模私人办学的开创者，发展了古代教育理论，积累了丰富的教育经验，成为中国古代教育思想和实践的奠基人。

理论上，他强调教育的不可替代的社会作用，他说："导之以政，齐之以德，民免而无耻。导之以德，齐之以礼，有耻且格。"（《论语·为政》）

孔子的教育目的是突破奴隶主贵族对教育的垄断，他带头推行大规模私人办学，将教育推向全社会，这些应该给予充分肯定。在孔子的学生中，既有贵族、富商，也有平民百姓，甚至还有地位低下的贱民，可谓"有教无类"（《论语·卫灵公》）。

孔子针对奴隶主贵族及其子弟不学无术、利用特权就可以世袭官爵的社会现状，强调应该先具备文化知识和管理才能，然后再去做官。所以他说："学而优则仕。"（《论语·子张》）这和"读书做官"论完全挨不着边儿。孔子明确自己的态度："先进于礼乐，野人也。后进于礼乐，君子也。如用之，则吾从先进。"（《论语·先进》）孔子在平民中选拔人才任用他们做官，正是突破了奴隶主贵族把持教育的特权。

孔子的教育内容很丰富，既有德育也有智育，集中地体现了儒家学说的主要内容，它们极大地丰富了中国传统文化中关于德治、德教的理论，但同时也应该看到其中存在严重的局限性，例如，轻视生产劳动、忽视自然科学等，尤其是把妇女与小人同等看待，实在没有道理。

6. 战国时期儒家的孟、荀学派

孔子所创立的儒家学派在春秋战国的诸子百家中仅是其中的一家，当时在学术上、政治上并未显露出特殊地位。孔子死后，儒家逐渐分为八个流派。在这八派之中，以孟子（子思门人的弟子）和荀子两派影响最大，他们在孔子学说的基础上有了不同侧重的继承，最终使他们朝着完全不同的方向发展下去。这里不打算对孟子、荀子两个学派作全面的评介，仅把二者的主要思想作一比较。

孟子主要继承了孔子“仁”的学说，强调人的修身养性。荀子则主要继承了孔子“礼”的学说，强调“礼”是区别贵贱尊卑的规矩、准绳，宣扬以礼治来端正等级名分，用刑法对付各种反抗行为（此中已有法家思想因素，法家的代表人物韩非以及李斯都曾是荀子的学生）。

孟子提出“人性善”论，为孔子提倡的“仁”提供了理论基础。孟子用“无恻隐之心，非人也”（《孟子·公子小丑章句上》）证明人的本性是善良的，因此可以具备仁的道德。可是也有人道德低下、做了坏事，那是由于后天受到不良环境影响所致。因此要通过教育，使人的本性不致受蒙蔽。荀子提出“人性恶”论，认为人的本性是恶的，肚子饿了就要吃，感到寒冷就要穿衣，其本性是首先想到自己的需要。但是他们马上也会想到父母、朋友是否需要，这是因为后天受到教育、懂了礼的结果。孟子、荀子二人对人性的判断虽然相反，但最终他们又都一致强调后天教育的重要作用。

孟子主张“法先王”，即应该效仿、学习过去的圣贤，他们在做人、治国等方面是后人的榜样。荀子则主张“法后王”，即应该向当代的圣贤学习。过去的圣贤再高明，他们也只是解决了过去的问题，现在有了新的社会问题，就需要新的圣贤用新的办法来解决。

由于孟子注重人的主观精神作用，在儒家哲学中形成一个唯心主义思想体系。荀子学说中有许多朴素的唯物主义思想，成为先秦诸子中唯物主义思想的代表。

7. 儒家经典及其演变

（1）经书和传、记

自从汉武帝“独尊儒术”以后，在长达2000多年的中国封建社会中，封建地主阶级把儒家学说奉为统治思想。它们利用这个精神武器巩固了自己的统治地位、发展了封建文化，最后也用它来摧残新的民主思想的萌芽，阻止近代科学文化的发展。在中国封建社会里，曾经把儒家的一些重要著作视为经典，称它们为“经”。

西汉武帝时，朝廷确立了“罢黜百家，独尊儒术”的方针，并且设立了五经博士，从此儒家的思想及其著作便上升到唯我独尊的“经典”地位了。

据《庄子·天运篇》记载，孔子说他自己研究《诗》、《书》、《易》、《礼》、《乐》、《春秋》等六部经书。对于这些经书，在战国和西汉时期已经有专门的著作对它们加以解释，阐明其经义，当时习惯上称这样的著作为“传”或“记”。传、记的出现，开创了训解、阐述儒家经典的所谓经学。下面介绍一下儒家经典的形成。

（2）十三经的形成

2000年来，宣扬儒家思想的典籍浩如烟海，不过作为重要经典的儒家著作，最初只有六部，即孔子教授学生的所谓的六经。后来发展为十三部，就是通常所说的“十三经”。

孔子教学生的六经中，由于《乐》在战国时期已经失传，所以汉武帝时只设立了五经博士。这些博士都是对其中某一部经书有专门研究的学者，他们也负责教授学生。

由于汉朝统治者标榜“以孝治天下”，至东汉时，又在五经之外把《论语》、《孝经》定为必读之书，这样儒家的经典便扩大为七经了。

到了唐朝，在国家官办学校的学习科目中以及科举考试项目中，又把儒家经典扩大为十二经，这就是《诗》、《书》、《易》、《周礼》、《仪礼》、《礼记》、《春秋公羊传》、《春秋谷梁传》、《春秋左氏传》、《论语》、《孝经》、《尔雅》等。显然在十二经中，已经把古代阐述经义的一些《传》、《记》也包括到经的范围之内了。

唐文宗开成年间（827~840年），朝廷下令把十二经都刻在石碑上。这些经书刻石至今保存下来，就是有名的“开成石经”。

在宋朝，理学家们把《孟子》也提高到经书的地位，从此儒家的经典便成了十三经，直到封建社会终结，再也没有变化。

（3）《十三经注疏》和《四书章句集注》

对于这十三部儒家经典，汉朝及其后的学者们做了大量的注释工作，人们称之为注或笺。唐朝时期，由于时间久远，人们对汉代的注释也难于解读了，于是一些学者对前人的旧注进行解释和阐发，习惯上就称之为“疏”或“正义”。南宋以后有人把十三经以及认为比较好的注、疏、正义合刻在一起，形成一整套经书及其注文，称为《十三经注疏》。

宋代封建统治者把《孟子》提升到经的地位后，又以《礼记》中的《中庸》、《大学》两篇与《论语》、《孟子》两书相配合，称为《四书》，教授儒生。到南宋孝宗时，理学家朱熹撰成《四书章句集注》，从此《四书》成为封建科举取士的标准读本。

二、道家学派

1. 老子创立道家学派

老子是春秋后期人，姓李名耳，字老聃，生于楚国苦县（今河南鹿邑），与孔子同时。老子做过周朝的史官。《礼记》中说，孔子曾经向老子请教过丧礼。

老子是道家的创始人。他在中国哲学史上比较早地系统提出宇宙本体论的哲学思想，即探讨宇宙万物的产生等问题。他认为，“道”是产生天地万物的根源，他用“道”把人从神那里解放出来，还给自然。在中华民族传统文化中，如果说在伦理道德和政治思想方面占统治地位的是儒家的话，那么在中华文化更深层次的哲学理论思维上，则是道家占主要地位。所以有人强调“儒道互补”是中华文化的基本特征之一。

2. 什么是“道”

老子说：“有物混成，先天地生，寂兮寥兮，独立而不改，周行而不殆，可以为天地母，吾不知其名，字之曰道。”（《老子二十五》）老子说，有一种混沌状态的东西，在天地产生之前就已经存在。它寂静无声，渺小无体，独立存在而永恒不变，循环运行而永不停息，它可以产生天地。我不知道它的名字，一定要写出来的话，就用“道”这个字吧。

又说：“道冲而用之，或不盈，渊兮似万物之宗。……吾不知谁之子，象帝之先。”（《老子四》）冲，即盅，酒盅类的器皿。老子说，道就像小器皿那样发挥着作用，可以盛装东西，但它永远不会装满。它是那么深邃难测，像是万物的始祖。我不知道它是谁的儿子，好像是天帝的祖先。

道是怎样产生万物的呢？老子向我们介绍了这一过程，就是：“道生一，一生二，二生三，三生万物。万物负阴而抱阳，冲气以为和。”（《老子四十二》）在道的作用下，产生了模糊一团的宇宙整体，以后分化为相互对立的阴和阳两部分，正是这对立的阴和阳相互作用，便产生了第三种新生事物。各种各样的新生事物就构成了天地万物。万物都是后背驮着阴，前胸抱着阳（对立的两部分结合在一起），它们相互作用而形成一个和谐的整体。在这里，老子不仅阐述了道产生万物的过程，而且向我们揭示了事物的“一分为二”和“合二而一”的辩证规律。

3. 道的特点

(1) 道是“无”

道能够产生万事万物，那么了不起，一定是既大又多，然而老子却说道是“无”。

在这里，“有”和“无”是一对矛盾的统一体，相互依存。有“长”才有“短”，有“高”才有“矮”，它们只有在相互比较中同时存在。在哲学上，“有”是指一切客观存在的万事万物。“无”是“有”赖以存在的先决条件，因为没有“无”作为比较，也就不存在所谓的“有”了。所以我们说，是“无”产生了“有”，是道产生了万物。在这对矛盾中，“无”是主要方面，它最能体现出事物的本质。例如，水杯之所以被称为“水杯”，是因为它能盛放水，而能盛放水的部分恰恰是空无一物，正体现了水杯的本质。房间为了出入，必须建造门。真正能体现门的“出入”本质的，不是门板，也不是门框，而是打开门以后的空间部分的“无”。因此，是“无”决定了“有”，是道支配着、主宰着万物。

道是无名的。道不应该有名字，假如有了名字，就有了规定性，有了界定。例如，一说“黑板”，人们就会马上想到教室内镶嵌在墙上的、可以在上面写字的平板。道家所说的“道”，是囊括宇宙、天地、万物的整体，它没有大小、形状等范围规定，因此不能像对待普通事物那样给它起个名字。老子说：“道可道，非常道；名可名，非常名。”（《老子一》）意思是，对于“道”，我可以讲述它，但那不是通常的道理；为了称呼它，也可以起个名称，但那不是通常意义上的名称。

道是无为无欲的。道是客观存在的，它没有目的、没有欲望、没有意志地发挥着作用。所以说：“道法自然。”（《老子二十五》）道就是那样自然而然地发挥着作用。道的这种无目的、无欲望、无意志的“无为”是最完美的“无不为”。因为若要做什么或是做了什么，同时就出现了还没做什么，就有了不足和缺欠。所以老子说：“道常无为而无不为。”（《老子三十七》）体现在政治上，老子认为圣人就该“处无为之事，行不言之教”。（《老子二》）又说：“治大国若烹小鲜。”（《老子六十》）意思是，治理一个大国就像烹饪一条小鱼，若是经常搅动，鱼就碎烂不成形了。所以治理国家也应当无为，否则就要伤害民众。总之，无为而治才是最理想的。老子认为，儒家提倡仁德、墨家主张兼爱、法家坚持法治都是人为政治，都违背了人的自然本性，是人为地强加于人的，这会改变人的淳朴本性，使百姓成为狡诈之民。

(2) 道是柔弱的

道是那么伟大，可以产生万物，然而道是以“柔弱”体现出自己的作用。“弱也者，道之用。”（《老子四十》）正因为它发挥着柔弱的作用，才能战胜刚强。老子说：“天下莫柔弱于水，而攻坚强者莫之能胜，以其无以易之。”（《老子七十八》）对于人来说道理也是一样的。“人之生也柔弱，其死也刚强。万物草木之生也柔脆，其死也枯槁。”（《老子七十六》）人在活着时，身体是柔软的，一旦挺直僵硬那就是死了。万物草木也是一样，活着时是柔软的，死后就干枯了。人们常见的太极拳本是以道家理念为指导的武术功夫，它的动作十分缓慢柔软，但是它可以御敌防身。太极拳的内在精神是以柔克刚、以守为攻、以退为进，体现了道家的思想。平时为人处世也是这个道理，不仅蛮横强硬不好，即使是有理不让人也不是好的态度，因为没有一定的柔韧、灵活、宽容，就会把自己置于孤立和绝路的地位。

（3）道是空虚的

道像酒盅一样，中间是空虚的，但其容量极大，永远不会装满。正因为道有无限的包容性，所以它能容纳全部的宇宙天地万物。道由于其空虚，才使它有最大的充实。对于人来说也一样，只有真正地谦虚，才能把别人的长处学到自己身上。有人认为，如今是竞争社会，不能再讲谦虚了。努力把自己的优势推销给社会，还唯恐竞争不过别人，若再谦虚，岂不被社会所抛弃。按道家思想看，这个思路是错误的。一个人若是诚心承认自己有这样那样的缺点和不足，他就能看到别人的优点，从而能够虚心地向很多人学习，把别人的优点和高明之处都学到手，这时他的竞争力便大为加强，甚至超过所有的竞争对手。

（4）道主静，以静制动

老子认为，道的存在是处于静止状态的，而万物是运动的。静止的道是永恒不变的，而运动的万物都只能维持一段时间。因此静止是最有生命力的。老子说：“故飘风不终朝，骤雨不终日。孰为此者？天地。天地尚不能久，而况于人乎？（《老子二十三》）所以老子说：“静为躁君。”（《老子二十六》）清静可以支配和战胜躁动；清静是统治天下的君长。政治上实行“无为而治”才是最理想的。在道家看来，越是缓慢，越是接近静止，生命就会越延长。乌龟的动作非常缓慢，所以它的寿命也最长，是缓慢的新陈代谢延长了它的寿时。我们通常说“生命在于运动”，这只是问题的一个方面。按道家的思想来说，是“生命在于静止”，从哲学意义来讲，动和静处于辩证关系之中，这提示我们，过分的运动也会给健康带来危害。

（5）道支配鬼神

道家不否定鬼神的存在，不过鬼神也像其他万物一样受着道的支配，于是鬼神的权威也就消失殆尽了。老子说：“以道莅天下，其鬼不神。非其鬼不神，其神不伤人。”（《老子六十》）在道的主宰、支配下，鬼神就没有灵性了。不是鬼神没有了灵性，是它们与人毫无关系而不会伤害人。在道家看来，鬼神即使存在，也一点儿都不可怕，它们在道的支配下有自己的规律性，和人毫不相干。

4. 道家的辩证思想

老子的学说中有着非常丰富的辩证法思想，他天才地揭示了两种对立事物之间相互依存又相互转化的关系。老子说：“天下皆知美之为美，斯恶已；皆知善，斯不善矣。有无之相生也，难易之相成也，长短之相形也，高下之相倾也，音声之相和也，先后之相随，恒也。”（《老子二》）

这就是事物的相反相成的规则。事物所包含的两个对立面，都是向相反的方面转化的，所以说：“反者，道之动。”（《老子四十》）对此最生动的解释，就是“塞翁失马”的故事以及老子的名言：“祸兮福之所倚，福兮祸之所伏。”（《老子五十八》）当然，这种转化是需要一定条件的，道家的缺欠是没有强调这种必要的条件。

老子还说：“物或损之而益，或益之而损。”（《老子四十二》）对于一件东西，你损伤了它，反而让它受益；你让它获得收益，反而伤害了它。对于一块玉石，你雕凿、打磨它，使它有了减损，可是它被雕琢成了一件精美的工艺品，价值大大提高；如果是“画蛇添足”，虽然给蛇多画了几只脚，却破坏了蛇的形象。一个人，如果能不自夸自耀，不刻意表现自己，反而能得到别人的尊重。能接受委屈的人，才善于保全自己。这涉及做人的品德和涵养。

5. 道家的政治理想——小国寡民

老子提倡“小国寡民”的政治主张，他说：“小国寡民，使民有什伯之器而不用。使民重死而不远徙。虽有舟舆，无所乘之。虽有甲兵，无所陈之。使民复结绳而用之。甘其食，美其服，安其居，乐其俗。邻国相望，鸡犬之声相闻，民至老死不相往来。”（《老子八十》）

过去有人批判老子的这一思想是复古倒退，是要回到原始社会。其实这是误解了老子。老子对于他生活的春秋末期的社会现实极为不满，认为社会充满了欺诈、奸邪和暴力，他扬言要回归原始社会，只是在表达对现实的否定和批判，不过其中也确实含有一定的希望远离甚至逃避现实的思想成分。他认为，儒家提倡的仁义道德破坏了本来的淳朴之风，是把外在的主张强加在人们身上，从而引发出新的对立冲突，造成社会的混乱。道家这种否定现实社会、批评积极“有为”以及宣扬消极避世的思想，对后世的知识分子、封建士大夫有着深远的影响，当他们在政治上受到挫折、打击的时候，往往到道家这里来寻求精神寄托。

6. “郭店楚简”的新发现

1993 年，在湖北荆门的郭店发现了 804 支竹简，约 13000 余字，称为郭店楚简。经研究得知，它们的内容包括儒、道两大部分。道家部分中就有至今所见最早的《老子》文本，学者们称之为竹简本《老子》，约有 2000 字、200 句，其中有 60 句异于今本《老子》。连战国中期的庄子都没有见到过竹简本的《老子》。根据古今两种本子的异同可以发现，早期的老子思想中没有对“道”的高远玄奥的描述，而有些思想却是与儒家相近的。在今本《老子》中，有对儒家的直接批评，竹简本中则没有后来对儒家的“礼”、“尚贤”等主张的否定。因此，《礼记》等历史文献中对于孔子问礼于老聃的记载也就不难理解了。许多学者经过研究认为，竹简本《老子》出自春秋末期与孔子同时的李耳，至战国中期，经过太史儋的修订改造，成为今本《老子》。因此，司马迁在《史记》中虽然认为老子是春秋末期的李耳，但仍没有十分把握。最后他补充说，还有人认为老子是太史儋或老莱子。竹简本《老子》的问世恰恰证实了司马迁坚持实事求是的精神。

三、墨家学派

1. 墨子是下层民众的代言人

墨子名翟，为春秋战国之际的政治家、思想家，创立了墨家学派。墨家代表下层社会农民、手工业者、小商人的利益。墨家具有较强的组织性。墨家与儒家在当时同属于显学，即人数多、影响大。现存《墨子》一书，是墨家学派的著作总汇编。一般认为，该书是墨子弟子们将老师的演讲记录整理而成的，后来也补入战国中后期墨家后学们的一些成果。

2. 墨家的思想核心——兼爱和非攻

墨家思想的核心是兼爱和非攻。兼爱是天下人平等地友爱；非攻是反对战争。墨家在讲友爱的同时，也重视获利，这与儒家“君子耻言利”是很不相同的。下层社会的劳动者们是弱势群体，需要在相互友爱中获得帮助。墨子提倡的兼爱是不分等级、不分亲疏的友爱，爱他人的父母和爱自己的父母是一样的。而儒家的仁爱则有血缘亲疏与关系远近之差别。孔子反对诸侯之间的吞并战争，要求诸侯国国君都顺从周天子的统治，是要维护“周礼”；墨子反对战争则是因为战争破坏了生产，给人民带来了苦难。

3. 墨家的尚贤主张

墨子反对儒家坚持的尊卑等级观念，他强调尚贤不分贵贱，即使是“农与工肆之人”，即农民、手工业者、小商人，只要有才能，就应选拔任官。墨子主张：不因为是父兄亲人，就结党营私；不因为是富贵之人，就有特权；不因为对方献媚取宠就提拔他们。只要是贤能之人就推举提拔，让他们既富且贵，让他们做官。对那些不好的人，要压制他们，废除他们的官职，让他们既贫穷又低贱，去做劳役。墨子终于呼出“官无常贵，民无终贱”（《墨子·尚贤上》）的号召，那些当官的不是永远高贵，民众也不是始终低贱。在这里丝毫没有儒家蔑视劳动者的等级观念，而下层民众也没有一点儿自卑的心态。

4. 墨家宣扬存在鬼神

墨子在《天志》、《明鬼》中提出天是有意志的以及有鬼神存在的观点。墨子强调有鬼神，更多地是反映了下层劳动者面对强大的统治阶级，想要借用鬼神惩恶扬善的威力来警告、约束压在头上的统治者。

5. 墨家重视生产劳动

墨家十分重视生产劳动，积极鼓励人们从事生产，尤其是农业生产，认为这是人们赖以生存的基础。他说：“凡五谷者，民之所仰也。”“食不可不务也，地不可不力也。”（《墨子·七患》）由于创造社会财富之艰难，墨家也十分崇尚生活节俭，这些都是墨家学说中积极的内容。

6. 墨家对自然科学发展的贡献

墨子及其后学们非常重视自然科学知识、军事知识、劳动知识的学习和实践，对中国古代科学技术的发展有很大贡献。他们在力学、光学、数学以及机械制造等方面都取得了巨大成就，在世界科技史上也占有重要地位。但是，战国以后，墨家遭到封建统治者的贬斥，他们重视自然科学的优良传统没能得到充分发扬。

战国以后，墨学衰微，尤其不被统治者重视。直至清朝晚期，西方列强以其炮舰敲开中国大门，欧洲一些近代科学技术以及民主、博爱思想随之传入中国。中国的一些学者出于爱国之心，重新拾起墨学，强调那些声、光、力、几何等学说在中国本是早已有之，以此与西方列强们抗衡来提高民族自信心。不过，其效果是很有限的。

7. 墨家重新被重视

近些年来，2000多年前的墨家学说越来越受到国内外学者们的重视。以墨子为代表的墨家学派不遗余力地为平民呼吁、奔走、谋利益，他们重视自然科学的求实精神，就是在今天，仍有巨大的现实意义。墨家的“兼爱”和“非攻”思想，与当今世界的和平与发展的主题相应合。所以，尽管墨家学说有一定的时代局限性，但它在今天仍然有一定的社会价值，能够为当代人类实现相互友爱、维护和平作出贡献。

四、法家学派

1. 法家的形成和早期法家人物

法家没有个人开创者，它是春秋以来某些思想家、政治家在政治活动中逐渐形成的理论和实践经验的总结。早期的法家代表人物有魏国的李悝、赵国的慎到、韩国的申不害等，甚至一些实行社会改革的开明政治家如齐国的管仲、郑国的子产等也都可以看做是法家的先驱人物。据《左传》昭公六年记载，子产曾把法律条文铸在鼎上。以后又有郑国的邓析将法律记载在竹简上。后来，李悝撰著了《法经》，虽已亡佚，但在《晋书·刑法志》、《唐律疏议》等文献中还可见其一斑。在秦国，商鞅变法是法家学说的一次重大实践，为后来秦始皇统一天下奠定了基础。最终在战国后期由韩非子对以前的法家理论和实践经验作了总结和系统的论述，所以说，韩非子是法家的集大成者。

2. 法家的基本主张——法、术、势

法家重视法律的作用，主张实行富国强兵的耕战政策，反对因举贤任能而降低君主的权威，其最终目的是建立极端的君主专制独裁统治。法家学说主要是讲法、术、势。

法，是指法律，这是要公之于众，让尽量多的人都知道的。法律主要针对民众，让民众了解了法律，就知道应该遵守什么、不该做什么；就知道一旦违反法律，将受到严厉的惩罚。韩非反对在法令之外还讲什么仁义、恩爱。要使法令生效，就必须法令统一、法不阿贵、严刑苛法。

术，是指权术、政治手段，主要针对群臣。法家要求君主必须能够控制、驾驭臣下，这样才能巩固自己的统治地位。君臣之间的利害是不可能调和的，韩非子说，君臣时时刻刻都处于敌对的关系。因此，权术对于君主来说，就像每日吃饭和寒冬穿衣

服那样须臾不可离开。权术是不能公开的，君主要把它藏起来，显示出高深莫测的样子，让人感到不可捉摸。君主心中洞察一切，但是不动声色，严格督察群臣的得失以论其赏罚，群臣们就不敢违法篡权，而乖乖地恪守自己的职分了。

势，是指形势、权势。韩非指出，君主应该利用自己的权力和地位。有了权势即使是平庸之人，也可以统治天下；若没有权势，哪怕是圣人也控制不了三家人。这好比一棵普通的树，如果把它种在高山上，它就高高在上，并不是树长高了，而是借助了山的高度。君主掌握了权势，就像树借助了山的高度。

3. 法家的理论基础

法家的理论基础是历史进化论和人性趋利避害论。法家是先秦诸子中最激进的改革派。法家认为，社会是不断变化的，后世不能用旧的办法去解决新的问题；同样，过去的圣人再高明，也只能是解决了过去的问题，面对新的社会问题，还要由新的圣贤来解决。因此，法家都是理直气壮地主张和推行变法改革。法家对实行变法革新从来充满信心，因为他们认为人们都具有“趋利避害”的本性，只要规定出法令条文，守法者奖，违法者罚，人们就会严格遵守法令，社会也就会井然有序了。

4. 法家集大成者——韩非

韩非子强调，法家鼓吹的法、术、势应该结合起来，相互配合，才能充分发挥作用。他指出，秦国的商鞅实行变法很好，但因为缺乏权术，未能控制住保守的贵族反抗势力。当秦孝公去世后，保守的贵族们立刻起来反扑，致使商鞅遭到“车裂”的悲惨下场。而申不害在韩国主要鼓吹法家的“权术”，对法令推行不力，设立了新法令的同时，又没有彻底废除旧法令，致使保守派钻空子。

五、阴阳家和五行家

1. 阴阳五行的产生

阴阳五行并不神秘。它们的产生正是古人对现实生活、生产经验的概括和总结。远古时代，人们每天必然经历两种情况：早晨一觉醒来，太阳升起，一片光明；到了傍晚，日落西山，天空黑暗下来，成了黑夜。每天如此，日复一日，年复一年。经过千百万年，人们的思维认识有了提高，对于这两种截然相反的自然现象给予概括，便用“阴”和“阳”这两个概念来表达。可见，阴阳观念正是客观存在的自然现象在古人头脑中的反映，是古人对白天、黑夜两种相反现象的概括，体现了古人朴素的唯物认识。后来，人们对“阳”和“阴”的含义又给予引申和丰富，使它们逐渐具有了“天和地”、“男和女”、“君和臣”、“父和子”、“夫和妻”等等含义。

“五行”是指水、火、木、金、土五种物质。“五行”概念的产生，是古人在探索天地万物是由什么构成的过程中形成的。这里首先认为天地万物都是物质的，然后进一步说明是由水、火、木、金、土五种物质构成的。尽管这个说法在今天看来很不准确，但是它反映了古人完全抛弃了鬼神观念，从朴素的唯物观出发，对客观存在的万物所作的概括和总结。这在当时来说，有巨大的进步意义。世界上一些具有古老文明的民族都曾经探索过万物的构成。古印度就曾经提出世界是由水、土、火、风四种物质构成的。中国古代的《管子》干脆认为构成万物的最基本物质就只是水。“五行”说只是其中的一种观点，但是它对中国传统文化的影响是巨大而深远的。最早提出“五行”说的是《尚书·洪范》。它说：

五行：一曰水，二曰火，三曰木，四曰金，五曰土。水曰润下，火曰炎上，木曰曲直，金曰从革（制作兵器。或说，金属兵器可引发社会变革），土爰（引出）稼穑。润下作咸，炎上作苦，曲直作酸，从革作辛，稼穑作甘。

这里不仅提到构成万物的五种基本物质，而且还介绍了它们所具有的特点以及与之相联系的五种味道。后来，思想家们进一步探索这五行之间的关系，提出了“五行相生”和“五行相克”的思想。

2. 五行相生和五行相克

所谓五行相生，是指：木生火、火生土、土生金、金生水、水生木。

木生火，这是尽人皆知的常识。火燃烧以后会留下灰烬，就是所谓的土。金属矿藏大多埋在地下，所以说土生金。对于金生水，古人通常解释为：用金属制作的工具更容易掘土挖井而得到水（或说，潮湿环境下，金属表面可产生水珠）。所有的植物生长时都需要水，所以说水生木。

克是“战胜”的意思。“五行相克”，是说五行中的某一行可以战胜另一行。它们是：木克土、金克木、火克金、水克火、土克水。

这些也不难理解，都是从生活经验中得来的。植物种子最初埋在地下，当它发芽生长时就会冲破土地钻出地面，意味着木战胜了土。用金属工具可以更锋利地削砍植物，是金克木。金属矿石虽然十分坚硬，一旦在火上高温加热，便会熔为液态，这便是火克金。水能灭火，这是水克火。堆土可以挡住水流，就是土克水。

到此为止，这五行相生、相克，都是古人在现实生活、生产中获得的直观经验，既不神秘，也不唯心。

3. 邹衍及其五德终始说

到了战国时期，一些思想家对于自古流传下来的阴阳五行观念进行了唯心主义改造，使之有了新的发展，形成阴阳家和五行家。邹衍就是这方面的代表人物。邹衍是齐国人，他提出“五德终始”学说，以此来解释人类社会的演变规律，在当时取得了轰动效果。司马迁在《史记·孟子荀卿列传》中提到邹衍时说，邹衍能深刻观察事物的阴阳变化信息，然后发表一些超乎一般生活情理的怪异言论。邹衍喜欢对宇宙万物展开宏观论述，他认为人类社会的发展演变符合“五行相克”规律。他把推动社会发展的动力称为“德”。这种动力可以分别用水、火、木、金、土表示五种力量，即是五德。社会的发展变化、王朝的兴替就是依照五行相克的次序，循环往复、周而复始进行的。

邹衍的著作没能流传下来，我们不能直接看到他的论述，但是古代有些历史文献对他的学说有所介绍，足可供我们参考。例如，《吕氏春秋·应同》便把这一社会演变规律具体化，它在我们面前呈现出一幅王朝兴替的运行轨迹：

远古黄帝（土德）→夏朝（木德）→商朝（金德）→周朝（火德）→？朝（水德）。

谁来取代周王朝呢？春秋战国时期，旧的奴隶制度正在崩溃，新兴的地主阶级力争取代奴隶主贵族的统治，各个诸侯国之间不断发生强胜弱、大吞小的战争，几个大国国君政治野心膨胀，无时无刻不想对周天子取而代之。这时邹衍的“五德终始”理论正好符合了野心家们的需要，为他们取代周天子的统治提供了理论依据，因此他们都对邹衍表示热烈欢迎。后来，秦始皇统一中国后，便确定秦王朝属水德，以示战胜了周朝的火德，并且改革历法、官服、制度等等，使之符合水德的特征。

诚然，邹衍宣扬的“五德终始”理论是历史循环论，是唯心主义的。但是我们也应该看到，以邹衍为代表的这一学派，已经把“五行”从具体的物质概念提升为抽象的属性概念了，这反映了思想家们思维能力的提高。他们是以一种积极的态度去探索人类社会的演变规律，是以宏观的思维模式来探求人类社会与自然之间的内在联系，与那些鼓吹神灵主宰人类命运的思维方式相比，邹衍的“五德终始”学说是积极的、进步的，对丰富中华文化中“天人合一”的思想作出了巨大贡献。

对于邹衍的“五德终始”学说，英国学者李约瑟在其《中国科学技术史》中给予了高度的评价。他说：“当希腊人和印度人发展机械原子论的时候，中国人则发展了有机宇宙的哲学。在这些方面，‘西方’是初等的，而中国是高深的。”

外国学者如此高度评价中国的“阴阳五行”学说，中国人更应该给予足够的重视。长期以来，阴阳五行被江湖骗子用来行骗，他们故弄玄虚，炫耀神秘，给人算卦相面、占卜驱邪等等，确属封建迷信活动。我们应该把那些糟粕从古代的文化遗产中剔除出去，予以坚决抛弃。与此同时，我们也应该重视古代“阴阳五行”学说的学术价值。由于阴阳五行学说自古以来在中华民族的医药、建筑、天文、历法、军事、武术、艺术等等许多领域都有着广泛的运用，与中华传统文化的发展有着密不可分的联系，因此对于这一非物质文化遗产，我们应该给予充分保护和深入研究。

第二节　宋明理学

一、宋代理学的兴起

宋朝学者着重钻研儒家的义理，探讨所谓“孔颜乐处”，人们称之为义理性命之学，简称性理之学或理学。理学实际是儒释道三家合流在更高层次上的发展。由于理学家宣扬孔孟的仁义之道，于是又称其为道学，称那些著名的理学家为道学先生。

理学的发端者是北宋的周敦颐，以后发展为两派：一派是北宋的周敦颐、程颐等，至南宋的朱熹为集大成者。他们认为，在天地万物产生以前就存在着“天理”，它是自然和人事命运的主宰，属于客观唯心主义理学。

另一派是北宋的邵雍、程颢，至南宋的陆九渊总其成。他们主张“天理”就在人的心中，因此“宇宙即是吾心，吾心便是宇宙”（《象山先生全集》卷三十六），属于主观唯心主义理学，又被称为“心学”。

这两派都认为是人的私欲蒙蔽了人的善良本性，因此都提出“存天理，弃人欲”或“存心去欲”的口号。南宋朱熹建立了一套客观唯心主义理学体系。什么是理？朱熹解释说：“未有天地之先，毕竟也只是理，有此理，便有此天地。若无此理，便亦无天地，无人无物，都无该载了。有理便有气，流行发育万物。”（《朱子语类》卷一）显然他所说的“理”，是产生万物的本源，是离开事物而能独立存在的一种东西，是自然界和人类社会的主宰。朱熹还把所谓永恒的理引申到封建道德范畴中，借以大肆宣扬封建的“三纲五常”思想。所谓三纲五常，即君为臣纲、父为子纲、夫为妻纲，以及仁、义、礼、智、信。朱熹说：“仁莫大于父子，义莫大于君臣，是谓三纲之要，五常之本，人伦天理之至，无所逃于天地之间。”（《朱熹文集·癸未垂拱奏札二》）朱熹把这些封建伦常说成是天理，是先天就有的。他说：“未有这事，先有这理。”（《朱子大全》卷九十五）这种说法似是而非。一种事物的内在性质和规律性总是同这事物同时存在的，不可能先有事物的性质，然后才产生出事物本身。朱熹还进而把天理同人性、人欲联系在一起。他认为具有封建的伦常是人的本性，有的人所以有“不善”的表现，是由于被人的欲望所蒙蔽。因此人们必须放弃私欲，服从天理。朱熹于是提出“存天理，弃人欲”的号召，要求人们都必须遵守封建伦理纲常，听命于封建统治。朱熹运用这些理学思想去阐释儒家经典，著作除《四书章句集注》外，还有《周易本义》、《诗集传》等，被后世封建统治者提到儒学正宗的地位。

除了以朱熹为代表的客观唯心主义理学体系外，还有南宋陆九渊为代表的“心学”。陆九渊把思孟学派的主观唯心主义同佛教禅宗的某些思想结合起来，提出“心即理”之说。他认为天理、人理、物理只在人的心中，主张“心”和“理”是永久不变的，以此证明一切封建的道德教条都是人心所固有的，是永恒不变的。他还认为，人们要了解、认识客观事物，只要悟得本心就可以了，甚至连书都不必多读。于是提出“六经皆我注脚”（《陆九渊语录》卷三十四）的说法。意思是，六经注解了我的本性，而不是我去学六经。为了维护封建的伦理道德，陆九渊号召人们“存心”而“去欲”，反对人民为改善受压迫的处境去同封建统治者进行斗争。陆九渊的理学思想虽然同朱熹有很大分歧，但它们在本质上是一致的，都是把封建的伦常道德尊为天理，为封建统治提供理论根据。由于程颢、程颐兄弟在理学上取得了显著成就，人们又把宋代理学称为“程朱理学”。

二、宋代理学产生的原因

中国封建社会发展到宋朝，城市经济以及商品交换得到发展，这些新的因素必然会冲击传统的封建制度和思想意识。这时统治阶级需要更严密、更具有欺骗性的思想理论来控制人民的言行，维护旧秩序、思想的稳定。宋代理学的纲常伦理思想可以更有力地维护封建社会那套严格的贵贱尊卑的等级制度、箝制人民的思想，因此这时宣扬忠孝节义的义理性命之学便得以发展起来。宋代以后，理学也得到明、清封建统治者的大力提倡，成为中国封建社会后期的正统思想。

封建统治者为了强化思想文化的统制，他们不仅要借助儒学，而且也要利用佛家、道家来麻醉被统治者。在宋代的理学中，朱熹讲“弃人欲”与佛教的禁欲主义有相通之处；周敦颐说太极是从“无”产生的，与道家的“有生于无”的思想也是吻合的，他的太极图就是从道教那里学来的；佛教、道教宣扬的“行善”内容，又都与儒家的仁义、天命思想相合拍。这些表明，儒、释、道三家的相互融合、渗透，在宋代已经发展到了一个新的高度。

三、明朝的理学和阳明学派

明朝前期在封建统治者的大力提倡下，朱熹的理学思想占据了统治地位。在明成祖朱棣授意下，由胡广等编纂成《四书大全》、《五经大全》和《性理大全》三部理学大典，宣扬程朱理学思想，成为读书人必读的规范教材。在科举考试中，也要以程朱理学思想作为答题的准则。时间长了不免产生负面影响，大家说一样的话，做一样的文章，学术思想停滞不前，学术空气愈加沉闷。这种局面引发了越来越多的读书人的不满，终于促成明朝中后期阳明学派的崛起。

阳明学派的创立人是明朝中叶的王守仁。他是余姚（今属浙江）人，因曾在家乡阳明洞讲学，人称阳明先生。他以反传统的姿态出现，敢于批判朱熹，形成阳明学派，对明朝中后期的理学思想产生较大影响。实际上，王守仁是以陆九渊的心学来批判朱熹的客观唯心主义理学思想。针对朱熹的观点，他提出“心外无物，心外无事，心外无理，心外无义，心外无善”（《与王纯甫书之二》）。王守仁认为，封建的道德伦理观念就是人们心中所固有的“理”，这就是所谓的“良知”。人们必须“致良知”，也就是要启发自己心中的理性，才能达到高尚的思想境界。这就要求人们必须去“格物”，即去掉私欲、改正自己不正当的思念。王守仁所说的格物，并不是要人们去考察客观的事物，而是用反求内心的修养方法去苦思冥想，以此达到认识世界的目的。他试图通过强调人的主观精神作用来刺激封建学术的沉闷局面，以此挽救封建统治的危机。王守仁的思想观点继承和发展了宋朝陆九渊的“心学”，所以思想史上有“陆王学派”之称。

在认识论方面，王守仁针对朱熹的“知先行后”说，提出“知行合一”和“知行并进”说。朱熹认为，人应当先了解什么是道德原则，然后才能有正确的行为。王守仁则指出，人的认知，尤其是真知，是不会与实践行为相脱节的。他把握了知和行的辩证关系，强调真正的知是包括行的，而真正的行也包括知。这些是有积极意义的。

王守仁仕途坎坷，因反对宦官刘瑾专权，曾被贬官为贵州龙场驿丞，以后又升至南京兵部尚书。政治的失意，更促进了他的哲学思考。他还镇压过农民的武装起义，因此他敏锐地提出“破山中贼易，破心中贼难”（《与杨仕德薛尚谦书》）的深刻观点，反映出知识分子已经意识到这时的封建制度面临深刻的危机，镇压局部的人民武装反抗相对来说还比较容易，而消灭人民心中的反封建思想才是最难的。这一观点在王守仁以前没有人提出来，也不可能提出来。因为只有在封建社会进入没落阶段时，才有封建士大夫对此有所体悟。

四、理学在明清的没落

理学自宋代兴起以后，在封建意识形态领域中一直占据着统治地位。统治者把封建礼教所宣扬的三纲五常视为人们一切思想言行的准则。在元、明、清三朝的科举考试中，都明确规定必须以朱熹的《四书章句集注》作为回答问题的准则。读书人只能用死板的八股文来重复那些迂腐的说教。所谓“代圣贤立言”就是不准人们有自己的独立思考。这时期，封建制度已经出现根本性危机，摧垮封建纲常伦理思想的民主意识开始萌生，封建社会已进入了最后的垂死阶段，地主阶级正在拼命地利用一切手段维护自己的统治。在意识形态方面，封建统治者更是大肆宣扬封建的伦理道德，利用理学的“纲常”说教禁锢人们的思想；极力鼓吹腐朽的忠孝节义，来愚昧人民，并以此压制、摧残已经萌发出来的进步的民主思想。因此，宋明理学在明、清时代，已经成为僵化、落后的教条了，完全是统治者扼杀人才的精神武器了。空谈道德性命的理学，对社会毫无补益。对于读书人来说，它不过是猎取功名利禄的敲门砖罢了。在封建社会走向崩溃的进程中，理学在政治上的反动作用越来越突出，在学术上它也无所建树了。

第三节　中国的佛教和道教

一、佛教

1. 印度佛教传入中国

佛教产生于公元前 6 至 5 世纪的古印度，创立人姓乔答摩，名为悉达多，人们尊称他为释迦牟尼，意为释迦族的圣人。当时印度处于奴隶社会的种姓制度下，婆罗门僧侣居于最高统治地位。长期森严的社会等级限制，激起了婆罗门以下各阶层的强烈不满，反婆罗门势力汇成一个时代的潮流，佛教就是在这种社会大潮推动下产生的。针对婆罗门的特权统治，佛教提出“众生平等，和平戒杀”的口号，获得了社会各阶层人士的拥护。后世尊称释迦牟尼为佛。佛是佛陀的简称，意为觉悟者。

印度佛教在1世纪分化为大乘、小乘两教派。大乘教派在原始佛教教义基础上有所革新和发展。乘，原指车、船等运输工具。大乘教派扬言本派法力大，能运载无量众生从生死大河之此岸达到菩萨涅槃的彼岸，即能超度众生都获得解脱，因而是大乘；同时指斥对立派法力小、只能求得个人解脱，遂贬称其为小乘。从理论上说，大乘教派主张“一切皆空”，认为所有事物都是虚假不实的，从而否定了客观物质世界的真实存在，形成彻底的唯心主义思想体系；小乘教派则对于物质世界的否定不如大乘那样彻底。大乘把释迦牟尼神化，说他法力无边，而且佛不止一个，三世十方有无数的佛；小乘则认为释迦牟尼只是宗教的领袖。大乘强调要普度众生，小乘则只追求个人解脱。大乘要从修罗汉果位开始，进而修菩萨果位，最终修成佛果才是功德圆满；小乘则只求修成罗汉便成正果。

西汉后期，印度佛教沿着丝绸之路开始传入中国。据史书记载，公元前2年（西汉哀帝元寿元年）有大月氏使臣伊存来到洛阳，他为汉朝的博士弟子景庐口述《浮屠经》。浮屠即是佛陀。估计是讲述佛陀释迦牟尼修行成佛的经历。这是有关佛教进入中国的最早记录。《后汉书》等记载，东汉明帝（东汉第二个皇帝）曾派人去西方求佛，使臣到大月氏抄写了《四十二章经》带回来，这是佛教基本经典《阿含经》的摘要。这表明印度佛教进一步向中国传播，但不能说是佛教传入中国的开始。任继愈先生在其主编的《中国佛教史》中通过细致考证指出，汉明帝派人西行求法的基本情节是比较可信的，但东汉以后关于求法的虚构情节越来越多，佛教徒为了抬高地位，故意添枝加叶，增加了许多不实之辞。所谓请来二位高僧以白马驮经来洛阳的故事，《中国佛教史》进一步指出：“关于摄摩腾的名字，刘宋以前不见记载。到底有无此人？《四十二章经》是不是他译的？现虽难以考证，但说他是汉明帝时人，是没有充分根据的。至于说竺法兰，则可以明显看出是伪造的。”“到底汉明帝时有没有修建白马寺，从现在考察，随着佛教传入中国，为安置西域僧侣居住而兴建一些佛寺是可能的；当然，开始不一定叫白马寺。”因此说洛阳的白马寺是中国第一座佛寺，也是缺乏根据的。

早期进入中国的印度佛教，既有大乘也有小乘，当时的中国人尚未能分辨出它们的区别。随着时间的推移，大乘逐渐成为主流。此后虽然也出现过“三武一宗灭佛”事件，即北魏太武帝、北周武帝、唐武宗以及后周世宗对佛教的打击，但佛教与中华文化相融合还是主要的。至东晋以后，佛教愈加融入中国传统文化之中，形成儒、释、道三家合流的发展趋势。

2. 中国佛教的八大宗派

印度佛教进入中国后，逐渐根植于中华文化的土壤之中，为了适应新的社会文化环境，佛教也作了一定的自我改造和调整；与此同时，中华文化也从佛学中吸收了新的养分而获得发展。佛教与中华文化的结合并非表现在中国人都要出家为僧，而是在更深层次上影响了中国的哲学思想、文学创作和文学批评、绘画雕塑艺术、风俗节日乃至汉语词汇等等。佛教在隋唐时展现出繁荣发展的局面，在中华文化的浸染下，形成了中国的佛教，或称汉化佛教，并且形成八大宗派。它们是：天台宗、唯识宗、三论宗、华严宗、禅宗、净土宗、律宗、密宗。这些宗派的创始人大都是中国的僧人，他们在印度大乘佛教教义的基础上做出了新的发展，形成具有中国特征的汉化佛教宗派。佛教在经历了唐朝的繁荣发展以后就走向低落，除了禅宗思想在宋代受到理学影响还有一定的发展外，其他宗派则趋于衰微。

3. 佛、菩萨和罗汉

大乘佛教强调人的修习有不同的层次，应该由低到高。最低修成罗汉果位，即可达到灰心灭智、杀尽一切烦恼、摆脱生死轮回，最终获得个人的解脱。这表明罗汉只能做到自觉，即自己觉悟。在此基础上进一步修行，不仅能做到自觉，还可以觉他，即引导他人觉悟，这就达到了菩萨果位。若再继续修行提高，实现觉行圆满，便是成就了佛果。大乘佛教认为，三世十方有无数的佛，他们都有自己的佛国净土。

通常佛教寺庙的正殿中都供奉着三尊并排而坐的三世佛，它们分为两种：

（1）自西向东为过去佛、现在佛、未来佛

过去佛又称燃灯古佛，是资格最老的佛。相传释迦牟尼还是孩童时，曾买来五枝青莲花献给燃灯佛。有一次，燃灯佛出行，释迦牟尼因道路泥泞，就脱下衣服盖在地上，请师傅踩在上面走路。于是燃灯佛预言释迦牟尼将要成佛。或说过去佛可以分身为七个佛。《红楼梦》中的惜春小姐总是向往“常卧青灯古佛旁”，古佛即是指燃灯佛。

现在佛是指释迦牟尼，他正在现世超度众生。

未来佛是弥勒佛，他是释迦牟尼的弟子，具有菩萨和佛的双重身份。他要先于释迦牟尼离开现世，上升到兜率天继续修炼成佛，将来要代替释迦牟尼降临众生世界传布佛教，所以是未来佛。印度大乘佛教传入中国后，弥勒佛在五代时期被中国人塑造成笑口常开的大肚弥勒佛形象，受到人们喜爱。北京潭柘寺弥勒殿的一副对联发人深思：

大肚能容，容天下难容之事；

开口便笑，笑世上可笑之人。

由于弥勒的双重身份，寺庙中也有两种弥勒的形象，佛装的和菩萨装的。三世佛中的未来佛以及大肚弥勒都是佛装的，雍和宫万福阁的大佛则是菩萨装的。四川乐山大佛是弥勒在兜率天修行的端坐形象。

（2）自西向东为阿弥陀佛、释迦牟尼、药师佛

阿弥陀佛又称无量寿佛，处在西方极乐世界。人若一心诵念“阿弥陀佛”，死后灵魂便可被阿弥陀佛接引到西方极乐世界。在寺庙供奉中，有时他的两旁由观世音和大势至菩萨做胁侍，合称西方三圣。

释迦牟尼处在娑婆世界，即充满痛苦、难以忍受的现实世界。而释迦牟尼要忍受诸般苦恼来超度众生。他有十大称号，如狮吼佛、如来佛、世尊等。有时他的两旁由文殊和普贤两菩萨或者是伽叶和阿难两弟子做胁侍，合称华严三圣。

药师佛处在东方净琉璃世界。他发下十二誓愿，要“除一切众生众病，令身心安乐”。有时他的两旁由日光菩萨和月光菩萨做胁侍，合称东方三圣。

比佛低一等的是菩萨，通常菩萨的装束是：头上高髻或长发垂肩，上身斜披天衣，戴项饰、璎珞、臂钏，腰束罗裙，两足丰圆。佛的相貌威严，众生只能死后才有机会去佛国净土。而菩萨则具有东方贵族妇女的面庞，显得和蔼可亲，令人感到今生即可得到菩萨的慈悲怜悯。中国人熟悉的菩萨有三大士：即代表大智的文殊、代表大行的普贤、代表大悲的观音。此外还有僧人装束、代表大愿的地藏菩萨。有的寺庙也供奉大势至菩萨。在中国有所谓佛教的四大名山，它们是四位菩萨的修行道场：山西省五台山，为文殊的道场；四川省峨眉山，为普贤的道场；浙江省普陀山，为观音的道场；安徽省九华山，为地藏的道场。

罗汉可以获得个人的解脱，哪怕是在家修行的居士，也可以修成罗汉果位，但是居士必须在修成的那一天出家，否则会送命。所以罗汉都是僧人模样。小乘佛教认为修成罗汉即成正果了。印度佛经中记载有十六罗汉，他们都是释迦牟尼的弟子，各有姓名记载。中国五代以后，逐渐增加成十八罗汉。对于增加的两位是谁，说法不一，最终乾隆皇帝钦定为降龙和伏虎二罗汉。在《法华经》等佛经中还记载有关于五百罗汉的故事。中国的一些寺庙中还专门建有五百罗汉堂，气势非常壮观。

二、道教

1. 道教的产生

道教形成于中国东汉的中后期。它在战国以来的道家学说基础上，吸收了中国传统的鬼神观念、神仙思想，掺杂了古代的谶纬神学、阴阳五行和修炼方术等，最终成为一种中国特有的宗教。道教把道家创始人老子尊奉为教主。道教的产生来自两个支派，一是五斗米道，一是太平道。

东汉顺帝（126~144 年在位）时，张陵（即张道陵）在蜀郡鹄鸣山（今四川省大邑县）创立五斗米道，后至附近青城山进一步发展。因信奉者需交纳五斗米而得名；又由于张陵自称受太上老君之命充任“天师”，所以又称天师道。此道把《道德经》作为主要经典。东汉末年，张陵之孙张鲁据守汉中，建立了政教合一的政权，以道教治理臣民达 30 年。曹操消灭张鲁后，五斗米道一度处于涣散状态。

太平道创立时间与五斗米道大体同时。其创始人为于吉，在东海郡（今山东省郯城一带）传教，以《太平清领书》（即《太平经》）为主要经典，在民间制作符水为人治病。《太平经》尊称老子为九玄帝君，把老子奉为天神。它宣扬封建的忠君事亲道德，追求实现太平盛世。在其经典中，也提倡自食其力和救济贫苦，反映了下层劳动者的愿望。东汉末年，张角利用太平道发动了黄巾起义，以“苍天已死，黄天当立，岁在甲子，天下大吉”为号召在民间传道，又用咒语符水为人治病，十余年间，信众达数十万人，遍及青、徐、幽、冀等八州。黄巾起义遭到统治者的镇压而最终失败，太平道也因此遭到严重打击，但是仍在民间秘密流传。

东汉后期，又有魏伯阳从事炼丹方术，著作《周易参同契》，强调炼丹术是与《周易》之理相通而契合的。书中总结了修炼内丹（人体的精气神）、外丹（口服的丹药）、房中术（男女交合）等经验，为后世道教的丹鼎派奠定了理论基础。

2. 正一道和全真道

东汉末年至东晋的百余年，道教在民间的影响逐渐增长，并且在上层统治者中得到发展。到了元朝，南方天师道统一了各教派，第 38 代天师张与材被朝廷授予“正一教主”，总领三山（龙虎山、阁皂山、茅山）符箓，称为正一道。此道主要奉持《正一经》，崇拜鬼神，重在画符念咒、驱鬼捉妖、祈福禳灾等活动。此派道士可以娶妻生子。

全真道为金朝时王重阳在山东宁海（今山东省牟平县）全真庵聚徒讲道时所创立，与正一道同为元朝以后道教的两大教派。王重阳宣扬“抱元守一，存神固气”为真功，以“济贫拔苦、先人后己、与物无私”为真行。功、行具备，谓之全真。他主张儒、释、道三家合一。50年后，其弟子丘处机被元太祖赐号“神仙”，掌管天下道教。于是，全真道广泛传布，盛极一时。全真道不重符箓，不事烧炼，强调遵守戒律，重视诵读经典、研修教理，道士不得结婚。

明清时期，封建统治者信奉道教主要是热心于服食丹药和房中采补之术，祈求长命。但他们往往事与愿违，因服食丹药中毒而早早身亡。例如，明朝的嘉靖帝、清朝的雍正帝等都是这样死的。在民间，广大民众常常利用道教组织一些秘密团体，进行反抗统治者的斗争。如明末的白莲教、八卦教，清末的义和团等，都属于这类团体。

3. 三清、四御和四大元帅

道教最初只遵奉老子为教主和天神，以后逐渐增多，包括神话传说的神人、历史人物以及编造的神灵。东晋开始，又把“三清”说成是最高的神。三清是指：元始天尊、灵宝天尊、道德天尊（即老子）。他们都是元始天尊的化身，合则为一股清气，分化便成三个神。

三清之下是四位天帝，称为四御。他们是：玉皇大帝、北极大帝、天皇大帝、后土皇地祇。道教宣称三清四御统率天地万神，是宇宙万物的创造者。其中的后土皇地祇是一位女神，她掌管阴阳生育、万物之美与大地山河之秀。

道教也有一些名山和宫观，如四川的青城山，湖北的武当山，江西的龙虎山、茅山、阁皂山，山东的泰山，北京的白云观等。

三、中国佛教道教的现状

1. “人间佛教”的新发展

印度大乘佛教强调不仅要自觉，还要觉他，也就是利己和利他同等重要，这就与中国传统文化中的儒家仁爱主张相应合，所以中国人乐于接受。由于佛教认为人间现实世界充满了生、老、病、死等痛苦烦恼，因此追求一种摆脱诸般烦恼、灭绝爱欲、内心清凉平静的涅槃境界。这种信念与中国士大夫传统的“达则兼济天下，穷则独善其身”相结合，就使得人们心目中的佛教成了远离尘世、不问世事的“出世”宗教了。加之一些高僧往往隐居于深山古刹之中，就更加深了人们的这种印象。假若佛教真的沿着这条道路走下去，它将脱离广大民众、同现实社会的距离越来越远，其命运也将会在时代的发展进化中销声匿迹。然而，佛教毕竟深深地扎根于中华文化的沃土之中，它不可能轻易退出中华大地的历史舞台。

19 世纪末 20 世纪初，中国的一些社会改革者如康有为、梁启超、谭嗣同、章太炎等人，重新发掘大乘佛教中的精神力量，努力使它在社会改革中发挥积极作用。他们把佛教倡导的“众生平等”的理念作为抨击封建专制制度的武器。在他们的激励下，佛教在一定程度上又回到了现实社会中来，具有了应用于现实的价值。

1912 年，太虚大师提出佛教的“教理革命、教制革命、教产革命”口号，倡导“佛教复兴运动”。他指出，近代佛教应当朝着建设“人生佛教”的方向发展。他在 1928 年发表的《对于中国佛教革命僧的训词》一文中，全面地阐发了建设人生佛教的问题。他宣扬“即人成佛”、“人圆佛即成”，以鼓励僧众和信众从现实人生出发，由自身当下做起，也就是说，成佛就在人的现实生活中，就在人的日常道德行为中。大师所指出的佛教改革的总方向和他的实践精神，对中国佛教有着深远影响。

1983 年，时任中国佛教协会会长的赵朴初居士在协会成立 30 周年纪念大会上发表的演讲中，明确提出了“人间佛教”的思想和口号。他说：“‘人间佛教’就是要实现人间净土的思想，就是要发扬利乐有情的大乘佛教精神。”他解释“人间佛教”思想就是要解决涅槃与世间的关系，要将涅槃与世间统一起来。他主张“人间佛教”这一理念应当成为当代中国佛教发展的指导思想。在这一新的理论推动之下，国内外一些著名佛寺和佛教法师积极行动起来，主动参与社会进步活动，广泛创办教育、慈善事业，逐渐成为一支争取世界和平、提倡民主平等的社会势力。“人间佛教”理念的提出，为当代佛教的发展注入了活力，是符合历史发展潮流的。但是如何实现“人间佛教”，也成为当代佛教面临的新课题。于是对佛教界的某些做法不免产生疑义和各种评论，这也是很自然的。对于中国佛教来说，他们在这条道路上还是刚刚起步，前进的过程中还要不断探索、调整，“人间佛教”能够服务于社会的积极价值将会越来越多地显示出来。

2. “生活道教”的新思考

道教是中国本土宗教，它与中华民族的传统文化紧密相连，与人民大众的日常生活息息相关，它的文化内涵丰富，因此有待开发的资源也很多。但是长期以来，道教由于理论上缺少创新和活动上趋于保守，逐渐脱离时代，出现衰落的态势。2002 年，中国道教协会副会长张继禹提出“生活道教”的号召。他说：“所谓‘生活道教’，就是要在发扬爱国爱教、仙道贵生、慈爱和同、济世利人等优良教义思想的基础上实现道教关爱现实，利益人群，传扬真道，福臻家国，修道成仙的价值理想。”道教历来追求得道成仙，在“生活道教”的理念中，神仙并不神秘，他是人修炼而成的。道教作为一个重人贵生的宗教，更加重视现实，关心社会生活，所以对于生活也有更深切的体悟。在现实环境中，只要具备强健的身体，具有高尚的精神境界，不因个人利益而患得患失，能够豁达从容，始终保持喜乐的心态，这便是活神仙了。道教并不否定现实人生，它把实现太平盛世作为政治理想。因此道教反对战争和暴政，对于维护国家的和平安定发挥了积极作用。“生活道教”在中国的现代化进程中显示出促进社会进步的价值。

“生活道教”理念提出的时间还不长，它的施行还处于初级阶段，无论在理论上还是在具体的实施工作中，都还需要不断地完善和提高。对于传统的道教，只要做到弃其糟粕，取其精华，跟上时代步伐，道教一定会进入一个新的发展时期。

第四节　基督教和伊斯兰教

一、基督教在中国

1. 基督教的产生和派别

基督教产生于1世纪罗马帝国统治下的巴勒斯坦，后来发展为世界性宗教，目前全世界的基督教徒已超过20亿人。

4世纪，基督教成为罗马帝国的国教。公元395年，罗马帝国分裂为东、西两大帝国，基督教也相应分裂为东、西两大派。自8世纪起，罗马主教的权势大增，至中世纪中期主教的权势凌驾于西欧各君主国之上，因而人们称其为教皇。而东方教会一直在东罗马皇帝的支持下，自视正统，不承认罗马教皇的称号。1054年，双方由于争夺意大利南部教会的统治权发生激烈冲突，最终导致公开分裂，分裂成西欧的天主教和东欧的东正教。

天主教信奉天主和耶稣基督，尊玛丽亚为圣母。中世纪时，天主教是欧洲封建保守势力的代表，曾设置异端裁判所对进步科学家实行迫害，反对新兴的资本主义。天主教有严密的组织，实行中央集权管理。教会内部只允许绝对效忠教皇的组织存在，耶稣会就是其中最保守的组织。据记载，目前天主教徒约占全世界基督徒的60%。

东正教自称正教，意思是保有正统教义的教派，因主要流传于东欧、俄国、西亚等地，人们习惯称它为东正教。东正教没有统一的组织和制度，也不承认罗马教皇的领导地位。1453年东罗马帝国灭亡后，各国的东正教也都先后独立。

欧洲资本主义出现后，资产阶级从诞生起就对代表封建势力的教皇和教会发起猛烈攻击。这也促使天主教会内部出现改革派，他们最终于16世纪从天主教中分裂出来，被称为新教。新教不再接受罗马教廷的管制，他们各自为政，对宗教礼仪尽量简化。中国人习惯把新教称为基督教。

2. 基督教传入中国

基督教最早传入中国的时间是在唐朝。当时中国人称其为景教，是西方基督教的一个支派。781年（唐德宗建中二年），其教士立“大秦景教流行中国碑”，记述该教在中国获得广泛传播的盛况。这块石碑至今保存在西安碑林博物馆中，是这一历史的重要见证。后来遭遇唐武宗灭佛事件，景教也被禁绝，中原一时绝迹。

基督教再次来到中国，开始于明末清初来华传教的耶稣会士。这方面的代表人物是意大利传教士利玛窦。他在1582年（明神宗万历十年）来到中国。他努力学习汉语，主动与上层士大夫交往，了解中国传统文化。为了让中国人能够接受外来的天主教教义，利玛窦尽力容忍中国人敬天、祭祖、尊孔的传统，努力把天主教的神学附会到中国的儒学上。西方的耶稣会士紧随利玛窦纷纷来到中国。他们一方面把西方的数学、天文学等科技知识介绍给中国，同时也把中国的国情及文化源源不断地传回欧洲。此后，在中国的耶稣会士和在欧洲的耶稣会士相互配合研究中国，在欧洲出版了一批论述中国传统文化的著作，如《孔子道德论》、《大禹与孔子》等等。耶稣会士热衷于介绍中国文化，原本是为了证明东方的中国文化也是从属于天主教教义的。但是事与愿违，中国的文化传到欧洲后，反而使欧洲资产阶级启蒙主义思想家备受鼓舞。他们利用儒家注重道德的学说批判西方教会的神学及其封建专制统治。他们以中国为例，证明在宗教的权威之外，还有伦理道德权威，而这种道德权威竟然不是出自上帝。在中国维护封建制度的儒家学说竟然成了这些人批判欧洲封建势力的总代表——教会和教皇的锐利武器，中国成了他们理想的社会楷模。但以儒家为代表的中国传统文化毕竟属于封建的意识形态，所以当欧洲资产阶级成熟、壮大起来后，他们又反过来以傲慢的口吻批评、贬损中国文化和中国社会。这一方面确实揭示了中国封建社会的落后，但同时也为西方侵略中国的行为准备了思想依据。

耶稣会士来到中国，传播天主教是他们的根本目的，而把西方的一些科学技术，如天文历算、舆地、火器、各种仪器等带到中国来，只是传教的手段。就整体上看，他们的传教目的基本上没有达到，而西方的科学技术在一定程度上开阔了中国人的眼界，给中国的学者带来了新的知识和新的思维方式。由于文化的隔阂，绝大多数中国人不能接受西方的宗教信仰。我们看到，耶稣会士带来的西方科学技术对于推动中国近代自然科学的发展虽然起到一定的积极作用；但同时也须认识到，他们带来的科学技术也有很大局限性。当哥白尼的日心说、牛顿的经典力学等近代先进科学产生后，罗马教廷为了维护落后的宗教说教，指斥他们的学说违背天主教教义，并且对进步科学家进行了残酷迫害。因此耶稣会士们并没有把欧洲近代最先进的科学传给中国。14世纪开始，欧洲掀起了文艺复兴的思潮，科学与民主的人文精神挣脱了封建桎梏的禁锢。至17世纪，欧洲的科学和思想已经步入近代资本主义，但耶稣会士们依然反对先进的科学，把自己置于逆社会潮流而动的顽固守旧立场。因此，耶稣会士们带来的所谓西学并不能推动中国由封建社会脱胎出来进入新的历史阶段。1840年鸦片战争后，西方传教士随着帝国主义的炮舰再一次涌入中国，他们在传教中也干了许多不光彩的事。

3. 近代中国非基督教运动

1922~1927年在中国出现了一次非基督教运动，这是中国的知识阶层对宗教文化进行的一次理性批判，是“五四”运动以来新文化发展的沿续。它高举科学与民主的旗帜，是中国近代史上一次思想启蒙运动。从政治方面看，它高扬民族主义旗帜，激励民族的自觉意识和独立精神，推动了收回教育主权运动，也促进了中国基督教的本土化。

1919年夏，出现了对宗教问题的争论。当时，少年中国学会对信仰宗教者是否可以入会引发争论。学会在北京举行了三次宗教问题的演讲大会，形成新文化运动以来讨论宗教问题的热潮。在《少年中国》刊出的文章中，批判宗教的占大多数。他们认为，科学发现揭示出宇宙不是神创造的，人类将从基督教教义的束缚中解放出来。

1922年，爆发了非基督教运动，导火线是外国基督教势力在中国的挑战态势刺激了中国知识界。本年初，中外教会联手调查在华传教事务。他们在其调查报告中以一种征服者的姿态，咄咄逼人地夸耀基督教在中国的大发展，极大地刺激了中国人民的民族感情。与此同时，世界基督教学生同盟第11届大会也将在北京召开，中国人民的愤怒爆发了。这场运动首先在教会势力最强的上海发起。1922年2月，上海一批青年学生发起成立“非基督教学生同盟”，发出通电，号召抵制将在北京清华校园召开的世界基督教学生同盟大会。3月，北京大学一批学生宣布成立“非宗教大同盟”。这场运动迅速蔓延全国。运动虽有激烈言论，但主流是理性的，行动是克制的。

1924年，非基督教运动再次兴起，众矢之的是教会学校。“收回教育权”是运动的主要目标。1924年10月，全国教育联合会通过《学校内不得传布宗教案》。蔡元培等教育家也强调，决不能把“信仰自由”与“传教自由”混为一谈。不允许任何教会利用学校课堂传布宗教。这一次的非基督教运动突出反对帝国主义的文化侵略。著名教育家蒋梦麟的话具有代表性，他说：“如来佛是骑着白象来到中国的，耶稣基督却是骑在炮弹上飞过来的。”

“五卅运动”是中国民族民主运动的一个转折，它显示出中国民族主义抵抗帝国主义侵略的意志的全面高涨，也推动了非基督教运动进一步发展，即要求中国的教会摆脱帝国主义的控制，使之本土化，其标志性事件是全国学联的宣言。1925年7月，全国学联在上海召开第七次代表大会，其决议案说：“基督教是帝国主义侵略中国的工具。”并且号召继续推动收回教育权运动。这次运动的指导者是政党，尤其是共产党的作用更大。如在广东汕头地区，周恩来发起建立“收回教育权运动委员会”，成功地使20多所教会学校中止了与英国长老会的联系。这次运动更趋于政治化，它的反对帝国主义的性质促使中国的基督教徒也卷入了这场运动，成为“五卅运动”以后非基督教运动的一个特点。中国基督教界对五卅惨案反应激烈。中华全国基督教协进会等团体纷纷发表声明，抗议外国列强的暴行。1926年，中华基督教教育协会指示各地灵活处理教育权问题。一些学校据此停止了宗教活动。

非基督教运动为中国基督教的独立发展提供了转机，有助于促使教会中国化。随着北伐战争的推进，大多数外籍传教士纷纷躲避，或撤离中国，这进一步削弱了外国教会势力对中国教会的控制。

4. 基督教在中国的新发展

中华人民共和国成立后，中国的天主教和基督教有了新的发展。新中国的天主教开展反帝爱国运动，实行自治、自传、自养的方针，摆脱了罗马教廷的控制，走上独立自主的道路。目前（截至2010年）罗马教廷是欧洲唯一没有和中国建立外交关系的政权。它不时和中国有所接触、谈判。中国政府明确表示，只要罗马教廷承认一个中国，断绝与台湾当局的所谓外交关系，保证不干涉中国内政，双方即可建立正常的外交关系。中国现今成立有“中国天主教教务委员会”，是中国天主教的全国性教务机构。另有“中国天主教爱国会”，是天主教神职人员组成的爱国爱教的群众团体。

中国的新教成立有“中国基督教协会”，是其全国性教务组织。又有“基督教青年会”，本是英国人于1884年成立，1885年由美国人传入中国。解放后，中国的“基督教青年会”实行了独立自办的原则，并成为“中华全国青年联合会”的团体会员。1954年成立“中国基督教三自爱国运动委员会”，是中国基督教徒反帝爱国的全国性组织，它与“中国基督教协会”保有分工合作的关系。这些组织为协助政府贯彻宗教政策、维护教徒的合法权益，实现爱国爱教、致力于世界和平作出了贡献。

二、中国的伊斯兰教

1. 伊斯兰教的产生

伊斯兰教于7世纪产生于阿拉伯半岛中部，其创始人是穆罕默德。伊斯兰教信奉安拉为唯一的神。安拉是阿拉伯语的音译，汉语称为“真主”。伊斯兰也是阿拉伯语音译，意思是“顺从”，即顺从安拉的旨意。伊斯兰教的信徒称为穆斯林，意思是“顺从者”，即顺从安拉旨意的人。

穆罕默德于610年在麦加创立伊斯兰教。由于麦加贵族的迫害，622年穆罕默德率领麦加穆斯林迁徙麦地那，标志着伊斯兰教进入新的历史发展阶段。麦地那位于麦加北面450公里。在麦地那，穆罕默德建立了政教合一的宗教公社，领导穆斯林进行了政治、经济、宗教等一系列改革。630年，穆罕默德攻占了麦加，从此威声大震，成批的阿拉伯人皈依了伊斯兰教。632年6月，穆罕默德病逝在麦地那，享年63岁。伊斯兰教在阿拉伯半岛确立了统治地位，成为阿拉伯民族的精神支柱。

2. 伊斯兰教的经典和教派

伊斯兰教奉《古兰经》为经典。“古兰”一词系阿拉伯语的音译，意为“诵读”或“读物”。中文又译为《可兰经》。同时，伊斯兰教也把《圣训》（“穆罕默德言行录”）视为重要经典。《古兰经》不仅是伊斯兰教的经典，同时在阿拉伯文学史上、伊斯兰文化史上也占有重要地位。

伊斯兰教中存在多种宗派，其中最有影响的是逊尼派和什叶派。

逊尼派是伊斯兰教中人数最多、分布最广的主流派，世界穆斯林大多属于逊尼派。逊尼派的全称是“逊奈和大众派”。“逊奈”意为“行为”、“道路”，指穆罕默德的行为。“逊尼”就是“遵守逊奈的、数量众多的人”。该派早期作为穆斯林的主流派别，得到历代哈里发的支持和保护。

什叶派是与逊尼派相对立的派别，只承认穆罕默德的堂弟和女婿阿里及其直系后裔为穆罕默德合法继承人。该派在教理上与逊尼派有所分歧。什叶派穆斯林现在主要分布在伊朗、黎巴嫩等地。如今，90%以上的什叶派穆斯林集中在伊朗。

3. 中国的伊斯兰教

中国学者一般把651年（唐高宗永徽二年）作为伊斯兰教传入中国的起点。因为《新唐书·大食传》等史书记载这一年大食“始遣使来贡”。这一记载表明两国外交关系的确立。而伊斯兰教或许随着阿拉伯商人在更早一些时间就已来到中国。古代中国称阿拉伯帝国为大食国。

宋代海上交通发达，由海路来中国的穆斯林大增，他们大多集中在沿海城市，如广州、泉州、杭州等地，然后逐步进入内地。元朝时，来自西域的“色目人”大多是穆斯林，有所谓“元时回回遍天下”之说。

明朝时，外来的穆斯林逐渐在中国定居下来并融入中国社会。明朝建立后，改变了元朝的民族歧视政策，朱元璋说：“既居我土，皆吾赤子。”这样更有利于穆斯林在中国扎根繁衍，促使信仰伊斯兰教的回族等少数民族得以形成。这些穆斯林以伊斯兰教为凝聚力，以清真寺为活动中心，保持着自己的宗教信仰。与当地汉族杂居并使用汉语的穆斯林，便形成了中国的回族；部分改说蒙古语的穆斯林便形成了后来的东乡族和保安族；一部分来自中亚的穆斯林迁至青海后，形成了撒拉族。新疆维吾尔族的祖先原本信奉佛教，大约10世纪时，开始改信伊斯兰教，至15~16世纪时，全新疆的维吾尔族才都信仰了伊斯兰教。哈萨克族、柯尔克孜族等要到17~18世纪才信仰伊斯兰教的。

来到中国的穆斯林，既有逊尼派，也有什叶派。但是他们长时间内都没有表现出明显的教派区分。这一方面是因为中国的各种宗教一般都能和睦相处，对各派穆斯林都有良好的影响；另一方面是因为穆斯林人口在中国毕竟处于少数地位，面对深厚的中华传统文化，他们要保持自己的宗教信仰和习俗，就必须内部团结一致，派系的分歧就淡化了。现在除新疆塔吉克族等少数什叶派外（约数十万），中国的绝大多数穆斯林都自认为是逊尼派。但在这些逊尼派中却保留着许多什叶派的信仰和礼仪。例如，中国的穆斯林注重绿色，而阿拉伯的什叶派就崇尚绿色。中国的穆斯林普遍敬仰阿里，在清真寺或家中往往挂有用阿拉伯文书绘的阿里宝谏，凡此等等。这些都表明逊尼派和什叶派在中国没有明显的界限。

清真寺是中国穆斯林的宗教活动场所。阿訇，为波斯语音译，原意为“教师”，在伊斯兰教中，是对穆斯林学者的尊称。在中国，是指伊斯兰宗教职业者，即清真寺的主持。

中国各族穆斯林是中华民族大家庭的重要成员，他们对中华文化的发展作出了各种贡献。1953 年，“中国伊斯兰教协会”成立，它是中国伊斯兰教全国性团体，其宗旨是团结各民族穆斯林积极参加祖国的现代化建设，发展同各国穆斯林的友好关系，努力维护世界和平。

第三章
中国的文学与艺术

第一节　中国古代文学（提要）

一、先秦文学

1. 古代诗歌总集——《诗经》

《诗经》是中国第一部诗歌总集，共收入自西周初年至春秋中叶大约500多年的诗歌305篇（另有6篇，只有目录）。诗经共分风、雅、颂三部分。它们内容不同，所配的音乐也不同。

风是十五国的民歌，配有各个地方色彩的音乐，是民间歌谣。

雅分大雅、小雅，是王畿即周王直接统治地区的音乐。雅有正的意思，当时人把王畿地区的音乐看成正声。大小之分与音乐不同有关。大雅，多是西周王室贵族的作品，主要歌颂从后稷至武王、宣王等的功绩，保存较多的周初及宣王中兴的资料，也反映了周厉王、幽王时的政治危机。小雅，大抵产生于西周后期和东周初期。一部分是贵族宴会的乐歌，反映其统治危机，表示忧虑谏讽；另一些表现周王朝与西北戎狄部落、东方诸侯各国之间的矛盾。有学者认为，也有若干反映人民生活的民间诗歌。

颂是宗庙祭祀的舞曲，有周颂、鲁颂、商颂。有的歌颂祖先功德，有的祈谷丰收等。

诗的来源，有采诗之说，即统治者定期派人到民间采集民谣，以了解民情，又命乐师整理、编纂而成。也有些诗为公卿所献。《国语》还有“瞽献曲”之说。瞽指盲人音乐家。

风、雅、颂与赋、比、兴合称六义。赋是陈述铺叙的意思，雅、颂中多用。比是譬喻，或喻于声、或喻于貌、于心、于事，如《硕鼠》。《氓》用桑树盛衰比喻夫妇爱情变化。兴是借助其他事物作为开头，引出下文，如《关雎》。

赋、比、兴是表现手法，帮助作者刻画形象，创造生动的境界。

《诗经》是中国文学的光辉起点，它从多方面表现了那个时代丰富多彩的现实生活，反映了各个阶层人们的喜怒哀乐。《诗经》以其清醒的现实性，区别于其他民族的早期诗歌，开辟了中国诗歌的独特道路。

1994年，上海博物馆从香港购回1200余只战国楚简，其中有关《诗经》的有29简，共1006字，是弟子就孔子授诗内容的追记。有学者定名为《孔子诗论》。今本《诗经》以《国风》、《小雅》、《大雅》和《颂》为顺序。竹简《孔子诗论》中的序列与此相反，称为《讼》（讼即颂），《大夏》（夏即雅）、《小夏》和《邦风》（邦即国。汉儒为避刘邦讳，改邦为国）。《诗论·序》中的论次也和今本《诗经》中的大序相反。许多诗句用字和今本《诗经》不同。竹简《孔子诗论》没有今本《诗经》小序中“刺”、“美”的内容。

《孔子诗论》有总论和分论。总论内容为表述赋诗、奏乐、著文必须具有的志、情和言的关系。分论以若干诗篇为单位，对每一篇诗作了简短、深入、反复的递进论述，一论、再论、乃至三论来解释诗义，以加深对诗的深入理解。简中首次披露了孔子提出的“诗毋离志、乐毋离情、文毋离言”的三条准则。《孔子诗论》是一篇重要的儒家经典，为《诗经》的研究提供了新的空间。

2. 历史散文

在广义上，甲骨卜辞、《尚书》都可视为早期的历史散文。此外还有：

（1）《左传》

虽是历史文献，但富于文学特色：叙事富于故事性、戏剧性，有紧张动人的情节；善于写战事，如齐鲁长勺之战；具有外交辞令之妙、语言之美。

（2）《国语》

属国别史、主要记言。为战国初期史家所记。

（3）《战国策》

杂记西周、东周及秦、齐、楚等12国之事。上接春秋，下至秦并六国，约240年。书名或称《国策》、《国事》、《短长》、《事语》、《长书》。作者不可考。其基本内容是战国时代谋臣策士纵横捭阖的斗争及其有关的谋议或辞说。保存了不少纵横家的著作和言论。反映这时期的政治斗争和各种历史人物的精神面貌。本书特点是长于说事，喜欢夸张渲染，有很强的说服力。

先秦的历史散文对后世历史学家和古文家的写作有极深远的影响，特别是对叙事文的影响很大。

3. 诸子散文

诸子散文虽是政治、哲学、伦理等方面的论说文，但也具有文学因素和价值。可分两大类：一类是儒家积极进取的现实态度和法家论证之严密；另一类如道家庄子的富于想象夸张的表达。它们可看成是后世文学的现实主义和浪漫主义创作手法的源头。

4. 楚辞和屈原

楚辞是战国时代以屈原为代表的楚国人创作的诗歌，它是《诗经》以后的又一种新诗体。“楚辞”之称不知起于何时。《史记·张汤传》中已提到，至汉成帝时期刘向整理图书时，把屈原、宋玉等人的作品编辑成书，定名为《楚辞》，从此“楚辞”就成为一部总集的名称。

楚辞和汉赋体裁不同，前者是诗歌，后者是押韵的散文。虽然它们都是不歌而诵的，但汉赋同音乐关系更远。

楚辞是在江南楚文化传统的基础上吸取部分中原文化的产物。其特点是每隔一句的末尾用一个语助词“兮”、“思”等；内容充满巫祝祭祀神秘色彩。

屈原是楚国的爱国诗人。他的代表作《离骚》是中国古典文学中最长的抒情诗，也是一篇光辉的浪漫主义杰作。它的基本内容就是表现诗人对实现自己崇高理想（富强楚国、统一中国）的热烈追求和不懈斗争。全诗分两部分：前一部分是诗人对已往历史的回顾：家世、生辰、政治改革。后一部分描述对未来道路的探索。《楚辞》是具有深刻现实性的积极浪漫主义作品，是中国文学浪漫主义的直接源头。《楚辞》中也广泛运用了比兴手法。

此外，屈原的代表作还有《九章》、《天问》、《九歌》等。

《九章》为九篇诗歌的总题，包括《哀郢》、《涉江》、《橘颂》、《怀沙》等。

在《天问》中作者提出 170 多个关于天地万物、古往今来的问题，保存了许多神话传说和古史材料。

《九歌》本是古代乐歌，传说夏启时就有。楚辞中的九歌是屈原在民间祀神乐歌的基础上，为朝廷举行大规模祀典所创作的祭歌，取古代乐歌为名。共有 11 篇，如《湘君》、《湘夫人》、《山鬼》、《国殇》等。

宋玉是屈原以后著名的楚辞作家，《史记·屈原列传》末尾记有宋玉出身低微、入仕后不得意等事。其著作有《九辩》，以自然景物抒发自己浓厚的感情，造成一种情景交融的境界。

二、汉赋和汉乐府

1. 汉赋

赋是诵的意思。《汉书·艺书志》说："不歌而诵谓之赋。"荀子《赋篇》第一次以"赋"为篇，汉人沿袭其义，凡辞赋都称为"赋"。

汉初著名的辞赋家是贾谊，他有《吊屈原赋》、《鹏鸟赋》等，在形式上趋向散体化，并且大量使用四字句，这是新赋体的特点。

枚乘（? ~约前 140 年）也是汉初重要辞赋家，代表作为《七发》，主要内容为说七事以启发太子。《七发》是新体赋形成的标志，推动了汉赋的发展。

汉武帝时代是辞赋最兴盛的时期。代表作家有司马相如，其《上林赋》、《子虚赋》以铺张、用典、夸张、渲染、排句等为特色。

汉赋的出现是时代的产物。汉朝空前统一强大，经济繁荣，汉赋反映了封建社会制度上升时期统治者的信心，也大大开拓了文人学士的胸襟、眼界，使他们有可能在赋里反映这个强大的封建帝国的面貌和奋发向上的精神。

《子虚》、《上林》二赋以楚国子虚与齐国乌有先生互相夸耀，最后亡是公又大肆铺陈汉天子上林苑的壮丽及天子射猎的盛举以压倒齐楚，表明诸侯之事不足道。作品歌颂了大一统汉王朝的气魄和声威，肯定了结束封建割据的胜利。其中也渲染了统治者骄奢淫逸的物质享受，迎合了汉武帝的好大喜功。赋末委婉致讽，指出奢侈"非所以为继嗣创业垂统"。

赋的发展在西汉后期和东汉前期依然保持了前一段的旺盛之势，产生了大量作品。

扬雄是西汉末年著名的赋家。他的代表作是《甘泉》、《长杨》、《河东》、《羽猎》四赋。扬雄晚年认为赋是"童子雕虫篆刻"，无助于规谏，因此不再致力于作赋。他仿《周易》作《太玄》，仿《论语》作《法言》，转而致力于儒术。

班固是东汉前期著名赋家，以《两都赋》闻名。他认为赋源于古诗，要求赋应有

《诗》的讽谏作用。

张衡以《二京赋》闻名，在赋中引入议论说理，对统治者的腐化享乐给予批评。

东汉末年，外戚、宦官专权，一些正直士人创作了一些批判现实、抨击社会黑暗的抒情短赋，如赵壹的《刺世疾邪赋》、蔡邕的《述行赋》、祢衡的《鹦鹉赋》。这些抒情小赋突破了赋的传统。

东汉中后期的赋发生重大转变：过去歌功颂德的内容几乎一扫而空，阐发儒家思想的内容也明显减少；堆砌滞重的大赋变为抒情意味更浓厚、表现世俗生活更多的短赋，不仅活泼有生气，而且往往带有尖锐的批判性，更直接地反映了时代的脉搏。这种转变，为魏晋以后的辞赋发展奠定了基础。

2. 对“乐府”的认识

（1）最初（秦汉时期）指主管音乐的官府。

（2）汉代人把乐府配乐演唱的诗称为“诗歌”，这种“诗歌”在魏晋以后也称为“乐府”。

（3）魏晋六朝文人用乐府旧题写作的诗，有合乐有不合乐的，也一概称为乐府。

（4）唐代出现了不用乐府旧题而只是仿照乐府诗的某种特点写作的诗，被称为“新乐府”。

（5）宋元以后，词、曲也称为乐府，因为这两种诗歌的分支，最初也都是配乐演唱的。

3. 关于西汉乐府民歌的来源

汉武帝时，乐府机构的规模和职能扩大了，包括制定乐谱、训练乐工、搜集民歌、制作歌词。

朝廷典礼所用的乐章主要是由文人写作的，在普通场合演唱的歌词则主要是从各地搜集来的民歌。所用音乐也主要来自民间，还有一部分来自西域的音乐。为了区别于文人制作的乐府歌词，习惯上把采自民间的歌词称为“乐府民歌”。这里所说的“民歌”是泛指产生于民间的群众性、社会性创作，并非专指“劳动者”的作品。

一般认为，现存汉代乐府民歌，大都是东汉乐府机构采集的，这些作品基本上收入了宋代郭茂倩所编的专书《乐府诗集》。他将自汉至唐的乐府诗分为十二类，其中包含有乐府诗的为郊庙歌词、鼓吹曲词、相和歌词、杂曲歌词四类。鼓吹曲是汉武帝时吸收北方民族音乐而形成的军乐。相和是一种“丝竹相和”的管弦乐曲，也是汉代民间的主要乐曲。杂曲是原来的音乐归类已经失传的作品。

4. 汉代乐府民歌的特色与成就

（1）具有浓厚的生活气息，具体深入地反映社会下层民众的生活疾苦。如《病妇吟》、《孤儿行》、《东门行》、《十五从军征》。

（2）奠定了中国古代叙事诗的基础。如《十五从军征》、《陌上桑》、《孔雀东南飞》。

（3）表现了激烈而直露的感情。如《战城南》、《上邪》、《有所思》。

（4）表现了对生命短促、人生无常的悲哀，也反映了对人生的珍爱，如丧歌《薤露》和《蒿里》。其中有一种游仙诗，是以幻想的方式来反抗生命短促的事实。

（5）表现了生动活泼的想象力。如《上邪》、《枯鱼过河泣》。

（6）使用了新的诗型：杂言体和五言体。整齐的五言体越来越形成趋势。

《陌上桑》和《孔雀东南飞》是汉乐府民歌中最优秀的作品，也是叙事诗的代表作。

三、五言诗的起源和《古诗十九首》

1. 五言诗的起源

《诗经》中已出现五言诗。东汉末年，社会动荡，文人忧生念乱，四言诗不足以抒发内心伤感，遂越来越多地采用五言。

东汉的文人五言诗日趋成熟，与乐府民歌的影响分不开，如《羽林郎》、《董娇饶》等都是五言体。

2. 《古诗十九首》

《古诗十九首》是东汉后期的文人五言诗作，其作者并非一人，它们反映的思想内容也很复杂。各首诗的作者通过闺人怨别、游子怀乡、游宦无成、追求享乐等内容的描写，表现了浓厚的感伤情绪，也反映了东汉后期社会的一些侧面。

《古诗十九首》的艺术特点是善于运用比兴手法、衬映烘托，通过某种生活细节抒写作者的内心情感，同时诗中语言不求雕琢，浅近自然，但又异常精练，含义丰富。

《古诗十九首》是五言诗已达到成熟阶段的标志。其中“行行重行行”、“明月皎夜光”、“东城高且长”等皆为人所喜爱。

四、魏晋南北朝诗文

1. “建安风骨”和三曹

“建安风骨”是指建安作家的作品内容和风格所表现出来的时代特色。其作品富有内在的生气和感染力，语言表达简练刚健，通常谓之“慷慨悲凉”之歌。

建安文学以三曹为代表，其中曹植成就最大，他的诗歌创作在许多方面影响了整个魏晋南北朝诗歌的发展方向。

曹操，字孟德，沛国谯（今安徽亳县）人。任汉丞相，封魏王，为东汉末年著名的政治家、军事家、诗人。196 年（汉献帝建安元年），他挟持汉献帝至许昌，“挟天子以令诸侯”，控制了北方局面，凭借其政治优势“外定武功，内兴文学”，成为建安文学的重要开创者。他的诗歌都是乐府歌辞，虽沿用汉乐府古题，但不因袭古意，而是“缘事而发”，体现出现实的新意。他的乐府诗或描述军旅征戍生活，或抒发其统一天下的雄心壮志，艺术上则表现出慷慨悲凉的气势，古人评价其诗是“如幽燕老将，气韵沉雄”。曹操诗歌的代表作有：《步出厦门行》、《观沧海》、《龟虽寿》、《短歌行》。

曹丕，字子桓，曹操之子。221 年（魏文帝黄初二年）代汉自立，为魏皇帝。因他长期处在相对安定的权贵生活中，所以文学创作的内容不及曹操丰富。诗歌成就较高的是五言诗和七言诗。他的代表作《燕歌行》，有助于七言诗的形成和发展。他的《典论·论文》是中国文学批评史上第一篇专门论著。

曹植，字子建，曹丕之弟，是建安时期最负盛名的作家。流传至今的诗歌有 80 多首，词赋、散文约 40 篇。他早年跟随曹操征战南北，怀抱强烈的功名事业之心，《白马篇》即为早期代表作。后期则多在《杂诗》中倾泻其壮志受到压抑的激愤不平之情，代表作有《泰山梁甫行》、《赠白马王彪》等。他的《洛神赋》是赋中名作，描写了神与人的恋爱悲剧，富于想象，描写细腻，颇具艺术魅力。后世盛传他的七步诗《豆萁》（出自《世说新语》），反映了他后期受到迫害的处境和压抑心情。

建安七子是孔融、陈琳、王粲、徐幹、阮瑀、应玚、刘桢。孔融是曹操的政治反对派，敢于发表叛逆言论，被曹操所杀。他的文学成就主要是散文，如《荐弥衡表》。孔融之外，其余六人都是曹氏父子的僚属和邺下文人，都怀有一定的政治抱负，因此在诗文中多描写了战乱的凄惨和抒发建功立业的志向。著名的作品有：王粲的《七哀诗》、陈琳的《饮马长城窟行》等。

蔡琰，字文姬，东汉末年杰出女作家，著名学者蔡邕之女。她博学多才，但一生遭遇坎坷，先是陷于亡命流离生活，后又被胡骑所虏，流落滞留南匈奴 12 年，嫁给胡人，并生两子。最后曹操把她赎回。现今有三篇作品传世，为五言《悲愤诗》、骚体《悲愤诗》和《胡笳十八拍》。对于后两篇，或怀疑是伪托之作。其五言《悲愤诗》生动描述了汉末战乱的灾难和个人的悲惨遭遇，是建安时期的杰出诗作。

2. 正始诗文

（1）正始名士

魏晋时期玄学兴起，主要表现是：用道家崇尚自然的观点来解释儒家的名教（指儒家提倡的伦理道德和礼仪制度）。早期的代表人物是何晏和王弼。他们把道家与儒家结合起来，提倡道家的“贵无”思想，强调“名教本于自然”。何晏作《道德论》、注《论语》，王弼注《老子》、注《易经》，借以宣扬“无”（即道）是万物的本源，同样也是儒家的伦理道德的本源和指南。

（2）竹林名士

此时期，以诗文著称的还有“竹林七贤”，他们是：阮籍、嵇康、山涛、王戎、向秀、刘伶、阮咸。其中以阮籍和嵇康在思想上和文学上成就最高。

以阮籍、嵇康为代表的这些名士对于司马氏的统治极为不满，他们看穿了统治者表面上标榜仁义道德，实际上实行腐败政治、纵情声色，司马氏的政变篡权就是践踏了儒家的纲常。可是他们又不敢直接对抗当权的统治者，于是就以一种玩世不恭的态度来否定儒学、批判现实政治。阮籍在《大人先生传》中讽刺那些所谓儒学之士不过是钻进裤裆里、“饥则啮人”的虱子，“行不敢离缝际，动不敢出裈裆，自以为得绳墨也”。阮籍把儒家礼教、封建帝王蔑视到了极点。阮籍还有《咏怀诗》近百首。

嵇康也对司马氏政权的虚伪给予揭露。他“非汤武而薄周孔”，“以六经为芜秽，以仁义为臭腐”（《难自然好学论》），呼出“越名教而任自然！”（《释私论》），就是要超越（即抛弃）儒家的名教而任从自然。他们如此菲薄儒家名教，并非出于真心反对儒学，而是面对凶残的统治者，只好以蔑视儒家来揭穿其虚伪和抒发胸中的压抑与不平情绪。他的《与山巨源绝交书》也是一篇充满反叛思想的文学杰作。他还有《幽愤诗》等。

此外，刘伶的《酒德颂》和向秀的《思旧赋》也都是名作。

3. 西晋诗文

陆机，其诗歌以注重词句华美、追求形式雕琢为主要特征。其文学成就在于他的《文赋》（赋体的文艺批评著作），对建安以来的文学创作经验作了总结，但过于强调技巧而忽视思想性。

张华，虽然有诗文作品，但以他的《博物志》闻名于后世。书中分类记载了一些奇闻异事及神仙方术等，对志怪小说的发展有一定影响。原书流失，后人有辑本。

左思，出身寒微，仕途不得志。构思十年，写成《三都赋》，《晋书》本传记载："豪贵之家竞相传写，洛阳为之纸贵。"另有《咏史诗》数篇为其代表作，以古刺今，对门阀制度给予揭露和抨击。

4. 陶渊明

陶渊明的文学创作，在诗歌、散文、辞赋诸方面都有很高的成就，对后世影响最大的是诗歌。尤其是他的田园诗，其艺术魅力与其说在于它是田园生活的真实写照，不如说在于其中寄托了陶渊明不肯同流合污的人生理想。田园被陶渊明用诗的语言、手段高度纯化了、美化了，成为在现实痛苦中求得解脱的精神世界。陶渊明傲视权贵的精神和高超的艺术魅力对后世文人有深刻的影响，也为以后田园诗的发展开拓了广阔的道路。他的代表作有：

诗：《归田园居》、《饮酒》、《咏荆轲》

文：《桃花源记》、《五柳先生传》

赋：《归去来兮辞》

5. 南北朝乐府民歌

（1）南朝乐府民歌的特色

这一时期南北长期对峙，北朝在少数民族统治之下，南北朝社会经济、自然环境、民族风尚都有很大差异，因此造成南北民歌的风格情调迥然不同。

南朝乐府民歌以"吴声歌"和"西曲歌"为主，共有400多首，它们在内容上的一个共同特点就是几乎全是情歌，而且多出自女子之口，有较浓的脂粉气。艺术特色是短小精练，以五言四句为多，语言清新自然；多用双关语，如莲—怜、丝—思，以黄连喻苦楚等。抒情长诗《西洲曲》是这一时期南歌的代表作。

（2）北朝乐府民歌的特色和《木兰诗》

北朝乐府民歌以《乐府诗集》所收"梁鼓角横吹曲"为主。这是当时北方民族在马上演奏的军乐，有鼓、角等乐器。歌词作者主要是鲜卑人民，但被翻译成汉语，体现了北方鲜卑等少数民族的汉化和民族融合。

北朝民歌主要反映的是战争、生活疾苦、尚武精神、爱情生活等。其语言质朴无华、感情爽朗豪放，没有双关语和一唱三叹，而是激越悲壮的战歌。体裁方面，除了五言四句为主外，还创造了七言四句，发展了七言古体。著名的《敕勒歌》、《木兰诗》，是北朝乐府民歌的代表作，大约产生于北魏迁都洛阳以后，东、西魏分裂以前。流传中可能经过隋唐文人的润色。

《木兰诗》是现实主义和浪漫主义相结合的诗篇。女子木兰既是现实中的人物，又是人民理想的化身。全诗把木兰塑造成一个压倒须眉的女英雄，令千万妇女扬眉吐气，在封建社会中为妇女争得了荣誉。

6. 南北朝诗文

(1) 山水诗和七言诗

南朝宋齐时代谢灵运、谢朓的山水诗最为著名，又有鲍照的乐府诗。不仅题材内容上有所发展，而且形式技巧上更有新的变化，声律的运用、七言诗体的进一步发展是重大成就。但形式主义倾向也有所发展。齐梁以后，形式主义诗风统治了整个诗坛，追求绮艳淫靡的梁陈宫体诗的流行更是诗风的堕落，形成了以徐陵、庾信为代表的“徐庾体”。北朝文人诗歌没有精品之作，直到庾信出使北朝被留后，北方才出现新的转变。庾信滞留北朝时，他的诗赋内容风格也发生转变，除了表现怀念故国的痛苦外，也有了塞北秋风沙场等新内容，带动了北朝诗赋的发展。他的《哀江南赋》是其后期的代表作。他的诗初步融入了南北诗风，是南北朝最后一个优秀诗人，也是唐诗的先驱。

谢灵运是扭转玄言诗风、开创山水派的第一人。代表作《登池上楼》。自他之后，南朝的谢朓及唐朝的孟浩然、王维等许多山水诗人相继产生。

鲍照的七言和杂言乐府诗成就最高，《拟行路难》18 首是他的代表作。他的诗对唐朝的李白、杜甫、高适、岑参等都有很大影响。

(2) 永明体

自魏晋以来，中国声韵学受印度梵音学的影响，有了新发展。齐朝永明年间，周颙发现汉字有平、上、去、入四种声调，始著《四声切韵》（今已流失），同时著名诗人沈约等人指出四声八病必须避免。这样自觉地运用声律来写诗，把诗歌的发展推向一个新的阶段。沈约等发现的诗歌音律和晋宋以来诗歌中的对偶形式互相结合，就形成了“永明体”的新体诗。这是中国格律诗产生的开端。

7. 南北朝的骈体文和散文

(1) 骈体文的兴起

这时期的帝王贵族都沉湎在奢华享乐之中，他们在文学上追求华丽纤巧的形式以此来掩饰内心的空虚贫乏，由此骈体文的形式技巧便得以兴起。骈文不仅讲求对偶，而且进一步把对偶句分为言对、事对、正对、反对等；句的字数也渐趋向骈四俪六。在声律上，骈文也要求平仄配合以及用典、比喻等技巧。

骈文以华丽的形式美见长，以浮艳代替淳朴实在，但也有少数作家的骈文比较有成就，如：鲍照《芜成赋》，江淹《恨赋》、《别赋》，陶弘景《答谢中士书》，吴均《与宋元思书》，庾信《哀江南赋》。

（2）散文成就

这一时期，散文创作有了新的发展，在史传、地理等领域出现一批叙事、写景、抒情都比较质朴的作品，不过由于骈文的影响，它们在风格上与魏晋以前的散文已经有所不同。这时期的代表著作有：范晔《后汉书》，郦道元《水经注》，杨衒之《洛阳伽蓝记》，颜之推《颜氏家训》。

8. 魏晋南北朝小说

“小说”一词最早出于《庄子》，指浅薄琐碎的言论。至汉代，凡来自街谈巷语道听途说的丛杂著作，都算做小说。其中演述故事一类的体裁渐为突出，成为小说的代表。这类小说发展到魏晋南北朝时期开始繁盛。这时写作小说几乎成为一种风气，不仅作品数量多，而且内容丰富。大体可分为志怪小说和轶事小说两类。

（1）志怪小说

志怪小说大量产生与这时期宗教迷信的盛行密切相关。广大民众面对苦难，常常把强烈的反抗意志和对理想的追求，通过大胆幻想，借助鬼神故事曲折地表现出来。现存完整和不完整的志怪小说有 30 余种，如：王嘉《拾遗记》，干宝《搜神记》，刘义庆《幽明录》。

这些志怪小说除了有一些宣扬鬼神灵异之外，也有些来自民间故事，反映了人民与统治者斗争的英勇气概、勇于助人的精神、争取爱情的决心等。著名的有《干将莫邪》、《李寄斩蛇》、《白水素女》等。

《搜神记》和《列异传》都收有《宋定伯捉鬼》，是宣传不怕鬼的故事。

在志怪小说基础上，发展出唐代传奇。在中国小说史上，说狐道鬼这一流派的形成就肇始于这时的志怪小说。以后，宋朝洪迈的《夷坚志》、明朝瞿佑的《剪灯新话》、清朝蒲松龄的《聊斋志异》、纪晓岚的《阅微草堂笔记》等都是一脉相承的。志怪小说还给后世的戏曲、小说提供了丰富的素材。

（2）轶事小说

魏晋南北朝时期也盛行记录人物轶闻琐事的小说，称为轶事小说。这和当时社会品评人物的清淡风尚有密切关系。比较完整流传至今的是《世说新语》，它是魏晋轶事小说的集大成之作，是轶事小说的代表作品。

《世说新语》的编纂者刘义庆，是南朝刘宋王朝的宗室。南朝刘孝标为此书作注，引用了古书400余种，更加丰富了本书的内容。《世说新语》主要收集了汉末至东晋的士族阶层人物的遗闻轶事，全书按内容分类，分为德行、语言、政事、文学等，共36篇。

《世说新语》是记述轶闻隽语的笔记小说的先驱，也是后来小品文的典范，它对后世文学有深远的影响。它记述的许多故事或成为诗文中的典故，或成为戏剧家、小说家创作的素材。

9. 魏晋南北朝的文学批评

（1）曹丕的《典论·论文》

曹丕的《典论·论文》是中国第一篇专论文学批评的论文。其内容涉及文学的社会作用、文学体裁、作家与作品的关系，以及文学批评的态度等。它不是单凭好恶来评论文章，而是探讨文学的特点和规律，力图解决文学发展中的共性的问题，标志着中国的文学批评进入了一个新时期。

（2）陆机的《文赋》

西晋陆机的《文赋》是中国文学批评史上第二篇专门论文。他总结了前人的经验，并结合自己的创作体会，来探索作家的创作动机、创作过程与技巧；认为文辞应服从内容的需要；论述了诗、赋、论、奏、颂、碑、诔、铭、箴、说等十种文体的风格特征。

（3）南朝刘勰的《文心雕龙》

刘勰早年深受儒家影响，39岁（南齐时）创作文学批评著作《文心雕龙》。他以儒家思想分析文学的发展，提出如下论点：文学的发展变化取决于社会现实的变化，受社会环境影响；文学内容与形式的关系，质先于文，质文并重；反对“贵古贱今”、“崇己抑人”，要求批评家应有深广的学识修养。他全面总结了创作经验，提出较系统的创作理论，涉及构思、谋篇、体制、方法技巧等。但也有不足之处，如批评屈原作品中的神话运用和庄子的大胆想象；轻视乐府民歌；对陶渊明评价不足等。

（4）钟嵘的《诗品》

钟嵘在齐梁时代做过小官，梁武帝时撰成《诗品》。这是一部品评诗歌的文学批评著作，论诗的范围是五言诗。将自汉至梁五言诗作者 122 人，以其优劣分为上、中、下三品。善于概括诗人独特的艺术风格。他掌握的品评标准为：有无华美的辞采；是否风格典雅明朗。他反对用典和声律，推崇自然声调之美，不讲四声八病。以曹植的诗作为最高。

五、唐代文学

1. 唐诗兴盛的原因

经济的发展，国力的强盛，各种文化的交融，统治阶层组成的多元化，思想统治的相对宽松，以及最受重视的科举考试要考诗赋等多种因素，有力地促进了唐代文学的繁荣发展，结下硕果，而诗歌作为唐代文学的主流，更是大放异彩。总体上说，诗歌创作在唐代是一种普遍的社会化现象，这对唐诗特点的形成以及创作数量大幅增长具有根本性意义。

2. 唐诗兴盛的特征

（1）诗人队伍扩大

据清人《全唐诗》和今人《全唐诗补编》所录，即有诗人 3600 余人，55000 首诗。魏晋南北朝的诗人主要在宫廷和高级士族圈内，虽也有一些出身贫贱的诗人，但往往依附于前者。唐代则上至帝王、高官，下至普通士人，乃至和尚、妓女等，皆能热情作诗。真正有成就的杰出诗人，从初唐四杰、陈子昂到李白、杜甫、李贺、李商隐，大都出身并不显赫，本人政治地位也不高。

（2）唐诗所反映的社会生活层面大为扩展

唐诗作者来自社会各个阶层，他们有信心、有勇气干预社会，干涉政治。唐诗全面立体地记录刻画了唐代社会生活的各个层面。

（3）艺术风格和流派多样化

南北朝以来，文学单纯追求华丽，排斥其他风格，妨碍了文学的多样化发展。唐代则不拘泥于一种风格，对美的追求更为宽泛。唐诗可分成初、盛、中、晚四个阶段。每一阶段都自成一格。

（4）诗歌艺术形式完善

唐诗的“风骨”除了作品中的生气、感染力和语言的表现力外，更有一种与时代相适应的雄浑壮大之美。还有诗歌格律化的成熟。

3. 初唐四杰

当宫廷文士仍把诗歌当做点缀升平的风雅玩物时，诗坛上崛起了一批锐意变革的新诗人，他们就是所谓的初唐四杰卢照邻、骆宾王、王勃、杨炯。他们打破了诗坛的沉寂，揭开了唐诗变革的序幕。他们之中最著名的、传颂于后世的作品有：骆宾王《在狱咏蝉》，《为徐敬业讨武曌檄》。王勃《送杜少府之任蜀州》，《藤王阁序》。

4. 陈子昂

陈子昂高举诗歌革新大旗，企图以复古为旗号，实现诗歌内容的真正革新，扫除六朝以来华美空虚的形式主义，振兴一代诗风。他以鲜明的诗歌革新理论和创作实践，为唐诗发展端正了方向，开创了道路。《感遇诗》38 首是表现其革新精神的主要作品。《登幽州台歌》和《蓟丘览古赠卢居士藏用》也是他的杰出诗篇。

5. 盛唐诗派

继四杰和陈子昂扭转了齐梁诗风、掀起诗歌革新风气之后，盛唐诗坛出现了空前繁荣的局面，达到了唐诗的高峰。不但出现了以孟浩然、王维为代表的山水田园诗派和以高适、岑参为代表的边塞诗派，更出现了中国诗史上的双星——李白和杜甫。

（1）田园诗派

盛唐的安定繁荣为一些诗人提供了悠闲生活的可能，他们把南朝描写山水风景的题材，带入新的意境。统治阶层的矛盾争斗也促使一些知识分子滋生了隐逸思想，于是出现了一批山水田园诗人。代表人物主要是孟浩然和王维。

孟浩然的著名诗作有《春晓》、《过故人庄》等。

王维的名篇有《使至塞上》、《谓城曲》、《辋川集》绝句等。宋朝文人苏轼评价王维的诗是“诗中有画，画中有诗”。

（2）边塞诗派

边塞诗是在特定历史条件下取得成就的。唐初至唐玄宗时，唐王朝国力强大，在一系列反对异族侵略的战争中扩大了疆土，民族自信心空前提高，鼓舞诗人们体验、描写边塞生活，歌颂了边关的将士们壮怀激烈的气魄。由此出现一批边塞诗人和边塞名篇，著名的有：高适《燕歌行》，岑参《白雪歌送武判官归京》，王昌龄《出塞》，王之涣《登鹳雀楼》。

6. 诗仙李白

（1）李白的思想

李白思想复杂，纵观其一生创作和行事，儒、道、侠等不同思想对他都有深刻影响。当他想要建功立业时，儒家“兼济天下”的思想便占上风，他就幻想“济苍生”、“安社稷”。当政治上受打击时，他抑郁愤怒，想要纵情山水，访仙求道，庄子愤世嫉俗、遗世独立的思想便占上风。这时他就企图归于自然，蔑视一切。同时，他又仰慕古代侠士那种慷慨悲歌、豪迈放浪的气质，敢于蔑视封建秩序。在李白的思想中，本不相同的儒、道、侠却经常矛盾而又统一地交错在一起。

（2）李白诗歌的思想内容

李白的诗歌表现了对政治理想的热烈追求和对传统的封建秩序与道德的强烈反抗，如《梦游天姥吟留别》的“直挂云帆济沧海”、《行路难》的“安能摧眉折腰事权贵，使我不得开心颜”等诗句，以及《古风》（秦王扫六合）中对权贵的抨击，对政治急湍的黑暗腐败的揭露等。

热情歌颂爱国将士为祖国安定统一进行英勇战斗的精神，如《塞下曲》、《战城南》。少数诗篇描写了下层人民生活，对人民的痛苦给予同情，如《丁都户歌》、《子夜吴哥》等。

歌颂祖国雄伟、秀丽的山河，抒发爱国情怀，如《望庐山瀑布》、《早发白帝城》。

还有大量赠别诗，表达了李白对朋友的真挚情感，如《黄鹤楼送孟浩然之广陵》、《赠汪伦》等。

（3）李白诗歌的艺术成就

李白的诗歌饱含强烈的主观色彩，不论表现何种内容，作者都活跃在其中。如“仰天大笑出门去，我辈岂是蓬蒿人”（《南陵别儿童入京》），“大道如青天，我独不得出”（《行路难》）。

夸张大胆，想象奇妙，并善于运用神话故事，充满浪漫主义色彩，因此被称为诗仙，如“白发三千丈，缘愁似个长”（《秋浦歌》）、“飞流直下三千尺”（《望庐山瀑布》）。

形式无章法拘束，兴寄无端，瞬息万变，如《将进酒》、《行路难》等。

语言清新自然，如《静夜思》。

7. 诗圣杜甫

（1）杜甫诗歌的思想成就

杜甫的诗歌深刻地反映了那个剧变时代的重大政治事件和尖锐的社会矛盾，具有高度的人民性和强烈的政治性。杜甫用他的诗歌具体、形象地反映了唐代中叶社会的各个方面，因此被称为“诗史”或“史诗”。其成就及诗歌内容如下：

以深切的同情描写人民的疾苦，达到前人及所处时代从未有过的深度和广度，如“三吏”（《石壕吏》、《新安吏》、《潼关吏》）、“三别”（《新婚别》、《垂老别》、《无家别》）、《茅屋为秋风所破歌》等；忧国忧民的爱国情怀，如《春望》、《闻官军收河南河北》；对统治者祸国殃民罪行痛加诛伐，如《兵车行》、《丽人行》；描写大自然景物，如《春夜喜雨》。

（2）杜甫诗歌的艺术成就

杜甫的诗歌思想性和艺术性高度统一，主要表现在：

借助于典型事件对现实生活作出高度的艺术概括，如《兵车行》、《石壕吏》；

善于将主观情感和评价融化在对客观事物的叙述、描写之中，让故事本身感染读者，避免自发议论，如《茅屋为秋风所破歌》；

善于对事物作细致精确的描绘，如《羌村》；

善于寄情于景，融景于情，极大地开拓了抒情诗的诗意形象，诗中的山川、花鸟莫不统一在忧国忧民的感情之中，如《春望》。

杜诗的语言功力深厚，他把古体诗的句式、音调锤炼进律诗之中，如“星垂平野阔，月涌大江流”之“垂”和“涌”，正如他自己所说：“语不惊人死不休。”

杜诗风格多种多样，总体风格如他自己所说：“沉郁顿挫。”沉郁是指内容博大精深，语言高度凝练；顿挫是指诗有波澜起伏，曲折变化，音韵抑扬，讲求句法。如《旅夜书怀》“细草微风岸，危樯独夜舟”，两句无一个动词，却鲜明有力。

8. 白居易和新乐府运动

新乐府运动是由中唐诗人白居易、元稹等人所倡导的一次诗歌革新运动。所谓新乐府，是和古题乐府相对而言的一种写时事新题的乐府形式的诗。白居易强调诗歌的社会教育作用，他在自己的创作实践中，把鲜明的政治态度与纯熟的艺术手法很好地结合起来，给人以启迪，也为唐诗注入了新的活力。

白居易诗歌的特征是题材广泛。他的诗歌可分为四类，即讽喻诗、闲适诗、感伤诗、杂律诗。以讽喻诗的价值最大，代表作有《新乐府》50首、《秦中吟》10首等。其中有反映下层百姓悲惨命运的，如《新丰折臂翁》、《卖炭翁》等；有揭露统治者罪恶的，如《买花》、《轻肥》等。他的感伤诗《琵琶行》、《长恨歌》也是流传后世的名作。

9. 中唐诗人

唐诗到中唐时期又有了新发展，出现了多种多样的艺术风格和诗派，诗坛一时呈现出繁荣景象。除了提倡新乐府的白居易等诗人外，还有韩愈、孟郊、贾岛、柳宗元、刘禹锡、李贺等。韩愈发起古文运动，反对骈俪文风，因此在诗歌方面也多古诗而少近体诗，即使是近体诗，也仍有意境深切的佳作，如《左迁至蓝关示侄孙湘》等。他的绝句也有似杜甫的写景风格，如《早春呈水部张十八助教》。

孟郊，字东野，一生基本贫困窘迫，46岁才中进士，一直做小官。他的诗歌中不少是对朱门权贵骄奢生活的揭露讽刺和对劳动妇女的深切同情，以《游子吟》最为著名。

贾岛，字阆仙，注重对诗句的斟酌，“推敲”一词便出于他的创作故事。传说他在京城骑驴苦吟，对于“鸟宿池边树，僧推月下门”中的“推”字，是否用“敲”字更好，只顾琢磨，不觉冲撞了韩愈的仪仗队伍。他和孟郊的诗作都以“苦吟”著称，后世有“郊寒岛瘦”之说。

柳宗元，字子厚，不仅是唐代的散文大家，而且也有许多优秀的诗篇。他的著名诗篇大都是抒发贬官期间悲愤抑郁的情思，如《登柳州城楼寄漳汀封连四州》等。还有《田家》三首，描写了农民的苦难生活。他的山水诗往往意境深远，颇具艺术功力，《江雪》即为后世传颂的名作。

刘禹锡，字梦得，因参与永贞革新而遭贬官。他的诗作大多是抒发自己政治上的坎坷，讽刺当朝权贵的腐败。受乐府诗的影响，他也运用了《竹枝词》那样的民歌形式，来描述人民的劳动、爱情生活。他的《酬乐天扬州初逢席上见赠》诗中的“沉舟侧畔千帆过，病树前头万木春”，成为传世名句。

李贺，字长吉。他的诗歌富于奇特的想象，色彩浓重，在形象、意境、比喻、言语上都表现出一种大胆的创新精神。保守势力阻挠他应考进士科，令他深感怀才不遇、愤懑不平，27岁即去世，人称“诗鬼”。歌颂将士保卫边塞的英勇气概的《雁门太守行》是他的代表作。

10. 晚唐诗人

晚唐时期，政治动荡，国力衰弱，诗人们多表现出感伤忧愤的情绪，艺术手法上逐渐追求纤巧华艳的风格。但杜牧、李商隐等人的诗歌仍然为晚唐诗坛带来光彩。

杜牧，字牧之，政治上受排挤，不得施展抱负。因此在他的诗文中常常表现出忧国忧民的情感。他的咏史诗也都是借古讽今，发表议论。《江南春》、《泊秦淮》、《山行》等诗都被后人传诵。又有《阿房宫赋》也是名篇。

李商隐，字义山。政治上的不得志，使他在诗歌中表现出无限的感伤，如《登乐游原》，诗中的“夕阳无限好，只是近黄昏”，已成名句。他的爱情诗对后世也有很大影响，《无题》是其代表作，其中“春蚕到死丝方尽，蜡炬成灰泪始干”也是千古名句。

11. 古文运动

古文运动从开始提倡到取得胜利，经历了由贞元到元和的二三十年时间。在学术思想方面，韩愈提出儒家的“道统论”，立志把孔孟的仁义之道去伪存真，继续发扬下去。柳宗元提出“天人不相预”说，对两汉以来将儒学神学化的今文经学、谶纬神学等给予批判和清算。表现在文学上，韩愈首先提出“文以载道”的口号，就是强调文章要有思想性，要宣扬孔孟之道。反对六朝以来追求骈辞俪句的骈体文，提倡古代朴实、有内容的文风。柳宗元通过自己的文章宣传了唯物论思想和政治改革的主张。在他们的影响下，古文创作一时成为文坛的主要风尚。古文运动并非复古，而是推动了文风的进步。在这方面，韩愈和柳宗元通过他们的创作实践作出了表率，被后世誉为唐代的散文大家。

韩愈的代表作有《原毁》、《师说》、《进学解》、《柳子厚墓志铭》等。

柳宗元的代表作有《封建论》、《三戒》、《捕蛇者说》及“永州八记”等。

12. 唐传奇

唐传奇是指唐代文人创作的文言小说。后世则称之为唐人小说。汉代以来，小说往往被文人所鄙视。至唐代，一些著名的文学家、史学家也创作了高水平的小说，使小说的社会地位不断提高。由于唐朝城市经济得到发展，使得传奇小说从单纯述说鬼神，扩展为反映丰富的社会生活。古文运动对文体的解放、新乐府现实主义精神的影响、科举考试中的“行卷”（考前向社会名流投递平时的创作）的需要等等，都推动了小说在原来六朝志怪小说基础上得到提高和发展，形成唐人传奇。著名的作家和作品有：沈既济《枕中记》，李朝威《柳毅传》，白行简《李娃传》，元稹《莺莺传》。

六、宋代文学

1. 欧阳修与诗文革新

北宋中期，欧阳修继承了唐朝韩愈提倡古文的指导思想，对宋初以来文坛流行的浮华文风给予抨击，掀起一场诗文革新运动。他利用自己在科举考试中担任主考官的有利机会，大力选拔那些平实朴素、言之有物的好文章，而对“一切险怪奇涩之文”大加排斥，引领文风为之一变。由此产生王安石、苏轼等一批文学名士，后世遂有唐宋八大家之称誉。他们是唐朝的韩愈、柳宗元，宋朝的欧阳修、王安石、曾巩、苏洵、苏轼、苏辙。宋朝六家的著名篇章有：欧阳修《醉翁亭记》、《秋声赋》；王安石《答司马谏议书》、《游褒禅山记》；苏轼前后《赤壁赋》、《石钟山记》。

此外，范仲淹的《岳阳楼记》也传诵于后世。

宋诗受到唐朝杜甫、白居易现实主义的影响，并且在欧阳修诗文革新运动的指引下，许多诗人注重“叙人情，状物态”，反对那种无病呻吟的浮艳作风；在宋代理学的浸染下，宋诗又表现出哲理化、散文化的特征。宋朝文人总是用诗来一本正经地表达自己对人情物理的深刻认识，若要抒发内心的奔放、悲伤、爱慕等情感时，便只好借助于词了。

2. 宋词

(1) 宋词概况

词是诗的别体，每句的字数不完全一样，有长有短，因此又称长短句。词有词牌，例如：《西江月》、《破阵子》等。每个词牌决定了每首词具有的固定的句数、字数和固定的平仄用韵以及可供演唱的音乐。词大部分都分为片（段），也叫“阕”，是音乐唱完一遍的意思。词根据乐调长短，分为小令、中调、长调（慢词）。词形成于唐，成熟繁盛于宋，是诗的演进与发展。

唐朝后期，文人作词渐多，温庭筠是其中的代表。他的词不仅数量多，而且对后世影响也大。五代后蜀有人将温庭筠、韦庄等 18 家的词编为《花间集》，因此后世称他们为花间词人。他们的词作过于追求华丽词藻，内容也多是描述妇女的体态、服饰，显得狭隘空泛。

五代十国时期，著名的词人有冯延巳、李璟、李煜。其中以李煜的词成就最高，艺术影响较大。代表作有《虞美人》、《浪淘沙》等。

词自晚唐五代兴起之后，题材基本上限制在男欢女爱、羁旅闲愁之类的狭小圈子里，风格以婉丽轻柔为特色。在北宋词坛上，晏殊、秦观等都属于这一派，被叫做“婉约派”词人。宋词至柳永为之一变。他失意宦途，流连坊曲，善于学习民间语言和音乐，对长调颇多创制，并把词的题材扩大到描写市民生活和文人的怀才不遇，在艺术表现手法上也有创新。至苏轼，词风又为之一变。苏轼是词体文学的革新家，他将词变成一种能表现丰富生活内容和复杂思想感情、并不再依附于音乐的新诗体。他还创造了多种艺术风格，开辟了豪放诗派。

两宋词坛上，比较重要的词人还有：周邦彦、李清照、姜夔等。

(2) 柳永

柳永，又名三变，科举多次失意，成为北宋第一个毕生致力于词作的专业词人。著名的词有：《八声甘州》、《雨霖铃》、《望海潮》。

(3) 苏轼

苏轼的词比他的诗和散文有更大的独创性。他把诗文革新运动的精神扩展到词中，进一步扩大了词的题材，提高了词的意境，改造和丰富了词的语言和艺术表现手段。他还开创了豪放词派，如《江城子·密州出猎》。代表作还有：《水调歌头》、《念奴娇·赤壁怀古》等。

苏轼的影响是深远的，其后有苏门四学士：黄庭坚、秦观、张耒、晁补之。

(4) 周邦彦

周邦彦精通音律，受到宋徽宗赏识，做了大晟府（朝廷管理音乐的机构）的提举官，成为宋代有影响的“大晟词人”一派的领袖。他的词多为男女恋情、离愁别恨等。其词以精工浑成、谐和音律著称。

周邦彦能自度曲，创制了许多词的新调，也整理了一些当时尚未定型的古调，为词学作出了贡献。南宋姜夔是他的继承者，成为南宋词坛上格律派的代表。

(5) 辛弃疾

辛弃疾是南宋著名词人。辛弃疾的词与陆游的诗交相辉映，标志着南宋文学的爱国主义精神在诗、词领域达到的新的高度。辛词的艺术特征和思想成就主要表现在：

① 豪壮而悲凉、雄奇而沉郁。辛弃疾有远大抱负和出众的才能，一生反对妥协投降，因而在统治集团中屡受打击，处境孤危，心情复杂矛盾，使其词作形成了独特的风格，如《破阵子》。

② 题材广泛，内容丰富多彩，最突出的是那些爱国篇章，充满渴望收复失地的情

怀。其中，有表达作者渴望收复祖国河山的豪情壮志，如《菩萨蛮·书江西造口壁》；有对壮志未酬的忧愤，如《水龙吟·登建康赏心亭》；有对南宋统治者偏安享乐的讽刺和揭露，如《摸鱼儿》；也有写民间生活情趣的词，语句清新，如《清平乐·村居》。

（6）李清照

李清照多才多艺，成就最高的是词。她撰写的《词论》是宋代第一篇系统地论词著作，也是中国第一篇由妇女写成的文学批评文章。《词论》评论了从柳永、苏轼到秦观、黄庭坚等一系列作家，在词论史上占有重要地位。

她的词可分为两个阶段：前期表现少女、少妇对爱情的追求和对生活的热爱，词风开朗活泼、婉丽明快，如《醉花阴》“薄雾浓云愁永昼”；后期她饱经逃亡流离之苦，因而词风愁惨哀婉、深沉曲折，代表作《声声慢》。李清照的词集是《漱玉词》。

3. 南宋诗人陆游

陆游政治上坚决主张抗金，收复中原，其诗洋溢着爱国情怀，一生诗作传世近万首，大多风格雄浑豪放，表现出渴望恢复国家统一的强烈感情，也有反映日常生活的作品。

陆游的创作是多方面的，除了诗，还有词、散文等都有成就。著有《剑南诗稿》、《渭南文集》、《老学庵笔记》等。著名诗词作品有：《金错刀行》、《书愤》、《示儿》、《诉衷情》、《钗头凤》等。

4. 宋代文学批评

宋代文人好发议论，喜欢探讨诗文之哲理，或评价历代文学之高低，并注重总结前人创作经验，因而促使文学批评得到发展。他们往往依照禅宗的思维、运用禅宗的语言来评论诗歌，成为一时风尚，即所谓“以禅入诗”。北宋欧阳修的《六一诗话》、张戒的《岁寒堂诗话》等都属于文学批评的著作，南宋则有朱熹的《朱子语类》、严羽的《沧浪诗话》，它们对于当时以及后世的文学发展都产生了一定的影响。

欧阳修的《六一诗话》是他晚年的随笔漫谈，主要是对宋人作品给予评说，也有一部分涉及对唐诗的评价，从中阐发了自己的创作思想。他首先主张作品应该言之有物，有真实可信的内容；其次强调对于语言要雕琢锤炼，反对流于浅俗，即所谓“意新语工”之说。

严羽为南宋隐士，他的著作以《沧浪诗话》最为著名。这是一部全面、系统论述诗歌创作的理论著作。他推崇《楚辞》和盛唐诗歌，针对苏轼、黄庭坚等人，批评当时“以文字为诗，以才学为诗，以议论为诗”的风气。他主张以禅宗思想评论诗歌，不免使诗歌评论与社会现实相脱节。《沧浪诗话》对后世的诗歌创作有较大影响。

七、元代戏曲

1. 概况

元曲代表了元代文学的最高成就，它包括两部分：杂剧和散曲。杂剧的出现标志着中国戏剧的成熟。元杂剧是以曲词为主的综合艺术，是在北宋杂剧和金院本的基础上发展而来的。元杂剧的作家和作品很多。元人钟嗣成有《录鬼簿》，记载杂剧作家达 152 人之多，作品 450 多本。元杂剧的发展分为两个阶段：前期的创作以元大都为中心，主要作家有关汉卿、王实甫、白朴等；之后创作由北南移，以杭州为中心，以郑光祖、乔吉、宫天挺等为代表。后期逐渐走向衰落。

散曲分为小令和套数。代表作家有关汉卿、马致远、张可久等。

南戏在元末成熟并兴盛起来。

2. 关汉卿

关汉卿是元杂剧的奠基人。他长期生活在城市娱乐场中，不但作曲编剧，而且参加导演和演出，是元初剧坛的领袖人物。剧作有《窦娥冤》、《救风尘》、《蝴蝶梦》等。还有小令套曲等。

关汉卿的杂剧塑造了许多个性鲜明的人物形象，特别是刻画了许多妇女的不同形象。他的杂剧结构十分精巧，详略安排、曲折变化、铺垫衬托等都富于创造性。在语言方面，一方面大胆吸收民间口语，一方面又吸收了古代诗文语言，有俗有雅，生动活泼。

3. 王实甫

王实甫也是落魄文人，混迹于勾栏瓦舍之间。他的代表作是《西厢记》。

《西厢记》故事最早来源于唐代元稹的传奇小说《莺莺传》。但《莺莺传》中的张生是个玩弄女性的负心人，作品却称赞他善于补过；而莺莺也缺乏反抗个性，最后又嫁给了别人。此后，崔莺莺和张生的故事逐渐在民间流传。宋代文人赵令畤写了《蝶恋花》“中国鼓子词”，用 12 首词穿插演述《莺莺传》原文，来说唱崔张故事。他虽然删去了“女人误国”的议论，但基本倾向仍与《莺莺传》一样。宋代官本杂剧《莺莺六幺》、金院本《红娘子》、南戏《张珙西厢记》等也写崔、张故事，但剧本今已不存。金代董解元的《西厢记诸宫调》对崔、张故事作了根本改造，它歌颂了张生和崔莺莺追求婚姻自由的精神，并给予了大团圆的结局。剧中，张生被写成笃于爱情的人物，崔莺莺也敢于反抗封建礼教；其中热心助人、不惜自我牺牲的红娘形象也使作品大为增色。从此，这一传统题材以新的面貌出现在戏曲舞台上。

《西厢记》打破了元杂剧1本4折的体制，写了5本21折，它的宏大篇幅有助于表现纵横交错、曲折跌宕的剧情。《西厢记》的语言流利生动、自然华美，善于运用具有浓郁生活气息的口语，通俗自然。

4. 其他作家

（1）白朴

代表作《梧桐雨》，取材于白居易的《长恨歌》，写唐明皇与杨贵妃的爱情故事。又有《墙头马上》，写李千金与裴少俊的爱情故事。

《墙头马上》与关汉卿的《拜月亭》、王实甫的《西厢记》、郑光祖的《倩女离魂》并称为元杂剧的“四大爱情剧”。

（2）马致远

代表作《汉宫秋》，写西汉昭君出塞的故事。

5. 元代散曲

散曲是金、元时期在北方兴起的一种新诗体，它包括小令和套数。

前期代表作家有关汉卿、马致远和张养浩。如关汉卿[南吕·一枝花]《不伏老》；马致远[越调·天净沙]《秋思》。

后期代表作家有张可久、乔吉、睢景臣。睢景臣代表作[般涉调·哨遍]《高祖还乡》。

6. 南戏

南戏是南曲戏文的简称，与北曲杂剧相对。最初指两宋之交，流行于浙江沿海温州等地的民间戏曲，又称为“温州杂剧”、“永州杂剧”。以后形成明清的戏剧，即所谓明清传奇。元代著名南戏有：高明的《琵琶记》和荆、刘、拜、杀（《荆钗记》、《刘知远白兔记》、《拜月亭记》、《杀狗记》）四大传奇。

八、明清小说

1. 概况

明代的通俗文学呈现出繁荣发展的局面。小说，首先是长篇小说，出现了《三国演义》、《水浒传》、《西游记》、《金瓶梅》等著名作品。其次是短篇小说，出现了“三言”和“二拍”。明代中叶开始，随着城市经济的发达，市井文学和各种通俗文艺得到繁荣。长篇小说的创作也进入了一个兴盛阶段。这些长篇小说可以分为四类：

（1）历史演义小说

有《西汉通俗演义》等，以《新列国志》为代表。

（2）英雄传奇小说

有《隋史遗文》等，以《北宋志传》为代表。

（3）神魔小说

受三教同源思想的影响以及《西游记》的榜样作用，许多文人创作以神魔为中心的小说，如《四游记》等。其中以《封神演义》为代表。

（4）世情小说

以现实生活为题材，描写世态人情，如《金瓶梅》。

2. 《三国演义》

《三国演义》是中国文学史上的第一部章回小说，它是民间作者和文人作家相结合的创作结果，其成书经历了漫长的演变过程。这部小说主要依据晋陈寿的《三国志》和刘宋裴松之的注。《三国志》问世后，有许多故事在民间流传。到了宋代，就有专门讲述三国故事的艺人，而且表现出鲜明的“尊刘贬曹”的倾向。到元代，三国故事被大量搬上戏剧舞台。元朝至治年间，刊印有《全相三国志平话》，有 8 万字，成为《三国演义》的创作基础。

后来元末明初，罗贯中在民间传说和刊行的平话与戏曲基础上，遵从“尊刘贬曹”的正统思想，结合自己的生活经验、思想感情，最终写成巨著《三国演义》。其语言采用半文言形式，“文不甚深，言不甚俗”，收到雅俗共赏的效果。

3.《水浒传》

《水浒传》是在长期群众创作基础上，经过文人加工创作的描写农民起义的长篇小说。

北宋末年，宋江等36人在梁山泊的起义是《水浒传》创作的历史依据。这一历史在《宋史》中有零星记载，之后在民间有故事流传，并被不断修饰加工。到南宋时，这些故事已成为“说话”的重要内容。南宋罗烨《醉翁谈录》中已记有“说话”目录：“公案类石头孙立”、“扑刀类青面兽”、“杆棒类花和尚、武行者”等。南宋末年，周密在《癸辛杂识》中记载，当时画家龚开的《宋江三十六人赞》，初次完整记录了36人的姓名和绰号，而且大体与后来的《水浒传》相符。可见，当时民间流传的水浒故事，已引起文人的注意。

宋末元初的《大宋宣和遗事》中有关水浒的部分，可视为比较系统地讲说水浒故事的最早话本。其中杨志卖刀、智取生辰纲、宋江杀阎婆惜、受招安、平方腊等情节，已经粗具后来《水浒传》的轮廓了。到元代，大量水浒戏出现，又是其成书的重要一环。在这些戏里，水浒故事的情节有了进一步发展。不但对李逵、武松等英雄有了专门生动的描写，而且水浒英雄也由三十六人发展到一百单八将。

最后，元末明初的施耐庵、罗贯中在这些民间传说、话本、戏剧的基础上，进行了创造性劳动，才完成了这部长篇巨著。

现在流行的《水浒传》版本有三种：（1）七十一回本。这是经明末清初金圣叹的删改整理而成的，没有七十一回以后受招安和征方腊等情节，文字洗练统一，是流行最广的本子。（2）百回本。这是一个比较接近《水浒传》原本面貌的本子。（3）一百二十回《水浒全传》本。在征辽和征方腊之间加入了征田虎、王庆的故事。

《水浒传》是中国文学史上第一次大规模地、直接描写轰轰烈烈农民起义的长篇小说，它深刻揭示了“官逼民反”是农民起义的根本原因。其艺术特色是：（1）善于在真实的历史环境中，紧扣人物身份刻画人物性格；（2）把相对独立的人物事迹、前后勾连在一起，从多方面展示起义军斗争的广阔画面。

4.《西游记》

《西游记》是古典小说中以神话为题材的长篇小说，也是一部群众创作与文人创作相结合的作品。玄奘去印度取经在历史上确有其事。他于627年（唐太宗贞观元年）出发，历经17年，取回佛经657部，震惊中外。玄奘回来后，写了《大唐西域记》，他的弟子写了《大唐慈恩寺三藏法师传》，都介绍了西方各国宗教、风土人情、地理国别等等。从此，唐僧取经的故事逐渐在社会上流传下来，并不断丰富、加工，越来越具有神奇色彩。到两宋时已成为“说话”艺人的重要题材。南宋时出现的《大唐三藏取经诗话》已大体具备了取经故事的轮廓。书中的猴行者已代替唐僧成为主角。

到金、元时期，出现《西游记平话》，其部分内容与今本《西游记》基本相同。广东出土的宋、元时代磁州窑唐僧取经瓷枕上，已有师徒四人的形象，并且孙悟空位置居中。与此同时，唐僧取经故事被大量搬上舞台，如元代吴昌龄的《唐三藏西天取经》杂剧等，也是有助于小说《西游记》成书的重要一环。在此基础上，明代吴承恩以他丰富的想象力，经过取舍、加工和艺术创造，终于完成了这一名著。

5.《金瓶梅》

《金瓶梅》是中国第一部以家庭日常生活为素材的长篇小说，也是中国第一部文人独创的长篇小说。书名由书中三个主要女性潘金莲、李瓶儿、春梅的名字合成。小说以前所未有的写实笔墨描绘晚明时代活生生的社会状态以及人性的复杂表现。《金瓶梅》受后人批判最多的是书中对性行为的赤裸裸的描写。

6. 明代拟话本

拟话本是明代文人模仿宋元话本创作的白话短篇小说。话本原是“说话”人的底本，是供讲唱的口头文学的记录。拟话本则是纯粹的创作小说，是供人阅读的案头文学。明代最著名的拟话本是“三言”。这是冯梦龙在广泛收集宋元话本和明拟话本的基础上，经过加工编撰而成的。它们是《警世通言》、《喻世明言》、《醒世恒言》三部白话短篇小说集。又有凌濛初的《初刻拍案惊奇》、《二刻拍案惊奇》，合称“二拍”。

这些拟话本的题材主要包括：

① 描写了市民生活和他们的思想感情。

② 描写了爱情婚姻，如妇女追求幸福、反抗封建礼教等。

③ 揭露封建统治者的罪恶和社会的腐朽黑暗。

7.《聊斋志异》

《聊斋志异》是清代蒲松龄写的文言短篇小说集。书中所写大多是花妖狐魅，然而这些故事却植根于现实，曲折地反映了蒲松龄所生活的时代的社会矛盾和人民的愿望，熔铸了作者对生活的独特感受和认识。作者既有现实主义描写，更富于浪漫主义的想象。

8.《儒林外史》

《儒林外史》是清代吴敬梓所创作的长篇小说。它以批判科举制度为中心，描写了形形色色的儒林人物。作者对那些热衷功名富贵的封建知识分子施以辛辣的讽刺和嘲笑，而对鄙弃功名富贵的高洁之士则予以热情歌颂。《儒林外史》是一部讽刺小说，其艺术成就主要表现在讽刺方面。

9.《红楼梦》

《红楼梦》又名《石头记》，是清代曹雪芹创作的长篇小说。它是中国古典小说发展的高峰和总结，是在思想上和艺术上都取得高度成就的伟大作品。曹雪芹在书中成功地塑造了众多的人物形象。书中的主线写的是宝、黛、钗的爱情，背后却反映了封建制度走向衰败的必然结局。小说语言达到了炉火纯青的地步。它以北京话为基础，又进行了加工和提炼，于平淡中见神奇，让读者得到一种艺术上的享受和满足。

九、明清戏曲

1. 明代戏曲概况

明代后期，江南地区的戏曲得到繁荣发展，戏曲演出几乎成为士大夫及富豪们宴乐中必不可少的内容，有的还在家中蓄养专门的私家戏班，这些都推动了戏曲表演艺术的提高和戏曲作家的创作动力。这时期的剧作大多以婚姻爱情故事为主，描写了青年男女对忠贞自由的爱情的强烈愿望，在一定程度上突破了封建礼教的束缚。如汤显祖的“临川四梦”、高濂的《玉簪记》等。有一些剧作家如吴炳、阮大铖，十分注重剧本情节的曲折，结构的严禁，以及音律方面的和谐精致。

由于戏曲创作、演出的繁荣兴盛，促使文人在戏曲整理、出版方面做出努力，并取得显著成绩。如臧懋循的《元曲选》、毛晋的《六十种曲》等。

2. 明代戏曲作家汤显祖

汤显祖是明代后期戏曲作家，以创作戏曲传奇“临川四梦”而著称。“四梦”是指《牡丹亭》、《紫钗记》、《南柯记》、《邯郸记》四种。这些作品对封建礼教和社会的黑暗进行了揭露、抨击，热情歌颂了青年男女敢于冲破礼教束缚、追求婚姻自由的大胆精神。《牡丹亭》是汤显祖的代表作，通过杜丽娘和柳梦梅生死离合的爱情故事，表现出作者敢于蔑视封建礼教、歌颂自由爱情的个性解放精神。《牡丹亭》是一部浪漫主义杰作，在中国戏曲史上占有重要地位。

3. 清代戏曲概况

明代的传奇戏曲延续到清初继续发展。当时以李玉为代表的一些作家注重对重大题材的描写，并有舞台演出效果，体现出现实主义的创作思想，被称为苏州派。其中影响最大的作品有李玉的《清忠谱》、朱素臣的《双熊梦》、朱佐朝的《渔家乐》等。除苏州派外，吴伟业、尤侗等人创作了一些所谓案头之作，主要是以此寄托情怀，因此词曲典雅，宾白艰深，不适于广大群众观赏。

清代中期，方成培在前人创作的基础上改编了《雷峰塔》传奇，受到群众喜爱。清代传奇成就最高的是《长生殿》和《桃花扇》。

从戏曲表演方面看，清代乾隆以前，昆曲占据着戏剧舞台的主流地位，这就是人们所说的“雅部”。乾隆时期开始，由于传奇日益脱离舞台、脱离群众的生活，雅部开始衰落，于是逐渐被称为“花部”或“乱弹”的地方戏所取代。所谓花部主要是指弋阳腔、梆子腔、秦腔、二簧调等，它们在清代中叶以后，成了戏剧舞台的主角。“花部”戏剧有的是由“雅部”的剧目改编发展而来，如《张公扫墓》便是取自高明《琵琶记》中的一出。由于剧中突出了对蔡伯喈忘恩负义的批判，受到了观众的喜爱。花部更多的是根据民间传说或现实生活为题材编写而成的，在一定程度上反映了人民的愿望和社会现实。

这样，中国的戏剧便出现了“南昆、北弋、东柳、西梆”四大主流戏曲形式，所谓“南昆”是指以苏州一带为代表的昆山腔，“北弋”是指河北一带的弋阳腔，“东柳”是山东的柳子腔，“西梆”是指山西、陕西一带的梆子腔。四大声腔的兴盛，给全国戏剧的发展带来了新的繁荣。在此基础上，道光以后，京剧应运而生。

4. 清代戏曲作家

（1）李玉

明末清初著名的戏剧作家，今存其剧作十余种。他的代表剧作是《一捧雪》和《清忠谱》。他站在封建道德的立场上歌颂了忠臣、义仆，对明朝后期权臣霸道、阉党弄权给予了揭露和抨击。

（2）李渔

字笠翁。他的剧作有十余种，大部分收入《笠翁十种曲》中，其中的《风筝误》、《比目鱼》等都很受欢迎。他的剧作往往不落俗套，以新奇的情节、巧妙的结构而独具特色。虽然有时不免情趣低俗，但富有生活气息，容易获得良好的演出效果。他的戏曲理论体现在剧作中，也是他对演出经验的总结，收录在他的《闲情偶寄》中。

（3）洪昇

清初曾做监生，花费十余年精力于1688年（清圣祖康熙二十七年）撰成传奇剧本《长生殿》。全剧颂扬了唐明皇与杨贵妃之间专一的爱情，同时又对他们骄奢淫逸的享乐生活给社会带来的政治昏暗与战乱给予了揭露和批评，寄托了作者深切的爱国情怀。剧本在艺术上表现出浓厚的抒情色彩，既采取了现实主义的描写，又以浪漫主义的幻想作为结局，有较强的戏剧效果。《长生殿》是清代一部具有代表性的戏剧。

(4) 孔尚任

清康熙时曾任国子监博士，后因文字祸而罢官。他以毕生精力贯注于《桃花扇》剧本的创作，取得了巨大成就。全剧以侯方域和李香君的爱情故事为线索，揭示了明朝末年统治阶层的腐朽堕落是造成明朝灭亡的根本原因。作者肯定了侯方域反对阉党余孽的斗争，同时对他的动摇给予了批判。剧中的李香君、柳敬亭、苏昆生等下层人物表现出高尚的品德。作者以侯李二人的爱情悲剧作为结局，意义深刻，不落俗套。

5. 明清时期戏曲理论成就

明朝的戏曲理论在元杂剧的创作与演出实践基础上得到发展。明朝剧作家徐渭在《南词叙录》中提出，戏曲不能局限于文人的自我欣赏，而应该博得广大民众的欢迎。臧懋循的《元曲选后序》也强调那些名家文人一味追求词句的文采是不可取的，应该注重演出效果。李贽、冯梦龙在剧本的点评中，也发表了许多有益的评论。

清代的戏曲理论著作很多，在这方面以李渔的成就最为突出。他的戏曲理论主要收录在《闲情偶寄》中，对剧本的创作和舞台表演等做出全面论述。他反对把戏剧看成是低俗的东西，强调戏剧应该“与史传诗文”具有同等的文学地位。他认为戏剧的结构应该有利于主题思想的表达，选材要“奇”，但又该符合生活情理。他反对追求语言的“迂腐”、“艰深”、“隐晦”，认为应该浅显易懂，因为“戏文做与读书人与不读书人同看，故贵浅而不贵深”。此外在音律、科诨等方面，李渔也都提出了独到的见解。

清初，金圣叹对《西厢记》的评点也有一定影响。至乾隆时，著名学者焦循根据160多种关涉戏曲的书籍编撰成《剧说》，为研究古代戏曲提供了丰富的参考资料。他十分重视花部戏曲。他的《花部农谈》便是在柳荫豆棚下与农民谈论花部剧目的记录，是研究地方戏曲的重要资料。

6. 京剧的诞生

京剧是清朝乾隆时期开始，以江南的徽班为基础，逐步融汇了其他地方戏曲艺术，最终于光绪年间（一说道光时期）在北京形成的、在中国具有代表性的戏剧。在

1876 年（清德宗光绪二年）的《申报》上，开始有“京剧”之称。历史上也曾称它为皮黄、二黄、黄腔、京调、京戏、平剧、国剧等。

徽班以唱吹腔、高拨子、二黄为主，在流动各地的演出中与其他剧种频繁接触，在声腔上吸收了昆腔、啰啰腔和其他一些杂曲。1790 年（清高宗乾隆五十五年），为庆祝乾隆皇帝八十大寿，四大徽班进京，为其进一步发展创造了条件。当时北京舞台的昆腔、京腔、秦腔势力最大。徽班到京后，发扬其博采众长的传统，致力于同秦腔、京腔同台演出，吸收它们的剧目和表演方法，又不断融汇汉调、西皮、弋阳腔、乱弹等，逐渐演变成为京剧。京剧的基本特点是以西皮和二黄为主要腔调、以唱念做打为主要表演形式。在伴奏乐器方面，在咸丰、同治年间（1851~1874 年）废弃了二黄用笛的传统做法，而与西皮都使用胡琴（定弦不同）伴奏，但伴奏吹腔时仍然用笛。

还有一种说法，认为 19、20 世纪之交，以谭鑫培的高超表演艺术为标志，皮黄戏从音乐、表演，到唱念的字音、声韵等都形成了严格的规范程式，至此才算京剧的确立。而在此以前，即程长庚时代，仍属徽调范畴。这一观点不免偏颇，实际上京剧从产生到成熟必定有一个发展、完善的过程，它可以有若干发展阶段。

1867 年（清穆宗同治六年），京剧传到上海，受到广泛欢迎。本来上海已有昆班和徽班演出，京剧进入上海后，进一步同它们相融汇，促成了南方京剧特点的形成；也使上海成为与北京遥遥相望的另一个京剧中心。谭鑫培、梅兰芳等著名演员经常到上海演出，促进了北派、南派京剧的交流，推动了京剧艺术的发展。京剧的社会影响越来越大，很快蔓延开来，全国各大城市几乎都有京剧演出。

京剧艺术首次走出国门，是 1919 年（民国八年）梅兰芳率剧团赴日本演出。1924 年（民国十三年），他再次率剧团到日本演出。1930 年（民国十九年），梅兰芳又率剧组到美国访问演出，取得了很大成功。1934 年（民国二十三年），他应邀去欧洲以及苏联演出，受到欧洲和苏联戏剧界的高度赞扬。此后，世界各地把京剧看成是中国戏剧的代表。

2006 年 5 月 20 日，国务院批准将京剧列入第一批国家级非物质文化遗产名录。

第二节　中国现代文学（提要）

一、总述

1. 文学革命的兴起与发展

中国现代文学开始于五四运动时期，它以“五四”文学革命为开端揭开新的一页。清朝灭亡后，中国各阶级力量对比发生变化，在封建制度破灭的背景下，以《新青年》编者陈独秀为代表的一批接受西方新思潮影响的先进知识分子，起而呼号，致力于新思想的启蒙宣传，于是作为新文化运动重要组成部分的文学革命油然而生。

“文学革命”的正式提出的标志是1917年2月陈独秀发表的《文学革命论》一文。不过，在这之前在一些进步刊物上已有所酝酿。如《新青年》在创刊后不久，即针对国内文坛情况，发表《现代欧洲文艺史谭》等文，介绍西方近代文艺思潮从古典主义、理想主义（浪漫主义）到写实主义（现实主义）、自然主义的变迁过程。1916年8月，李大钊在《晨钟报》创刊时，也发出了掀起一个新文艺运动的呼声。1917年1月，胡适在《新青年》上发表《文学改良刍议》，他针对旧文学的形式主义、拟古主义毛病，提出改良文学应从“八事”入手，但多着重在形式上，没触及内容的革命。

1917年2月，陈独秀发表《文学革命论》，提出“三大主义”作为反封建文学的响亮口号：推倒雕琢阿谀的贵族文学，建设国民文学；推倒陈腐的古典文学，建设立诚的写实文学；推倒艰涩的山林文学，建设通俗的社会文学。陈独秀把文学革命当做开发文明、改良国民性的利器。

《新青年》文学革命主张得到了钱玄同、刘半农等人的响应。他们猛烈抨击旧文学、提倡白话文、采用新式标点符号。

文学革命在反对封建主义和旧文学方面有很大功绩。但是当时的倡导者们一般都否定古典文学，而对于建立怎样的新型文学，则缺乏明确的目标，他们的说法都太笼统。

1918年5月，鲁迅的小说《狂人日记》在《新青年》上发表，向几千年来吃人的封建制度发出空前的控诉和抨击。这是一篇应时代精神感召而诞生的彻底反封建的战斗檄文。从此文学革命突破了初期理论主张的局限，开始了内容上真正的大革新。

此外，诗歌如刘半农的《相隔一层纸》、小说叶绍钧的《这也是一个人?》（即《一生》）等不少作品，也都从现实人生取材，揭露阶级压迫，体现了新时期的思想特色。

到五四运动爆发以后，当时流行的“妇女解放”、“劳工神圣”等思想，成为新文学作品的重要内容。郭沫若在《学灯》上发表的《凤凰涅槃》等诗，以更强烈的叛逆精神和对新社会的向往，燃起了广大青年的热情。许多新文学作品充满了民主主义思想和朦胧的社会主义倾向，这是文学革命在新的历史时期里取得的突出成果。

伴随着文学内容的大革新，文学的语言也获得大解放。白话在这一时期逐步得到推广。《新青年》自1918年5月的第四卷第五号起，完全改用白话文。

在“诗体解放”的口号下，白话新诗明显地摆脱了旧体诗的束缚。

继《新青年》之后，新创刊的《每周评论》、《新潮》等刊物，也都刊载了各种形式的白话文学创作和翻译作品。1919年下半年，连《小说月报》、《东方杂志》等一些本来由旧派文人掌握的老牌刊物也不得不自次年逐渐改用白话文了。到1920年，北洋政府教育部终于承认白话文为国语，通令国民学校采用。有着2000余年历史的文言文，在短短几年内，即受到致命打击。

文学主张、观念在1918年以后也有新的变化。更多的人接受了文学“为人生”的主张，现实主义的文学理想取得优势。

与此同时，一部分具有初步共产主义思想的知识分子，则开始以唯物史观来考察文学，认识到作为上层建筑的文学是随着经济基础的变化而变化的。李大钊在《什么是新文学》一文中，批评了胡适所谓的“新文学就是白话文学”（傅斯年语），“文学革命只是要替中国创造一种国语的文学”（胡适语）。

这一时期外国文学被大量介绍到国内，这也是构成文学革命的一个重要内容。从1918年《新青年》出版易卜生专号、译载《娜拉》等作品起，对外国文学的译介步入一个新时代。当时鲁迅、刘半农、沈雁冰、郑振铎、瞿秋白、周作人、郭沫若、田汉等都是活跃的翻译者和介绍者。

一些先驱者把对俄国进步文学的研究和介绍放到最为突出的地位。他们从最初着眼西方到转而注视俄国和苏联，这是中国先进分子走十月革命道路的决心在文学领域的反映。

2. 新文学社团的涌现

1921年以后，新文学运动有了进一步发展，新文学社团如雨后春笋，文艺刊物纷纷涌现。高举文学革命旗帜的《新青年》以及继之而起的《新潮》、《少年中国》等都是综合性的团体和刊物。

1921 年 1 月，由郑振铎、沈雁冰、周作人、叶绍钧、王统照、许地山等 12 人发起的文学研究会，正式在北京成立，他们把《小说月报》作为会刊，以后又在上海、广州、宁波、郑州等地设立分会，并有刊物。

1921 年 7 月，在日本的郭沫若、成仿吾、郁达夫、田汉等组成创造社，先在上海出版丛书，次年又创办《创造》季刊、《创造季报》等。

此后几年，更多的文艺社团和刊物在全国涌现：

南国社　《南国半月刊》，田汉办。

语丝社　《语丝》周刊，鲁迅、孙伏园、钱玄同等办。

未名社　《莽原》周刊、《未明》半月刊，鲁迅、韦素园等办。

新月社　《新月》周刊、《诗刊》、《剧刊》，徐志摩、闻一多、梁实秋、胡适等办。

太阳社　《太阳月刊》、《时代文艺》，蒋光慈、钱杏邨等办。

文学研究会从“为人生”出发，其创作以对现实的细密描绘、深入剖析，显示出现实主义的特色。创作社侧重自我表现，较少客观描绘，带有浓重的主观抒情色彩，表现出浪漫主义特色。其他社团在文艺思想和创作上，或接近于文学研究会，或接近于创造社。这使现实主义和浪漫主义形成两股主潮。这也有利于文学战线上反封建复古派的斗争。

1922~1925 年，南京的《学衡》杂志和北京的《甲寅周刊》先后诋毁白话文，反对新思潮。他们遭到文学研究会和创造社成员的反击。尤其是鲁迅，他以锋芒锐利的杂文，给这两批复古派文人以致命的打击。

这个时期的文学创作也存在不健康的倾向，小资产阶级和资产阶级出身的文艺青年对社会实际生活了解较少，在黑暗重重的现实面前，一时找不到出路，他们感到孤独、空虚。反映在文学作品上，题材狭窄，首首不离“伊”，无句不抛“爱”，成为病态感情的宣泄和无病呻吟，消极颓废，逃避现实。早期共产党人对这些不健康的倾向给予了批评和引导。他们通过《新青年》季刊、《中国青年》周刊、上海《民国日报》副刊《觉悟》等宣传革命文学主张。如邓中夏的《贡献于新诗人之前》、恽代英的《八股》等劝诫作家多描写社会实际生活，激发国民的精神。其中也有早期共产党人出现过“左”的偏颇，如蒋光赤的《现代中国社会与文学革命》，对小资产阶级作家否定过多，对鲁迅在文化战线上的伟大价值缺乏足够的认识。

同时，许多进步作家在“二七”、“五卅”、“三一八”等斗争中，都站在无产阶级、劳苦大众一边，不同程度地接受了革命的影响，纷纷参加实际革命斗争，如鲁迅、郭沫若、沈雁冰、成仿吾、叶绍钧、郑振铎、田汉、欧阳予倩等。

3. 无产阶级文学运动与中国左翼作家联盟

1927 年以后，中国文化界出现了无产阶级革命文学运动，又称为左翼文学运动。最初是创造社、太阳社在 1928 年初对无产阶级革命文学的倡导，接着是这两个社团同鲁迅、茅盾等人的辩论，再后是 1930 年 3 月左联的成立，直到 1936 年因为要组织抗日统一战线而自动解散左联。在这八九年时间里，无产阶级革命文学运动在中国产生了巨大影响。

中国左翼作家联盟于 1930 年 3 月 2 日在上海成立，发起人有鲁迅、郁达夫、冯雪峰、阳翰笙、冯乃超等。郭沫若、茅盾身在国外经征得同意也列入发起人。左联的成立标志革命文学跨入新阶段，也表明中共对文艺事业领导的加强。会上通过了理论纲领和行动纲领。鲁迅在会上讲话，强调左翼作家要投入实际的斗争，分别阐述了“对旧势力的斗争必须坚决持久”、“战线应该扩大”、“应当造出大群新战士”、“联合战线是以有共同目的为必要条件”等四个课题。

左联成立后陆续出版了《拓荒者》、《萌芽月刊》、《北斗》等刊物和私密发行的《文学导报》、《文学》等。在北平和日本东京设有分盟，在广州、天津、武汉、南京等地成立小组，吸引了大批左翼文艺青年。左联的成立大大密切了文艺与革命事业的关系，成员参加各种革命团体。“九一八”事变后成立“中国著作家抗日会”，进行抗日反蒋宣传。

国民党反动派对革命文学运动进行迫害，枪杀柔石、殷夫五青年。逮捕丁玲、杀害演员宗晖、诗人应修人等，鲁迅被通缉，查封文艺团体，查禁进步作品。

左联重视理论批评工作，传播马克思主义文艺理论，积极开展文艺战线的斗争。

创作方面取得出色的成就：鲁迅的杂感和以神话、传说、历史为题材的《故事新编》；茅盾的《子夜》和一些短篇。丁玲、张天翼、殷夫、叶紫、沙汀、艾芜等成为重要作家。

左联的缺点：在政治上受中共党内“左”倾教条主义领导人的影响，不适当地强调“反右倾”，在城市搞“飞行集会”，甚至鼓吹“武装暴动”，造成损失。理论上脱离中国实际，生搬硬套外国的方法。组织上有严重关门主义、宗派主义问题。尽管鲁迅曾提出一些正确、中肯的意见，但未能被人们理解和接受。所以到 1936 年革命形势发生新的转折关头，左翼文艺界内部就不免重新爆发争论，即“国防文学”和“民族革命战争的大众文学”的两个口号之争，甚至出现分裂的危险。

除左联外，还有其他一些作家的文学活动：

（1）以郑振铎、王统照、巴金、靳以等为代表的进步作家

杂志有《文学》（郑振铎、王统照）、《文学月刊》（巴金、靳以）等。丛书有“良友文学丛书”、“开明文学新刊”以及巴金主编的“文学丛刊”等。他们受到反动势力的压迫，也得到左联的帮助。还有巴金的《家》、曹禺的《雷雨》、老舍的《骆驼祥子》等杰出作品。

（2）以周作人、林语堂、沈从文等为代表的自由主义倾向比较明显的作家

周作人编的《骆驼草》，林语堂编的《论语》、《宇宙花》，沈从文编的《大公报》《文艺》副刊等。他们重视艺术、讲究意象、提倡幽默，离社会现实较远，与左联关系疏远，甚至对立。不过他们也出了一批优秀的青年作家，如何其芳、萧乾、卞之琳等。抗战爆发后，他们的思想和创作也有了新变化。

4. 抗战爆发后的文学运动与创作

（1）国统区文艺

抗战爆发后，随着上海的失守，一些有影响的刊物如《文学》、《光明》等相继停刊，代之以《呐喊》、《烽火》等小型刊物出现。

面对大片国土沦丧和全国人民抗日情绪的高涨，许多作家失去了从容写作的心境，纷纷摆脱狭隘的生活圈子，走上抗日战线。上海救亡演剧队的组成标志着文艺工作者的投入。从上海、平津和东北等地来的大批作家陆续汇集于武汉，成为内地文艺活动的中心。开始时没什么严密的组织，带有盲目性和混乱。1937 年 12 月中共代表周恩来来到武汉，亲自领导了以武汉为中心的国统区文艺运动。他通过八路军办事处和《新华日报》以及亲自参加各种活动，把大批文艺工作者团结起来、组织起来。他们中的一部分人后来去了延安和各个抗日根据地；另一些人则通过中华全国文艺界抗敌协会和郭沫若主持的军委会政治部第三厅被吸收到抗日民族统一战线中来，组成一支抗日文艺大军。

中华全国文艺界抗敌协会（简称文协），1938 年 3 月 27 日成立于武汉，是继戏剧界抗敌协会之后最早出现的全国规模的文艺界抗日民族统一战线组织。周恩来在成立会上作了重要讲话。会议选出郭沫若、茅盾、胡风、老舍、巴金等 45 人为理事。由老舍主持日常工作。中共通过其中的党员进行领导。

会议提出“文章下乡、文章入伍”的口号，鼓励作家深入现实斗争。文协还组织文艺工作者以战地访问团的形式去“下乡”、“入伍”。它的会刊是《抗战文艺》，1938年5月创刊，至1946年5月终刊，共71期。

郭沫若主持的军委会政治部第三厅组织了各种街头宣传演出和战地巡回演出、讲演等，进行抗日宣传活动，足迹遍及全国。

1938年10月武汉失陷后，日本帝国主义逐渐停止向国统区的战略进攻，转而向中共的各抗日根据地进攻，并加紧了对国民党的诱降。于是国民党也开始了它的政策变化，从抗日转移到反共反人民。在国统区内开始限制、取缔各种抗日活动、迫害共产党人和抗日进步人士，特别是在1941年1月发动了皖南事变。

国民党成立了中国图书审查委员会，强令改组或解散抗日文艺团体，有的人被捕或遭杀害。于是国统区的文艺运动变得沉寂，抗日作品、演剧活动明显减少，许多作家转向长篇小说和多幕剧的创作。有的人陷入苦闷、彷徨，但也有不少进步作家坚持艰苦的斗争。

1940年，剧本《雾重庆》（宋之的）的出现，使前一阶段由《华威先生》（张天翼）开始的揭露国统区黑暗的进步文学传统得到了发展。长篇小说《淘金记》（沙汀）深刻地反应了大后方农村的现实。此后《腐蚀》（茅盾）、《屈原》（郭沫若）等分别以现实和历史题材，揭露、抨击国民党的法西斯统治。一些进步作家批判了梁实秋主张的文艺“与抗战无关论”、张道藩的“不专写社会黑暗”论以及为特务政治张目的“战国策派”。

1940年9月，郭沫若为了抗议当局强迫第三厅工作人员集体加入国民党，愤然脱离第三厅，于同年11月在重庆另外成立了文化工作委员会，由他任主任，阳翰笙为副主任，成员有沈钧儒、茅盾、老舍、翦伯赞、田汉等。下有“国际问题研究”、“敌情研究”、“艺术研究”（戏剧、诗歌、音乐、美术等）三个组。它是抗战后期国统区进步文艺界的活动中心，直到1945年3月被国民党政府勒令解散。

1937年11月上海沦陷后，大批文艺工作者去了内地前线，但上海的抗日文艺活动并没有停止。直到1941年12月的“珍珠港事变”以前，在长达4年的时间里，上海的进步爱国文化工作者，利用英法等国的租界继续开展公开的和隐蔽的抗日文艺活动，人们称之为“孤岛”时期的文学运动。这时期出版了《鲁迅全集》，斯诺的《西行漫记》，批判汉奸文人，演出于伶的《夜上海》、阿英的历史剧《明末遗恨》，出版《杂文论丛》等。珍珠港事变后，“孤岛”的政治环境急剧恶化，进步文人被迫撤离或转入地下。

1941年7月，国民党中央图书杂志审查委员会一次取缔书刊就达961种之多。反动政府的压迫和摧残，给进步文艺运动造成极大困难，但进步文艺工作者仍然坚持斗争。中共通过郭沫若的文化工作委员会组成统一战线，利用纪念鲁迅、为郭沫若茅盾庆祝生日、纪念老舍创作生活二十周年等活动增强团结，鼓舞斗志。

(2) 解放区文艺

红军长征到达陕北后，许多文艺工作者陆续从各地来到延安和各个抗日根据地，与当地的文艺工作者以及群众性文艺活动结合起来，使边区与民主根据地的文艺运动得到蓬勃发展。这时期，文艺刊物纷纷创办，如《文艺战线》、《战地》、《草叶》等，出现一大批文艺社团。

1939年前后，在西北战地服务团、延安鲁艺、太行山剧团等专业团体帮助指导下，根据地广大农村的戏剧演出和文艺宣传十分活跃。

1940年1月，毛泽东发表了《新民主主义论》，其中关于“五四”以来文化运动的论述对全国进步文艺界起到了指导作用。这一年陕甘宁边区文协召开了第一次代表大会。此后涌现出一批民间诗人，如山西快板诗人李济胜、陕北民间诗人孙万福等，创作了许多人民大众欢迎的作品。

许多来到解放区或抗日前线的小资产阶级知识分子，虽然有革命的热情，但缺乏明确的为工农兵服务的认识，在对敌斗争艰难和物质生活极端困难的情况下，小资产阶级知识分子的许多弱点便逐渐暴露出来。他们用个人主义、极端民主、平均主义等观点来观察解放区，夸大工作中的缺点。

1942年5月，毛泽东发表《在延安文艺座谈会上的讲话》，全面总结了“五四”运动以来中国的革命文艺运动，提出了无产阶级文艺运动中一系列带有根本性的理论问题和实践问题，明确提出了文艺为工农兵服务的方向，要求知识分子深入工农兵之中，改造世界观。讲话还论述了文艺与政治、文艺与生活、普及与提高、文艺批评的政治标准与艺术标准、对文化遗产的批判与继承等关系。

毛泽东在延安文艺座谈会上的讲话推动了解放区文艺工作的发展，文艺工作者与工农兵相结合取得了巨大成就。长篇小说有丁玲《太阳照在桑干河上》、周立波《暴风骤雨》、赵树理《小二黑结婚》。新歌剧在群众秧歌的基础上创作出来。李季的长诗《王贵与李香香》是直接用陕北民歌《信天游》形式创作的。

5. 抗战胜利后国统区文艺的新发展

抗战胜利后，上海、北平、广州等地重新成为文学活动的中心，一些进步刊物或复刊或创刊，如雨后春笋般涌现。其中影响较大的有郑振铎主编的《文艺复兴》、朱光潜主编的《文学杂志》等。重要作品有巴金的《寒夜》、钱钟书的《围城》和穆旦的一些诗篇。

可惜好景不长，很快国民党发动内战，进攻解放区。在国统区一再制造血案。1946 年 7 月，特务杀害了李公朴和闻一多。1947 年，鼓吹“戡乱文艺”，不断封报馆、禁书刊，迫害作家。

中共为了保存文艺界的有生力量，一方面组织部分作家奔赴解放区，一方面帮助大批文化工作者撤至香港，聚集力量。

当时一部分怀有民主主义思想的知识分子，以超脱于国共两党的姿态，在政治上鼓吹“中间路线”或“第三条道路”，在文艺上宣扬资产阶级自由主义文艺思想和人道主义，以此否定解放战争和土地改革，对外散布对帝国主义的幻想，进步文艺界对他们进行了批评、教育。

政治讽刺诗是这时期文学创作的一大特色。1944 年，有袁水拍的《马凡陀的山歌》、臧克家的《宝贝儿》等。

戏剧创作有揭露国民党反动统治的茅盾的《清明前后》，陈白尘的《升官图》，田汉的《丽人行》等。著名电影有《一江春水向东流》、《八千里路云和月》、《万家灯火》等优秀影片。小说有老舍的《四世同堂》、茅盾的《锻炼》、沙汀的《还乡记》、姚雪垠的《长夜》、路翎的《财主底儿女们》、黄谷柳的《虾球传》等。

二、鲁迅（1881~1936 年）——中国现代文学奠基人

1. 生平与思想发展

鲁迅原名周树人，字豫才，生于浙江绍兴一个没落的士大夫家族。家道中落使少年鲁迅深刻体会到社会的冷酷和势利。

1898 年，鲁迅去南京，进入洋务派创办的学堂。在这里他接触到宣传变法维新的《时务报》和介绍西方政治、哲学、经济、法律的一些书籍。他从赫胥黎的《天演论》接受了进化论思想，根据“物竞天择”的规律，联想到国家的命运，亟盼祖国自尊自强。

1902 年，鲁迅考取官费留学日本。积极参加中国革命党人在海外的反清爱国运动。他决心弃医改学文艺，希望以此医治中国人的精神。他在留学生办的《河南》杂志上，发表提倡反抗和独立精神的论文。他以个性主义为武器，反对封建主义对人们的束缚，支持新生事物的成长。因此个性主义和进化论是他前期的主要思想。

1909 年，鲁迅回国。先后在杭州、绍兴任教。同时开始辑录唐以前的小说，撰成《古小说钩沉》。1911 年辛亥革命爆发，他积极参加宣传活动。后到南京教育部任职，不久随政府迁到北京。这时期，中国的封建势力依然存在，帝国主义也依旧虎视眈眈。鲁迅由兴奋而失望苦闷。

1912~1917 年，他虽有时愤而战斗，但更多时间是在沉默思索。公余不断抄写古书，辑录金石碑帖，校订《后汉书》、《嵇康集》。

十月革命激发了中国。1918 年起，鲁迅和李大钊一起参加《新青年》杂志的活动，陆续发表小说、论文、杂感。第一篇白话体短篇小说《狂人日记》刊登于《新青年》第四卷第五号（1918 年 5 月），以文学的形式揭露“礼教吃人”的罪恶，在文学史上具有划时代意义。接着发表了《孔乙己》、《药》等短篇，从各个角度向封建传统发起进攻，极大地激发了年轻读者，引起社会广泛注意。

这时的鲁迅仍以进化论为思想基础。他的思想表现出相当的复杂性，一方面已经歌颂了人民创造的“新世纪的曙光”（1919 年《热风·“圣武”》），另一方面到 1923 年还对人民的力量估计不足，认为中国的群众“永远是戏剧的看客”（《坟·娜拉走后怎样》）。鲁迅在这时期写了 20 多个短篇，先后辑成《呐喊》和《彷徨》两个小说集，集中塑造了农民和知识分子两类典型形象，如《阿 Q 正传》、《故乡》、《祝福》、《在酒楼上》、《伤逝》等。

此时他还在北京大学、北京高等师范学校教课，编写了《中国小说史略》。先后支持和组织了语丝社和未名社。出版《语丝》、《莽原》、《未明》等刊物。

1925 年以后，鲁迅在斗争中开始突破进化论和启蒙主义的局限。1926 年 8 月，鲁迅遭到北洋政府的通缉，南下任厦门大学文科教授。在这里写完了散文《朝花夕拾》，编订《汉文学史纲要》前十篇。当时大革命形势迅速发展，北伐的胜利和农民运动的兴起，鼓舞了鲁迅。1927 年 1 月鲁迅到广州，任中山大学文科主任兼教务主任。这时他和共产党人有了更多接触，也有更多机会学习马克思主义，在同国民党右派进行的激烈斗争中，他的思想正酝酿着一个巨大的飞跃，反映在《庆祝沪宁克复的那一边》、《野草·题辞》等文中，标志着这一飞跃的即将开始。

1927 年大革命失败后，严酷的现实使鲁迅认识到，真正的革命力量是工农群众，自己应该自觉地站在他们一边：“惟新兴的无产者才有将来。”（《二心集·序言》）他“从进化论进到阶级论，从绅士阶级的逆子贰臣到无产阶级和劳动群众的真正的友人、以至于战士”（瞿秋白：《鲁迅杂感选集·序言》）。1927 年 10 月，鲁迅定居上海。这期间他就革命文学问题与创造社、太阳社展开争论，涉及许多文艺理论问题，促使他比较系统地阅读马克思主义书籍，同时介绍了苏联小说。这时鲁迅深刻地进行了自我批判，加深了对马克思主义的理解。

1930 年 3 月，中国左翼作家联盟成立，鲁迅为发起人之一，并积极投入战斗之中。先后编辑了《萌芽》、《前哨》、《译文》等刊物。领导了新兴的木刻创作。以杂文为武器，把匕首投向反动派的文化“围剿”之中。从 1930 年至他去世，他一共写了 8 本杂文集、1 部历史小说集《故事新编》。1936 年 10 月 19 日，鲁迅逝世于上海。

2. 主要作品

（1）小说集

①《呐喊》

《呐喊》共收 1918~1922 年间写的 14 篇小说，书名意味着给革命者呐喊助阵。其中收有《狂人日记》、《阿 Q 正传》、《孔乙己》、《药》、《一件小事》等。

《狂人日记》是现代文学史的第一篇白话小说。狂人所说的疯话都隐含着对封建礼教的深刻揭露和批判。

《阿 Q 正传》写于 1921 年底。小说塑造了生活在闭塞落后农村中的愚昧农民典型，揭示了他们受压迫的悲惨命运以及麻木的心灵。

②《彷徨》

《彷徨》共收 1924~1925 年间写的 11 篇小说。其中收有《祝福》、《在酒楼上》、《伤逝》、《示众》、《孤独者》等。

③《故事新编》

《故事新编》是一部以历史和神话传说为题材的小说集，具有鲜明特色，也是一种创新的文学形式。出版于 1936 年，全书收入 8 个故事，利用古人古事来表现现代生活，从中体现出作者对流俗的针砭。书中收有《补天》、《奔月》、《理水》、《非攻》等。

（2）杂文集

鲁迅最早的杂文见于 1918 年《新青年》的“随感录”。他的前期杂文收集在《坟》、《热风》、《华盖集》中。如《娜拉走后怎样》、《纪念刘和珍君》、《论“费厄泼赖”应该缓行》等。

1927 年，鲁迅从广州到上海，直到去世，写了更多的杂文，大多收在《而已集》、《三闲集》、《南腔北调集》中。最后有《且介亭杂文》。

（3）散文集

鲁迅的散文集有《野草》和《朝花夕拾》。后者收有《二十四孝图》、《从百草园到三味书屋》、《藤野先生》等。

三、郭沫若（1892~1978年）

1. 生平与文学活动

郭沫若生于四川省乐山县。青少年时，他不仅广泛阅读古文经典，而且从梁启超、章太炎等人的政论文章和外国文学作品中受到启发，接受了民主主义思想，以自己的叛逆性格起而反抗黑暗的旧学校教育，曾三次遭到校方斥退。

1914年，郭沫若去日本学医。在日本，郭沫若受到西方资产阶级民主主义思想的影响，并在五四运动的鼓舞下，开始了文学活动。1919年，他发表了小说《牧羊哀话》，表达了自己的爱国情怀。不久，在上海发表新诗。1919~1921年，是他诗歌创作的旺盛时期。1921年诗集《女神》的出版，确立了郭沫若在现代文学史上的卓越地位。五四运动后，中国黑暗的社会现实，令他陷入“深沉苦闷”之中，诗集《星空》就是抒发这种苦闷情绪的诗篇。1923年郭沫若回国，与郁达夫、成仿吾等办《创造周刊》、《创造日》。1924年4月，郭沫若去日本，在那里翻译了日本介绍马克思主义的著作《社会组织与社会革命》，使他的思想发生重大转变，他说：“深信社会生活向共产制度之进行……这是必然的路径。”（《向自由王国的飞跃》）1925年的“五卅”惨案对郭沫若是一次新的教育，促使他写出了《聂嫈》等历史剧，向帝国主义和国内军阀发起了攻击。1926年，他在上海写了《文艺家的觉悟》、《革命与文学》等文，运用阶级分析的观点探索文学与革命、文学与社会的关系。1927年7月，郭沫若在北伐革命军政治部任职，不久大革命失败，他又参加了“八一”南昌起义。起义失败后，他经由香港到上海，继续以诗歌控诉反动派对革命力量的血腥屠杀，编成诗集《恢复》。

1928~1937年，郭沫若流亡日本。在此期间，他用唯物史观对中国的古文字学和古代社会进行了深入研究，并取得了丰硕成果。他还积极支持左联东京分盟的活动。他的《我的童年》、《北伐途次》等自传著作，都是这一时期完成的。1937年抗战爆发后，他回到祖国从事抗战救亡运动，创作了诗集《战声》、《蜩螗集》和历史剧《屈原》、《虎符》等，在当时都产生了很大影响。

建国后，他在继续从事文史方面的学术活动的同时，还为世界和平事业作出了贡献。1978年6月12日逝世。

2. 主要作品

（1）诗集《女神》

《女神》是郭沫若的第一部新诗集，出版于1921年。它的成就在于，为中国新体自由诗的发展开拓了新天地。《女神》除序诗外，共收56首诗。其中《凤凰涅槃》和《女神之再生》最具代表性。《女神》中除了自由体诗外，也有一些格律诗，如《棠棣之花》。

（2）历史剧《屈原》

1923~1925年间，郭沫若写了《卓文君》、《王昭君》、《聂嫈》三部历史剧。

1941~1943年抗战期间，他写了《屈原》、《虎符》、《孔雀胆》等剧作，先后在重庆、桂林等地上演。这些剧作为当时的反侵略、反投降、反专制的斗争壮大了声势，对民众起到了教育和鼓舞作用。

在这时期的历史剧中，《屈原》是成就最高、影响最大的代表作。

四、茅盾（1896~1981年）

1. 文学经历

茅盾原名沈雁冰。浙江桐乡县人。五四运动后，他参加了新文学运动。1921年，文学研究会成立，茅盾是发起人和主要成员之一。就在这一年，他担任了《小说月报》的主编，对此刊物进行了全面的革新，沉重打击了封建旧文学，促进了新文学的发展。因受到顽固派的攻击，一年后辞去主编。茅盾在五四时期和第一次国内革命战争时期的文学活动，主要是从事理论批评和译介外国文学作品。

1927年大革命失败后，茅盾转而开始进行创作活动。《蚀》写于1927~1928年春，包括三个略带连续性的中篇：《幻灭》、《动摇》、《追求》。小说以大革命前后某些小资产阶级知识青年的思想动态和生活经历为题材。为了避开国民党反动派的通缉，他东渡日本。

1930年春，茅盾从日本返回国。这时国内的农村革命和文化革命都已深入发展，左翼文艺运动正在蓬勃展开。茅盾参加了“左联”，一度担任过行政秘书工作，和鲁迅往来亲密，积极推动左翼文艺运动。

1932年前后是茅盾创作力最旺盛、收获也最丰富的时期。他先后写了长篇小说《子夜》和著名短篇小说《林家铺子》、《春蚕》等，表现出善于描写错综复杂的社会生活的特点，确立了他在中国现代文学史上的革命现实主义作家的地位。

1940 年，茅盾到延安，进行了参观和讲学。之后，他写了《风景谈》和《白杨礼赞》，热情洋溢地讴歌了劳动民众。《白杨礼赞》影响尤大。

2. 主要作品

（1）长篇小说《子夜》

长篇小说《子夜》的问世，是茅盾的创作进入了新的成熟阶段的标志，是中国现代文学上一部杰出的现实主义力作。小说以民族资本家吴荪甫和买办金融资本家赵伯韬之间的矛盾斗争作为主线贯穿全书。小说以上海为背景，却反映了当时整个中国社会的现实；具体写的虽然是 1930 年 5~7 月发生的事件，却牵引出对中国社会过去和未来的思索。作者通过高超的艺术手法，浓缩了纷纭复杂的生活现象，表现出重大的社会意义，显示出深刻的生活洞察力和卓越的写作才能。

（2）短篇小说《林家铺子》、《春蚕》

《林家铺子》和《春蚕》是茅盾短篇小说的代表作，它们与《子夜》同年创作而成。这两篇小说描写的都是 1932 年“一二八”上海抗战前后的动乱生活。作者对于当时社会生活中的重大问题给予艺术提炼和生动、形象的表现，最终在文艺界和社会上激起强烈的反响。小说描述了城镇企业纷纷倒闭，农村“谷贱伤人、丰收成灾”，使得欢乐的农民一下子坠入绝望的境地的悲惨景象，并且揭露了这一切后果的社会根源，从而使人警醒、促人战斗。

（3）日记体长篇小说《腐蚀》

写于 1941 年，是一部日记体长篇小说。它以“皖南事变”前后国民党政府陪都重庆为背景，通过主人公女特务赵惠明的经历，抨击了国民党法西斯特务统治及其卖国投敌的政治路线。《腐蚀》无论在政治思想上还是艺术表现手法上，都取得了独特成就，在茅盾的作品中占有重要地位。

五、老舍（1899~1966 年）

1. 创作经历

老舍，原名舒庆春，字舍予，北京人，出身于贫寒的旗人家庭。五四运动促进了他反帝反封建的思想认识。他说：“五四给了我一个新的心灵，也给了我一个新的文学语言。”

老舍的处女作是短篇小说《小铃儿》，作于1922~1923年间，发表在南开中学校刊上。1924年老舍去英国教书，创作了第一部长篇小说《老张的哲学》。接着又写了长篇《赵子曰》和《二马》。《老张的哲学》描写了北洋军阀统治下的北京社会，述说了恶棍霸道乡里，不仅拆散两对青年的爱情，而且把他们逼死的悲剧。1930年，老舍回国，途经新加坡，在那里教书半年。回国后，第一部作品是以日本帝国主义挑起“五卅”惨案为背景的小说《大名湖》。

1932年以后，老舍同时创作了一些长篇小说和短篇小说，到1936年间，他的短篇大多辑入《赶集》等集子中。这些短篇比早期的长篇题材更加广阔，作者思想倾向也更加鲜明，文字也较前精练。《月牙儿》是他的短篇中最为人称道的优秀之作。小说写了母女两代被逼为暗娼的悲惨命运。

1936年，他辞去山东大学教职后，写了长篇小说《骆驼祥子》。1937年抗战爆发后，民族危机激发起他的爱国热情。1938年3月，中华全国文艺界抗敌协会成立，老舍担任总务组组长，他积极投入到文艺界的抗敌活动之中。这期间，他写得最多的是话剧。先后写了《残雾》、《张自忠》等。

出于向民众宣传抗战的需要，老舍在继续从事小说创作的同时，也写作通俗文艺和话剧。这时期的短篇小说集有《火车集》和《贫血集》，长篇小说有《四世同堂》、《鼓书艺人》等。1946年初，老舍应邀去美国讲学。

1949年12月，老舍回到祖国。从此他充满激情，创作出许多优秀作品，赢得了“人民艺术家”的赞誉。

老舍的作品大多取材于城市下层民众的生活，情节曲折生动，流畅的北京口语独具特色。他的作品突破了知识分子的圈子，获得了市民群众的喜爱，因此产生了广泛的影响。新中国成立后，他创作了剧本《龙须沟》、《茶馆》。其中《茶馆》得到了较高的国际声誉。

2. 代表作《骆驼祥子》

《骆驼祥子》作于1936年，是老舍的优秀代表作，标志他的创作进入了新的阶段。小说真实地描写了旧社会北京人力车夫祥子的悲惨命运。这一力作奠定了老舍在中国现代文学史上的重要地位。小说在文艺期刊《宇宙风》上连载。1939年出单行本，备受欢迎。

这一阶段，还发表了中篇小说《我这一辈子》。通过一个巡警一生的经历自述，揭示了城市底层社会的黑暗与凄惨。

六、巴金（1904~2005年）

1. 文学经历

1904年，巴金生于四川成都一个官僚地主家庭，从小经历了封建大家庭内部的腐败堕落和勾心斗角的生活。五四运动前后，巴金受到新文化运动的鼓舞，走上反对封建制度、追求社会理想的战斗道路。1923年，他离家出走，去上海、南京求学。1927年，他赴法国学习。

1922~1923年，巴金开始发表一些新诗和散文，这是他最早的文学创作。1927~1928年，在法国写成了第一部中篇小说《灭亡》。在他的前期创作中，由《雾》、《雨》、《电》三个中篇小说组成的"爱情三部曲"占有重要地位。从《灭亡》到"爱情三部曲"，主角都是一些敢于反叛旧世界的青年知识分子。他们决心与自己的腐朽家庭决裂，献身于人民的事业，但是看不到人民的力量，也没有找到正确的前进道路。他们有反抗旧世界的勇气，但感情脆弱，内心空虚，因而自身充满矛盾。

从1929年起，巴金开始写作短篇小说。到1937年抗战爆发，已写有60多篇，它们描绘了一个广阔的世界。巴金的短篇喜欢用第一人称来表述，也常采用书信体或日记体。这时的短篇集有《复仇》等11个集子。

巴金的散文也很多，前期就有近10个集子。体裁包括游记、随笔、杂文、书信、回忆录等。其中叙述自己的生活、思想和创作的那些作品最为引人入胜。他的散文不追求外在的语言精美，而是亲切地与读者交谈，用朴实的语言、真挚的情感赢得读者的共鸣。

巴金于2005年10月17日去世。

2. 主要作品

（1）《激流三部曲》：《家》、《春》、《秋》

从1931年开始撰写《家》，到1940年完成《秋》，整个创作过程跨越了十年。作品描写了闭塞的四川成都受到"五四"浪潮的冲击，高家这个牢固的封建大家庭也受到撼动，终于腐败溃烂。作家对封建顽固势力进行了无情的揭露和鞭挞，热情地歌颂了青年知识分子的觉醒、抗争，充分肯定他们与家庭决裂的勇气。

（2）《火》三部曲和《寒夜》

《火》三部曲是巴金在抗战初期和中期的主要作品，也称《抗战三部曲》。

长篇小说《寒夜》写于抗日战争末期到解放战争初期。

（3）《随想录》

巴金直面“文革”带来的灾难，直面自己人格曾经出现的扭曲。他愿意用真实的写作，袒露自己的内心世界。他在晚年终于写作了在当代中国产生巨大影响的《随想录》，以此来履行一个知识分子应尽的历史责任，从而达到了文学和思想的最后高峰。

《随想录》堪称一本伟大的书。这是巴金用全部人生经验来倾心创作的。出于对美好理想和完美人格的追求，怀着对历史的高度严肃的态度，老年巴金毅然挥笔。他在《随想录》中痛苦回忆、深刻反思，完成了一个真实人格的塑造。《随想录》不仅清算了巴金自己，更清算了那个特定的历史时代。

第三节　中国的书法与绘画艺术

一、书法艺术

1. 中国是书法艺术的故乡

书法艺术产生于中国，这是由汉字的形体、笔画所决定的。汉字属于表意文字，形、音、义结合成一个整体，在书写过程中，书写者在运笔书写、表达汉字含义的时候，也会把自己的思想感情贯注其中，使得字体自然具备了“美”的因素，从而为汉字书法艺术奠定了基础。中国所特有的文房四宝，尤其是柔软的毛笔，为汉字的书法表达提供了必不可少的书写工具。

2. 先秦汉字是书法的起步阶段

从六七千年前新石器时代的半坡文化、仰韶文化那些写画在陶器上的文字符号，到商周时期的甲骨文、金文、籀文，乃至秦朝的小篆、秦隶，这些字体所显露出的艺术用心越来越明显。秦朝李斯书写的小篆已经充分透露出艺术的美，政治家的李斯也堪称是一位书法家。

3. 汉代书法承上启下

两汉时期通行隶书，它上承前代篆书，下启魏晋隋唐的行、楷。由于在社会上广泛使用，隶书基本定型。汉隶讲究波、挑的笔势，所谓蚕头燕尾，其书法的规则性更强了。著名的书法家有蔡邕。

出于便捷的需要，草书应运而生，有章草、今草等。草书的运笔特点使它以后走上纯艺术之路，逐渐脱离生活需求而具有广阔的艺术发展空间。为了适应生活的需要，介于隶书和草书之间的行书逐渐流行于世。同时楷书也崭露头角。

4. 魏晋南北朝时期书法诸体具备

这时期的书法表现出楷、行、草诸体并立，产生了一批如钟繇、王羲之等大书法家和许多优秀作品。

曹魏时，钟繇精于隶、楷，其笔画出于自然而含异趣，由隶入楷而定型于楷。其真迹无存。

王羲之，因曾任右军将军，故后世称之为“王右军”。他工于楷书、行书，其书法造诣达到了完美境界。代表作为《兰亭序》。唐太宗赞美说：“烟霏露结，状若断而还连；凤翥龙蟠，势如斜而反直。”（《晋书·王羲之传论》）说明在他的书写中，能够把字体的曲直、起伏、刚柔等处理得和谐统一，浑然一体。后世共推他为“书圣”。他与其子王献之并称“二王”，与钟繇并称“钟王”。

5. 隋唐书法鼎盛发展

在盛唐气象的烘托下，书法艺术也进入鼎盛阶段。由于统治者的提倡，书法艺术在理论和创作上都达到新的高度。这时期大书法家辈出，书法理论专著也不断问世。中国的书法对周边国家和地区，如日本等国也产生了较大的影响。

唐初有四大书法家：虞世南、欧阳询、褚遂良、薛稷。稍后的书法家还有：李邕、张旭、颜真卿、柳公权、怀素。

颜真卿推动了楷书的新发展、新变化，开创了唐代刚健雄浑的书风，代表作如《颜家庙碑》等。还有名作《祭侄帖》，字迹中蕴涵着饱满的悲愤、激昂的情感，被人们誉为继《兰亭序》之后的“天下第二行书”。

柳公权书法均匀瘦硬，点画似刀切割，独成一体。与颜真卿并称“颜柳”，世谓“颜肥柳瘦”。代表作有《玄秘塔碑》等。

张旭、怀素的行草、狂草把书法艺术推向巅峰。张旭的《肚痛帖》，把草书艺术升华到深刻的精神境界，以抽象的点线表露自己的内心世界。杜甫有《饮中八仙歌》，说他：“张旭三杯草圣传，脱帽露顶王公前，挥毫落纸如云烟。”世称“张颠”、“草圣”；与怀素并称“颠张醉素”。

6. 宋代流行帖学

宋代统治者喜好书法，追求古帖。宋太宗曾命人摹刻成《淳化阁帖》，并且不断送给朝廷官员。士大夫们也就喜好临摹，辗转翻刻前代名帖，然后师法于帖。翻刻不免失真，临摹不免呆板，这就限制了宋代书法的创新发展。宋代有书法四大家：苏轼、黄庭坚、米芾、蔡襄。宋徽宗的瘦金体又独具一格。

苏东坡，诗、文、书、画都有高超水平。他的书法用笔丰腴起伏，婀娜多姿。所书《黄州寒食诗帖》被誉为"天下第三行书"，笔酣墨饱，其实奔放，堪称上品。

米芾，书画皆能。其行、草用笔俊迈，独具特色。他自称"刷字"，意思是用笔迅疾而劲健，以求"刷"的气韵味，追求自然。他所书《箧中帖》字体遒劲，气势酣畅，当属精品。人称"米颠"、"米南宫"。

宋徽宗赵佶，政治上昏庸，但艺术上聪颖。他的书法以瘦直挺拔，横画收笔带钩，竖画收笔带点，撇如匕首，捺如切刀，竖钩细长而形成自己的风格，号"瘦金体"。其代表作品有《草书团扇》、《牡丹诗册》等。

《淳化阁帖》是中国最早的一部汇集各家书法墨迹的法帖。所谓法帖，就是将古代著名书法家的墨迹经双钩描摹后，刻在石板或木板上，再拓印装订成帖。因于宋太宗淳化年间摹刻于内廷，故名《淳化阁帖》。共 10 卷，收录了中国先秦至隋唐 1000 多年的书法墨迹，包括帝王、臣子和著名书法家等 103 人的 420 篇作品，被后世誉为中国法帖之冠和"丛帖始祖"。此帖又名《淳化秘阁法帖》，简称《阁帖》。此帖流失海外，2003 年上海博物馆斥巨资购得祖刻本的第六、七、八卷，在国内引起轰动。

7. 元代赵孟頫

元初书法总的情况是崇尚复古，宗法晋、唐而少创新，表现为刻意求工的追求，鼓吹"用笔千古不易"，强调有意之意。元朝书坛的核心人物是赵孟頫，他所创立的楷书"赵体"与唐朝楷书之欧体、颜体、柳体并称楷书四大家，成为后代规摹的主要书体。由于赵孟頫的书法对二王（王羲之、王献之）有独到的领悟，因而形成温润秀丽、飘逸超然的独特风格。所写墓碑圆转遒丽，人称"赵体"。有《兰亭十三跋》、《仇锷墓碑铭》等名作。

在元朝书坛上享有盛名的还有鲜于枢、邓文原，虽然成就不及赵孟頫，然而在书法风格上也有独到之处。他们主张书画同法，注重结字的体态。

8. 明代台阁体

明代皇帝多好书法，喜摹古帖，因而朝野士大夫也重视帖学，自晋至明的历代名家墨宝都有刻印。由于帖学盛行，整个明代书体以行、楷居多，而楷书皆以俊秀纤巧为美。至永乐、正统年间，内阁学士们书写的制诰碑版，都以姿媚匀整为工，于是所谓 “台阁体”渐成风气。士子们也竞相摹习，使书法拘谨，缺乏艺术魅力。虽然也出现了一些有造诣的大家，但少有重大的突破和创新。明代著名书法家有：祝允明、文征明、董其昌、邢侗、米万钟、唐寅等。其中董其昌、米万钟、邢侗、张瑞图被称为晚明四大家。

董其昌，楷书用笔有颜真卿的意趣、赵孟頫的风采，草书则有怀素的遒劲和米芾的跌宕。凡篆、隶、行、楷、草诸体，在其手下可谓无所不精。代表作品有：《草书宋词卷》、《烟江叠嶂图跋》、《临怀素自叙帖》等。

唐寅，书画兼能，而书法被画名所掩，主要学赵孟頫，俊逸挺拔，妩媚秀丽，行笔圆润而洒脱。代表作有《落花诗册》等。

9. 清代碑学兴起

清代乾隆以前以“帖学”为主，其后“碑学”占据上风。康熙皇帝喜好董其昌书法，而乾隆皇帝喜好赵孟頫，朝野上下盛行帖学。初有帖学“四大家”（笪重光、姜宸英、汪士鋐、何焯），后有张照以及“翁、刘、梁、王”（翁方纲、刘墉、梁同书、王文治），模仿多于创新，又因科举书法讲究“黑、圆、光”，遂形成所谓“馆阁体”。后因碑版实物大批出土和金石文字学、考古学的兴起，加之书家学者们的鼓吹提倡，于是碑学压倒帖学。前有阮元《南北书派论》、《北碑南帖论》，后有包世臣《艺舟双楫》，再后有康有为《广艺舟双楫》，具体而微地论述了碑书的艺术价值，在书坛上掀起一股尊碑浪潮。自嘉道至咸同，书家结社，竞习碑版，又成一种风气。碑派代表书家有：邓石如、何绍基、赵之谦、吴昌硕、林则徐、俞樾、吴大澂、翁同龢，等等。清代书法除碑学成就外，有的书法家也取得了独具一格的卓越成就，如王铎、傅山、朱耷、金农、郑燮等，都表现出鲜明的个性。

二、绘画艺术

1. 先秦绘画

中国绘画发端于原始人类对自然万物的审美活动。石器时代是中国绘画的萌芽时期。旧石器时代的岩画是现今所见最早的绘画作品。内蒙古阴山岩画就是最早的岩画之一。在那里，先人们把整个山体绵连变成了一条东西长达 300 公里的画廊。类似的图像在中国其他一些遗址中也能见到。如云南沧源发现的岩画反映了人类的活动，包括狩猎、舞蹈、祭祀和战争。岩画的构图更趋于复杂，所表现的内容也由单个的物体发展为互相关联的具有动感的人和物。

距今 4000~7000 年的新石器时代的文化象征是彩陶。绚丽多彩的彩陶，由于地域、时间的差异，描绘形式各异，在造型和风格上也各不相同。有些条纹象征着起伏的波浪、同心扩散的水纹、绳革、丝网等，它们堪称我国原始绘画中的上乘之作。

我们今天能够见到的先秦绘画遗迹很少，主要原因是大部分绘画都绘制在了易于腐烂的木质或者布帛上面。在商代的多处墓葬中发现了残存的彩绘布帛，以及木质品上的漆画残留。可见，用漆作为颜料绘制器物在当时已很广泛了，常用的黑、红两种基本颜色形成了强烈的对比。在殷墟也曾发现过建筑壁画的残块，以红、黑两色在白灰墙皮上绘出卷曲对称的图案，起到了装饰的效果。西周、春秋、战国时期都有庙堂壁画创作的情况被记载下来，楚国屈原著名的作品《天问》就是在观看了楚先王庙堂的壁画后有感而作的。20 世纪 40 年代和 70 年代，在长沙的楚墓中先后出土了两幅战国时期的带有旌幡性质的帛画，它们都属于公元前 3 世纪的作品。两画描绘的都是墓主的肖像，一幅为妇人，其上方绘有飞腾的龙凤；另一幅则是一位有身份的男子，驾驭着一条巨龙或龙舟。墨线勾勒的侧面肖像及伴有象征意义的动物是两画的相同之处，所不同的是画家表现出来的技巧要熟练了许多。优美的线条以及准确的轮廓，增加了人物形象的生动感。画中染有淡色，有的部分施以金白粉色，是迄今为止发现用这种画法的最早的作品。

2. 秦汉时期

这时期中国建立起统一、强大的封建帝国，统治者大兴土木，修建宫殿、坛庙、衙署、宅邸、祠堂、墓室，等等。据记载，这些建筑的墙壁上都绘有气势恢弘的壁画，描述神话传说，标榜名将功臣等，不一而足。可惜年代久远，遗存极少。如今仅有汉墓壁画幸存于世。这些壁画大多缅怀墓主生前显赫的生活场景，带有写实色彩，如墓主出行、行猎的威仪，居家宴乐、迎宾的盛况、仕途升迁的荣耀等；也有的壁画描绘神话传说故事，祈求墓主升入极乐仙境。汉墓壁画大多构图充实完整，画面动感丰富。汉代绘画遗存中最精彩的当数帛画，而其中最令人惊心动魄的便是长沙马王堆一号汉墓出土的 T 字形“非衣”。

在厚葬之风盛行的汉代，人们用有画像的画像石、模印烧制的画像砖建造墓室、祠堂、石阙等。这些画像砖石以描绘现实生活的题材居多，成为汉代世风民俗的写真。如山东嘉祥武梁之车骑、西王母、历史故事巨型画像石，河南南阳出土的《斗牛》画像石等。汉代画像砖石的绘画技法较为粗拙凝重，注重形体的大致勾勒，风格质朴粗放，自然平实。

3. 魏晋南北朝时期

南北朝以前，绘画主要由无名画工制作，作品不署名款。至六朝则涌现出一批文人画家，他们都取得了卓越成就。据唐朝张彦远《历代名画记》记载，画家人数有100多，他们画艺精湛、声誉卓著，深受时人推崇。但随之也出现了仿制品，于是就有了鉴定问题。这时期的绘画作品出现了纸、绢卷轴形式。

此时人物画已趋成熟，并涌现出一批各具风格的名家。如东晋的顾恺之、刘宋的陆探微、南齐的张僧繇、北齐的杨子华和曹仲达等。题材范围也从宣扬佛教的内容扩大到与文学作品相配合的故事画、描绘现实生活的风俗画等。还有单独表现自然山川之美的山水画，如顾恺之《庐山图》、戴逵《吴中溪山邑居图》等。画法也只用线条勾勒轮廓，未用皴点、晕染等技巧。

由于受到当时玄学的影响，无论是人物画，还是山水画，都重在表现人和物的内心世界和内在精神，而不求大小比例的合理。因此有“人大于山，水不容泛”之说。顾恺之就说：“传神写照尽在阿睹中。”强调人物的内心世界是由眼睛透露出来的。

现今的六朝绘画，已无一件真迹，后世临摹的若干古摹本，还保留了部分原作风貌，具有一定参考价值。著名的有传为顾恺之的《女史箴图卷》、《列女仁智图卷》、《洛神赋图卷》和梁元帝萧绎的《职贡图卷》、宋人临的杨子华《北齐较书图卷》等。

顾恺之，精通诗文、书法、音乐，而对绘画最为擅长。他是六朝时期唯一有画迹传世的画家，现存他的作品有隋、唐或宋人的摹本。《女史箴图》现藏英国伦敦大英博物馆。传为顾皑之画的《洛神赋图》共有3种，分别藏辽宁省博物馆、北京故宫博物院、美国弗利尔美术馆。

4. 隋唐时期

隋代的绘画风格承前启后。画家多擅长描写宗教内容和贵族生活的题材。山水画开始重视比例布局。著名画家有展子虔，善画人物、车马、楼阁，山水画中突出树、石，丰富了山水画的题材。现藏北京故宫博物院的《游春图》被认为是其传世之作。该画用青绿重着色法画贵族春游的情景，用笔细劲有力，设色浓丽鲜明，同时在空间远近的比例关系上，做到了和谐自然。

唐代的绘画有了全面的发展，人物鞍马画成就突出，青绿山水与水墨山水先后成熟，画家们也更重视花鸟走兽的题材了，展现出异彩纷呈的气象。初唐时的人物画发展最突出，山水画则沿袭隋代的细密作风，花鸟画已经出现个别名家，宗教绘画的世俗化倾向逐渐增多。在乾陵陪葬墓壁画的山水画中，已经有了简单的斧劈皴画法。以薛稷、殷仲容为代表的花鸟画，已有用色和水墨两种形式。人物画以阎立本成就最高，流传至今的有《历代帝王图》、《步辇图》等七八种。《历代帝王图》画了由汉至隋 13 个帝王肖像，以其面部特征揭示人物的精神状态。《步辇图》则反映了文成公主与松赞干布联姻的历史故事，画中描绘了唐太宗接见吐蕃使者的情景。

中国绘画在盛唐时期达到了空前的繁盛。宗教的兴盛推动了宗教画的发展，画风也更趋世俗化。这时期，以“丰肥”为时尚的现实妇女在画中得到鲜明的展现。以吴道子、张萱为代表的人物仕女画，造型更加生动逼真，对心理的刻划与细节的描写做到了细致入微。

吴道子，史称“画圣”。他创造了“兰叶描”的线型，丰富了线条在画中的表现力。相传他画成《地狱变相图》后，京师的屠户们纷纷改业。现有宋人摹画的《送子天王图》。

吴道子后有张萱和周昉，都是描绘贵族生活的能手。代表作为张萱的《虢国夫人游春图》（宋徽宗摹本）。

山水画的代表画家有李思训、李昭道、王维等，风格分为工细和粗放两种。李思训擅画青绿山水，设色鲜明。他运用青绿着色，画面金碧辉煌，世称“金碧山水”。王维以墨的浓淡表现山水的气韵，称为“水墨山水”。苏东坡赞他：“诗中有画，画中有诗”。

这一时期花鸟画虽然尚不成熟，但在牛马画方面却名家辈出，曹霸、韩干、韩滉等都是高手。世传《五牛图》为韩滉名作，1950 年北京故宫博物院以高价从香港购回。1977 年修复成功，使它焕然面世。

中晚唐的绘画又有新的开拓。以周昉为代表的人物仕女画及宗教画更加完美。而王墨等人的作品则体现出花鸟画的日臻完善。周昉有《簪花仕女图》传世。

敦煌莫高窟的历代壁画也是中国的绘画宝库。这里的隋唐壁画，题材更加广泛，场面宏大，色彩瑰丽。无论是人物造型还是设色敷彩，都达到了空前的水平。大量的净土经变画展现在壁画之中，如西方净土变、维摩诘经变等。还有说法图、佛教史迹图画、供养人像等。晚唐的《张议潮统军出行图》，则以长幅形式表现了场面宏大的人马队列，是现实题材的巨卷。

5. 五代时期

五代时，人物画的题材更加广泛，宗教神话、历史故事、文人生活等都成为表现内容。画家注重传达人物神情和内心世界。在技法风格上则有两个发展方向：一是工笔，设色的用笔更加精细多变，敷色显得鲜丽；二是水墨，出现了水墨大写意的画法。

山水画在此时变化较大，从选材到技法，都有飞跃。画家重视对现实生活的山水环境的描写。荆浩和关仝是北方山水画派的代表，开创了大山大水的构图，善于突出表现雄伟壮美的全景式山水；董源、巨然是江南山水画派的代表，着重表现平淡自然的江南景色，显现出风雨明晦的变化。描写山水的重要技法"皴法"在此时得到发展，墨法逐渐丰富，水墨及水墨淡着色的山水画已经成熟。"荆关董巨"四大家的出现，标志着中国山水画发展的新高度。

五代的花鸟画也出现了两大流派：一是多描绘内廷苑囿中的珍禽奇花，以轻色渲染，精工细作。这一派以西蜀黄筌为代表，被称为"黄家富贵"派。二是多取材于水鸟野卉，画法用墨笔多于彩笔。这一派以江南的徐熙为代表，被称做"徐家野逸"。人们称此两派为"徐黄异体"。

顾闳中，为南唐中主画院待诏。曾奉后主之命潜入大臣韩熙载府第，目识心记，绘成《韩熙载夜宴图》。这是他唯一的传世作品，也是古代人物画的上乘之作。此画生动地画下了韩熙载纵情声色的夜生活景象，成功地刻划了韩熙载的复杂心境。现藏于故宫博物院。

6. 两宋时期

在两宋的300多年间，民间绘画、宫廷绘画、文人绘画各自形成体系，彼此又互相影响，构成了宋代绘画丰富多彩的局面。城市商业的繁盛，为绘画的发展和繁荣提供了物质条件和群众基础。一些职业画家的作品在市场上出售，汴京及临安都有纸画行业。汴京大相国寺的庙会中就有售卖书籍和图画的摊店；南宋临安夜市也有细画扇面、梅竹扇面出售。酒楼以悬挂字画美化店堂；市民喜庆宴会所需要的画帐、书画陈设等都可以租赁。年节到来时，又有门神、钟馗等节令画售卖。这些都推动了宋代绘画发展。宋代雕版印刷业十分发达，不少书籍及佛经都附有版画插图。

宋代沿袭五代设立翰林图画院的做法，把绘画人才吸收到宫廷之中。特别是徽宗赵佶，不仅本人在绘画上具有较高修养和技巧，还注意网罗画家，扩充宫廷画院，并不断搜访名画充实内府收藏，导致了宫廷绘画的兴盛。画院集中了社会上许多优秀画家，创作出如郭熙的《早春图》，张择端的《清明上河图》，李唐的《采薇图》等一大批优秀作品。

当时，收藏品评绘画、延纳画家作画，已在上层士大夫中形成风气。更有不少文人在绘画的同时，也题字、咏诗，将自己擅长的写作、书法等技艺融汇在画幅之中，极大地丰富了画作的艺术性。两宋时期，文人士大夫中涌现了仲仁、扬无咎的墨梅，文同的竹，苏轼的古木怪石，米芾、米友仁父子的云山，赵孟坚的水仙等，对于后世文人画家都产生了深远影响。文人士大夫在绘画理论上也颇有成就，如欧阳修、苏轼等都发表过一系列见解。宋代的文人士大夫绘画不仅影响到辽、金地区，而且也引导了元、明文人画的发展。

在绘画高度繁荣的基础上，绘画理论著述也大量问世。画史、画论、绘画赏鉴及收藏著录等著作相继问世，如《图画见闻志》、《宣和画谱》、《画史》等，成为今日研究古代绘画的重要参考文献。

北宋中期，出现了以李公麟为代表的鞍马人物画，以郭熙为代表的山水画，以崔白为代表的花鸟画。他们在内容及艺术上都展示出崭新的风貌，都具有精湛的技巧和深厚的修养。以苏轼、文同为代表的文人士大夫绘画潮流，也于此时形成。

南宋时期，山水画出现了明显的画风变化，代表画家有刘松年、马远、夏圭等人。他们利用画面空白来突出鲜明的形象，画面效果含蓄凝练，具有优美的意境。在画法上，大斧劈皴显示了笔墨技巧的提高。历史故事画及风俗画在整个南宋时期都有一定成就。画家李嵩曾作《宋江三十六人像》、《服田图》等，作品大都含有深刻的意义。

7. 元代

元代绘画中，画坛主流为文人画。文人的创作比较自由，多表现自身的生活环境、情趣和理想。为了抒发情致，文人画家多以山水、枯木、竹石、梅兰等题材为主，而描绘现实生活的人物画减少。画家们注重以书法用笔入画和诗、书、画三种艺术融为一体。在创作思想上继承北宋末年的文人画理论，提倡神重于形，重视主观意兴的抒发。元代画坛名家辈出，赵孟頫、钱选、高克恭、王渊等皆负盛名，又有黄公望、吴镇、倪瓒、王蒙，号称元四家。

元代绘画以山水画为最盛，把中国山水画推向一个新的阶段。画家以山水寄托自己高洁、孤傲的情操。艺术上讲求自然天趣。水墨技法成为主要表现手法，开启了后来的水墨写意花鸟的先声。著名花鸟画家有钱选、陈琳、王渊、张中等人。以画梅著称者有邹复雷、王冕等人。

元代壁画比较兴盛，在佛教寺庙、道教宫观、墓室、皇家宫殿和达官贵人府邸厅堂大都有壁画。题材内容既有佛道人物，也有山水、竹石花鸟，乃至反映墓主人生前生活等。多为民间画工创作，也有一部分出自文人画家之手。

壁画的盛行，给民间画工们提供了施展聪明才智的机会，并且使得唐宋以来吴道子等人的优秀壁画传统得以继承和发扬。

8. 明代

明代绘画全面发展，出现多个以地区为中心、或以风格相区分的绘画流派。在师承方面有两大派系，即师承南宋院体风格的宫廷绘画和浙派，以及继承文人画传统的吴门派和松江派、苏松派。在画法方面，水墨山水和写意花鸟盛行，成就卓著。人物画出现了变形人物、墨骨敷彩肖像等新发展。民间绘画，尤其是版画，至明末呈现繁荣的局面。

明代早期，宫廷绘画与浙派盛行于画坛，形成了以继承和发扬南宋院体画风格为主的时代风尚。

明代中期，经济发达的苏州一时人文荟萃，文人雅士经常诗文唱和，也常以画自娱。他们继承和发展了前人的绘画传统，取得了显著成绩。著名的沈周、文征明、唐寅、仇英，号称吴门四家。他们开创了所谓吴门派或吴派。沈周和文征明，主要以山水画见长，作品多描写江南风景和文人生活，抒写宁静幽雅的情怀，讲究诗书画的结合。唐寅际遇坎坷，成为以卖画为生的职业画家，多为水墨山水画；人物画则时工时写，既有工笔重彩仕女，也有水墨淡彩人物。仇英得益于临摹前人名迹，以青绿山水和工笔人物著称。吴门派至明末，由于因循守旧，缺乏生气，逐渐被其他流派所取代。

明代后期，绘画出现新的发展。徐渭进一步完善了花鸟画的大写意画法。陈洪绶、崔子忠等开创了变形人物画法。以董其昌为代表的画家在文人山水画方面又有创新。

徐渭是从根本上完成了水墨写意花鸟画变革的一代大家，其画风有力地推进了后世写意花鸟画的发展，被称为青藤画派。其绘画风格，对清代的朱耷、石涛、扬州八怪乃至现代的齐白石等都具有深远影响。

陈洪绶的人物画独树一帜。人物形象夸张甚至变形，气势伟岸，线条刚柔相济。陈洪绶在木刻插图方面也有造诣，对版画艺术的发展起了推动作用。崔子忠擅长白描人物，与陈洪绶并称“南陈北崔”。

董其昌注重文人画，是明代后期山水画的代表画家。他强调笔墨的运用，并提出了南北宗论。由于他的政治地位和在画坛上的声望，一时成为画坛盟主，他所创立的松江派遂取代了吴门派的主流地位。

随着商品经济的发展，明代的民间绘画也活跃起来，尤其是木刻版画有较大发展。创作者主要是民间画匠，但也有一些文人画家参与其中，如陈洪绶、萧云从等人便从事木刻，并且为版画的需要而创作了不少画稿。这些版画为戏曲、传奇、小说等文学作品配成插图，形象生动。陈洪绶的《水浒叶子》至今为人们喜爱。木刻年画也乘势得到发展，到明末已初步形成苏州桃花坞、天津杨柳青南北两大制作中心。

画谱也取得丰硕成果，如胡正言完成的《十竹斋画谱》和《十竹斋笺谱》等。发明了木版水印、彩色套印等新技术，为中国雕版印刷术的新发展作出了杰出贡献。

明代的画论著述比前代丰富，不仅有画史、画论的专著，还有将文人在诗文、题跋、笔记中有关画论部分辑录而成的专书，对中国绘画理论的深入钻研起到了推动作用。

9. 清代

清代前期，文人山水画兴盛，并形成两种截然不同的艺术追求。在皇室贵族的推崇下，以承续明末董其昌画风的四王画派，形成摹古一派，居画坛正统地位；另一派是江南地区一批明代遗民画家，为了表达对满族贵族统治者的敌对态度，以寄情山水的方式，借画抒怀，艺术上表现出开拓、创新的精神，以金陵八家、朱耷、新安派为代表。

四王画派主要指王时敏、王鉴、王翚、王原祁四人，有时亦加上吴历、恽寿平，合称“四王吴恽”或“清初六家”。聚集于江南地区的明末遗民画家有：以龚贤为首的金陵八家，石涛，朱耷和新安派画家。

清代进入康乾盛世后，社会相对安定，绘画也呈现兴盛景象，北京、扬州成为绘画两大中心。京城的宫廷绘画活跃一时，内容、形式都比较丰富多彩。画者多是封建官员，他们在内廷奉旨而作画，山水、人物、花鸟等内容都有。这时期还有一些供奉内廷的外国传教士，有的也擅长绘画，如郎世宁、王致诚等人。他们把西洋画的透视法等引入中国，创造了中西结合的新画风。清代宫廷绘画自嘉庆以后日趋衰落。

清代中期，南方的扬州地区，扬州八怪掀起了一股新的艺术潮流。“八怪”并不限于 8 个人，而是代表了艺术个性鲜明、风格怪异的一批画家。他们继承石涛、朱耷重视生活感受、强调抒发性灵的特点，作品善用泼墨写意来表达深刻的思想和炽热的感情，形式也往往狂放怪异，在画坛上独树一帜。

道光以后，清朝进入没落衰亡阶段，中国逐步沦为半殖民地半封建社会，正宗的文人画流派和宫廷画日渐衰微，而辟为通商口岸的上海和广州受到风气的影响，出现了海派和岭南画派。海派画家有赵之谦、虚谷、吴昌硕等。他们在大写意花鸟画方面有重大发展，并将书法、篆刻等艺术形式融于绘画，以酣畅的笔力、浓郁的墨气、鲜亮的色彩以及书法金石的布局，创造出气魄豪迈的艺术形象和特有的风格，为文人画开拓了新的天地。广东的岭南画派，形成时间较晚，以晚清居巢、居廉兄弟开始，至民国初高剑父等人形成新派。他们把西方的素描、水彩画法与中国传统画技融会在一起，为中西绘画的结合积累了一定经验。

清代的民间绘画，如版画、年画等，呈现发展趋势。开始出现了民间画工组织的各种行会。壁画技艺水平不如前代发达。由名画家绘图的木刻画像、画谱，多达数十种，如刘源《凌烟阁功臣图像》、王概《芥子园画传》、任熊《剑侠传》和《列仙酒牌》等，在社会上都有一定的影响。在小说、戏曲等书籍的木刻插图中也有不少精品。

清代木版年画最为兴盛，由于民众的广泛需求而获得空前的发展，并形成杨柳青、桃花坞、杨家埠、绵竹、佛山等著名的制作中心。它们都富有各自的地方特色：天津的杨柳青是北方的年画中心，多绘喜庆吉祥题材，色彩鲜明，富有装饰性；山东潍县杨家埠年画属于杨柳青的支系，风格淳朴，更适合广大农村需要；江苏苏州桃花坞是南方年画中心，作品在描绘传统的吉祥题材的同时，还表现了繁华的都市风貌，使传统表现形式与仿西洋画法同时并存；四川绵竹年画，造型质朴，色彩艳丽；广东佛山以年画、门画为多，在华南和南洋广有市场。

清代绘画史论著述成果丰硕，有数百种之多。最著名的画论有石涛《苦瓜和尚画语录》，书中运用哲理性的语言来阐述绘画创作的原理，颇为深刻。王概的《芥子园画传》和后续三集所附的《画学浅说》等，主要讲述各种画法。还有其他一些有关论著、杂论，都有相当的社会影响。清代许多绘画论著与书法论著合在一起，同时还出现了综合性的丛辑，如《佩文斋书画谱》便是重要的宏篇巨著，共100卷，引用书籍1844种，资料丰富，体例精当，是书画史论集大成之作。

第四节　古代建筑特点和成就

中国古代建筑是世界上最古老的建筑体系之一，早在远古时代就开始采用了木构架技术。以后逐渐发展成以木构架为主要结构、以封闭的院落为基本群体布局方式的独特风格。中国古代建筑在群体布局、园林和城市规划上都具有鲜明的民族特色，对世界建筑的发展作出了巨大的贡献。

一、原始氏族社会

在原始氏族社会的旧石器时代，中国的原始先民就已经利用天然的洞穴作为栖身之所了，全国许多地方都发现他们居住过的崖洞。到了新石器时代，黄河中游的氏族部落，已经掌握用黄土和泥筑造墙壁的技术和木构架技术，建造出半穴居住所，进而发展为地上建筑。在南方长江流域，因潮湿多雨，为了躲避水害兽患，先是构木为巢，居住在树上；以后下落到地面，建造了干栏式建筑。所谓干栏式，是把木柱、竹柱打入地下一部分，在高出地面的部分建造房屋。古代文献所谓“构木为巢，以避群害”、“上者为巢，下者营窟”就是对上述情况的记载。

在距今7000年前的浙江余姚河姆渡文化时期，中国古代先民已经使用榫卯技术和地板拼合的企口技术来构筑木构架房屋了，这是中国木构建筑最基本的两种要素，一直沿用至今，7000年前的河姆渡人是在没有金属工具的石器时代发明了这种技术。考古发掘反映出木构架形制逐渐成为中国古代原始部落普遍采用的建筑形式。

2002年，在河南灵宝的西坡发现了距今6000~5000年前黄帝时代的宫殿建筑。那里的一座特大型房屋地基，占地达516平方米。是目前发现的新石器时代最大的房屋基址。大房四周有回廊，总共用了96根圆柱，而当时的工具只是石器。2004年，在大房基址南又发现四角各建有240平方米的大屋，围成了一个聚会、祭祀的广场。房屋的地面和墙上铺有朱砂，呈现一片红色。进一步扩大发掘，与大屋相仿的基址还有10余座。这一切表明，这时期的西坡已是一座结构严谨、区划分明的远古城池了。

为了探寻尧舜时期的文化遗迹，20世纪70年代末，考古学家对山西襄汾陶寺遗址进行重点发掘。在那里发现了属于4300年前的大、小相套的两座古城。小城58万平方米，为高等级人居住地。墓地在东城外。稍后又建有大城，280万平方米。高等级人居住区有仓储区、十几座地窖等。城南有石器作坊等。大城城墙十几米宽，需众多人力方能建成。假如社会组织达不到一定水平，就无法组织如此之多的人力来筑城。这些反映出当时已经存在贫富分化，权力已经集中在少数人手中了。这让人自然产生这样的疑问：当时是否有了统治者王以及国家的雏形？这里的宫殿墙壁是夯土筑成，墙外抹泥，再涂白色，上面做纹饰，形成白色印花墙皮。还有雷云纹陶板，似是陶瓦。这意味着4100年前的建筑已经使用陶瓦了。陶寺遗址虽有都城，但无宫城；

虽有宫殿，但没有整体规则的、对称的布局。

2003 年，在小城东南发现奇特的建筑：整体为弧形、横切面为梯形的一段墙，墙上有几道凹槽。这个建筑的对面是塔儿山。考古学家推测这里可能是观测天象的场所。过去原以为古代文献记载的有关天象观测等都是战国时代所为，现在表明 4000 年前的尧舜时代已经有了早期的天文历法的实践活动。可以说，这是迄今为止发现的世界上最早的观象台。

史书上曾记载“禹都阳城”。20 世纪 70 年代，在河南登封王城岗遗址发现有战国时的砖瓦，上面有“阳城”二字。因此可以断定这里就是禹的都城。先是发现了 1 万平方米的小城，后又发现 30 万平方米的大城。考古工作者正在进一步发掘，我们期待能有更多的文化遗存问世。

二、夏、商、西周

1979 年，在河南淮阳平粮台发现了夏朝初期的古城。城内有房基十余处，部分建于土台之上，部分建于平地。房屋墙壁已经普遍使用土坯砖，有的墙外表涂抹草泥。城内发现有陶水管多节及冶炼后的铜渣。

1959 年，在河南偃师二里头村发现大型宫殿遗址，有多座宫殿、高级墓葬、道路车辙等。测定时间为距今 3750~3500 年，应是夏朝后半期的都城。在这里发现最早的宫城，达 10 万平方米，周围有宽 10~20 米的道路环绕，城门处有门楼。宫城内建有众多的四合院式的宫殿。主殿居中，东西厢房对称布局，四周用回廊或夯土围墙围成庭院。院落前后相连，逐层递进。已经形成中轴线理念和典型的宫殿形制。

郑州商城坐落于今河南省郑州市北关一带，自 1950 年开始发掘。属于商代早期(或中期）遗址。城平面为长方形，周长 6960 米，采用分段版筑法建造。城内东北部较高地带有近 40 万平方米的大、中型夯土台基，应是贵族居住的宫殿区。城外分布着居民区和铸铜、制陶、制骨等手工作坊遗址。宫殿基址是用红土或黄土夯筑而成，大者达 2000 余平方米。基址表面有排列整齐的柱穴，间距在 2 米左右，柱穴底部有柱础石。这里有的石柱础上还垫有铜础，房架都用木柱支撑，墙用版筑。在门侧多埋有持兵器的武士数人，以为奠基之用。在商代后期的藁城台西遗址建筑中，还出现了用土坯砌的承重山墙。河南省安阳市小屯村有商朝晚期宫殿遗址。

周原遗址建筑中存有周人灭商以前的都城遗址。在岐山凤雏建筑基址上可以看到布局规整的，以门道、前堂、后室为中轴，东西配置厢房，并有回廊相连而成的前后两进、东西对称的封闭院落。建筑物的地面和墙壁都用细砂掺合砂子、石灰涂抹，表面光洁坚硬。还有陶水管或卵石砌成的排水管道。还发现许多各式板瓦、筒瓦、半瓦当。很多瓦上有圆柱状的瓦钉、瓦环。在陕西省西安市附近沣河两岸西周早期的丰镐遗址中，也发现许多陶质排水管、板瓦和白灰面墙皮的遗存。

斗拱形式的应用是中国传统建筑的一项精华。它巧妙地解决了梁与柱的接合，不仅能使屋柱更大限度地承载屋顶的重压，而且有利于建筑物面积的扩展。它可向外出挑，使建筑物出檐更远，造形更加优美壮观。斗拱构造精巧，造形美观，还能起到很好的装饰作用。我们虽然还没有发现商周时期斗拱建筑的实物，但在西周早期的青铜器造型上已经看到了斗拱的雏形。

三、春秋战国时期

西周以来确定了以宗法等级为核心的继承制，因此形成了严格的等级制度。在建筑方面，对于城池大小的标准以及最高统治者周王和各诸侯国贵族的宫殿、祭祀场所等建筑规格，都做出了严格的规定。这在《周礼》中都有明确的记载，在《左传》等史书中也都有许多生动的史实描写。

这时期各国都城一般都建有宫城，内有宫殿和台榭；其外由更大的郭城包围着，内有封闭的闾里和集市作为居民区。

四、秦汉时期

秦始皇统一中国之后，凭借封建帝国强大的实力，动用了全国的人力、物力在咸阳修筑都城、宫殿、陵墓。从阿房宫遗址和始皇陵，可以想见当年建筑的宏大雄伟。据《史记·秦始皇本纪》记载，仅阿房宫前殿就可以容纳上万人。从考古发掘结果看，当年阿房宫只完成了前殿建筑基址和部分宫墙的建设，其余部分并未来得及营建，而且也没有被大火焚烧过的痕迹。由此看来，项羽当时焚烧的应是秦都咸阳宫或其他秦宫室。

西汉建立后，经过休养生息之后，又开始了大规模营造建筑。汉武帝先后五次大规模修筑长城，开拓通往西亚的丝绸之路；又兴建长安城内的桂宫、光明宫和西南郊的建章宫、上林苑。西汉末年还在长安南郊建造明堂、辟雍。东汉光武帝依东周都城故址营建了洛阳城及其宫殿。

秦、汉五百年间，由于国家统一、国力富强，中国古建筑得到新的发展。其结构主体的木构架已基本成熟，重要建筑物上普遍采用斗拱；屋顶也出现了庑殿、歇山、悬山、攒尖、囤顶等多种形式。制砖及砖石结构和拱券结构也多了起来。

五、魏晋南北朝时期

这是一段民族大融合时期，也是外来的佛教文化与中华传统文化相融合的时期。在此期间，传统建筑持续发展，并有佛教寺庙建筑大量涌现。北朝营建了都城洛阳，南朝营建了都城建康城。这些都城、宫殿都是在前代基础上持续营造的。《晋书》记载晋孝武帝时，太极殿东头有鸱尾。这是建筑上使用鸱尾的最早记载。

这时期建筑上一个重要的变化是，开始放弃夯土墙，全由木构架作为房屋的支撑。这样，墙壁的承重作用就被取消了。尤其是南方气候潮湿多雨，对于夯土墙是不利的。当时建筑的技术水平已能保证木构架能够起到承重和稳定的作用。

南北朝政权大都广建佛寺、佛塔。据记载，北魏建有佛寺 3 万多所，仅洛阳就建有 1367 座寺庙。南朝都城建康也建有佛寺 500 多所。石窟寺的开凿一时兴盛起来，推动了中国石雕、泥塑技艺的发展。大同云冈石窟、敦煌莫高窟、天水麦积山石窟、洛阳龙门石窟等都是这一时期开凿的。

六、隋唐时期

隋朝修建了都城大兴城（今西安），营造了东都洛阳，经营了长江下游的江都(扬州)。开凿了 2000 多公里长的大运河。隋炀帝时，工匠李春在今河北赵县建造安济桥，这是世界上最早的敞肩石拱桥。

唐代前期由于经济繁荣、国力富强，在国都长安与东都洛阳修建了规模宏大的宫殿、苑囿、官署。同时也兴建了大量寺塔、道观，并继承前代续凿石窟佛寺。朝廷还制定了营缮的法令，设置有掌管绳墨、绘制图样和管理营造的官员。

这时期，建筑中的斗拱叠放形式更加多样化，有助于烘托出建筑的富丽堂皇。中唐以后，琉璃瓦开始普遍使用。从考古发掘盛唐时期的大明宫含元殿、麟德殿等建筑遗址看，尚未使用琉璃瓦；然而中晚唐建造的清思殿等遗址，就出土了各种色彩的琉璃瓦。

七、辽宋金时期

辽代继承了唐朝北方建筑的传统。蓟县独乐寺的观音阁属于辽代早期建筑，完全体现了唐朝的建筑风格。辽代建造的山西应县木塔，高 67 米，是现存最高的木结构建筑，虽然经历了多次较大的地震，但依然巍峨屹立至今。

宋代由于城市经济的发展，商业贸易繁荣，使得城市建制突破了春秋以来的封闭式及实行宵禁的坊市制，变成临街设店、沿巷建住宅的开放性的新型城市。这是中国古代城市制度的重大变革，此后一直延续至今。

晚唐以后，室内家具由低矮的床榻几案演变成供人垂足而坐的桌椅了，由此引发了宋代室内高度的增加和室内布置、装饰的变化。

1103 年（北宋徽宗崇宁二年），朝廷颁布并刊行了《营造法式》。这是一部完备地记录建筑技术的专书，规范了建筑设计和施工操作的各项标准。颁刊的目的是为了加强对宫殿、寺庙、官署、府第等官式建筑的管理。书中总结历代以来建筑技术的经验，制定了建筑模数制。《营造法式》的问世，说明了中国建筑已经采用模数制来规范构件的规格了，一直到清末为止，全世界建筑采用模数制的就只有中国。19 世纪以后，一些西方建筑师也曾倡议使用模数制来规范建筑构件的规格，但牵涉的利益方太多，最终不了了之。这是中国古代建筑技术和建筑管理高水平发展的产物。

金朝在其势力向南发展的过程中，越来越多地学习了汉族文化。金朝的许多官式建筑都因袭了北宋的传统，变得繁复起来。

八、元明清时期

元朝建筑延续了宋、金传统，仍保留它们的特点，但是由于所用材质下降，使得梁柱偏细，斗拱变矮。北方多用圆木做梁，构架灵活，风格粗犷；南方延续南宋的秀丽风格，构架精细。由于疆域扩大，西藏、新疆的建筑特色也传入内地。元大都建在今北京地区，是继隋唐长安、洛阳以后又一个按规划新建的大都城。它依照《考工记》“左祖右社，前朝后市”制度而建，表现出规整、端庄的气度。皇城之外分布棋盘形街道，其间的巷道称为胡同，两旁建有住宅。

明初建都南京，宫廷建筑继承了南宋以来的传统形式。明成祖建都北京时又采用北方的官式建筑。明代北京是在元大都原址上稍向南移，街道等基本保留下来，但皇城、宫城和宫殿则全是新建的。至明中期以后，又加建了南外城。作为京城，有长近

8 公里的南北中轴线，20 余座城门、宫门、宫殿和钟鼓楼贯穿其间，显示了宏大、端庄的气势。明朝开国皇帝朱元璋为王府、衙署、官民住宅的建筑规格定下了严格的等级制度。各地重要的州、府、县城的城墙都用砖包砌，建造有城楼。各地的民居各具风格，如山西丁村、安徽歙县等地的住房形式都很有地方特色。

清代官式建筑与明代一脉相承。1733 年（清世宗雍正十一年），朝廷颁布了《工程做法》，对明清两代建筑特点作了总结。清代建筑以口斗（拱宽）或柱径为模数，便于计算。梁柱结合简单，标准化程度高。清代的园林建造取得了丰硕成果。

第五节　古代园林艺术成就

一、商周时期

中国的园林建筑具有鲜明的民族特色和辉煌成就。早在商朝的甲骨文中就有了“园、圃、囿”等字。其中囿是指有围墙的园子，因此具有园林的性质。商王、周王和一些奴隶主贵族都有囿，是他们狩猎取乐之处。《史记·殷本纪》中记载沙丘苑台“多取野兽蜚鸟置其中”，就是供商纣王游乐之所。西周时有“灵囿”，方 70 里，养百兽鱼鸟，供帝王游猎取乐。

商周的囿，多是在天然景色中繁育草木鸟兽，再筑以人工的台榭，一般方圆几十里或上百里。

二、春秋战国时期

这时期关于统治者建造苑囿的记载更加多了起来。《晏子春秋》记载，齐景公时“侈为宫室，广为台榭”，其宫殿“皆雕文刻镂之观……文绣披台榭”，说明建筑的华丽。晏子曾陪同齐景公登柏寝之台，观望齐国沃野，可见台之高大。

《述异记》记载，吴王夫差筑姑苏台，三年乃成，其中蜿蜒曲折，宫馆重叠，耗费大量人力。又建造高耸的春宵宫，内充宫妓数千人，作长夜之饮。吴王还在宫中筑海灵馆、馆娃阁，铜钩玉槛，珠玉饰之。不仅规模宏大，而且装饰豪华。

三、秦汉时期

秦始皇统一中国后，穷奢极欲，广筑宫室苑囿。《三辅黄图》记载："始皇穷极奢侈，筑咸阳宫（亦称信宫），因北陵营殿……引渭水贯都，以象天汉；横桥南渡，以法牵牛。"咸阳"……东西八百里，南北四百里，离宫别馆，相望联属，木衣绨绣，土被朱紫，宫人不移，乐不改悬，穷年忘归，犹不能遍"。可见信宫的规模之大，前所未有。又记载阿房宫："始皇广其宫，规恢三百余里。离宫别馆，弥山跨谷，辇道相属，阁道通骊山八十余里。表南山之颠以为阙，络樊川以为池。"从中可以看出秦朝的宫苑建筑规模追求宏伟壮丽，以显示帝王的尊严。

西汉统治者大造园林，以汉武帝最为突出。《汉旧仪》记载："上林苑方三百里，苑中养百兽，天子秋冬射猎取之。其中离宫七十所，皆容千乘万骑"，"上林苑中有六池、市郭、宫殿、鱼台、犬台、兽圈"。一方面苑中养百兽供帝王狩猎，同时又建有宫与观等建筑。观是高耸的阁楼建筑，供登临远望和满足帝王求仙的愿望。据记载，上林苑中又有三十六苑，如宜春苑、御宿苑、思贤苑、博望苑等，它们各有不同的用处，如思贤苑是专为招待宾客的，御宿苑则是汉武帝的寝居之所。显然，造园者在设计时就已经考虑了总体布局与空间的处理，把全园划分成若干景区和空间，令它们都有各自的主题和特色。上林苑中还有多处水景区，如昆明池、如祀池、郎池、东陂池、蒯池等。《三辅故事》记载："昆明池盖三百二十顷，池中有豫章台及石鲸鱼，刻石为鲸鱼，长三丈，每至雷雨，常鸣吼，鬣尾皆动"，"池中有龙首船，常令宫女泛舟池中，张凤盖，建华旗，作棹歌，杂以鼓吹，帝御豫章观临观焉"。皇帝在昆明池不仅乘舟游览景色，而且欣赏歌舞。建章宫北的太液池也是著名的园林景区，池中有蓬莱、瀛洲、方丈三岛，象征海中仙境。《两京杂记》中还记载："太液池西有一池名孤树池，池中有洲，洲上杉树一株，六十余围，望之重重如彩盖，故取为名。"又有彩蛾池"武帝凿池以玩月，其旁起望鹊台以眺月，影入池中，使宫人乘舟弄月影，名影娥池，亦曰眺蟾台"。这些景区的意境都令人玩味无穷。这种人为的园林山水造景的艺术构思，为后世的中国山水园林建筑开辟了独具民族特色的发展道路。

汉代还出现了富商大贾们私人营造的园囿。《西京杂记》记载："茂陵富民袁广汉，藏镪巨万，家童八九百人。于北邙山下筑园，东西四里，南北五里，激流水注其中。构石为山，高十余丈，连延数里。养白鹦鹉、紫鸳鸯、牦牛等奇兽珍禽，委积其间。积沙为洲屿，激水为波涛，致江鸥海鹤孕雏产彀，延馒林池；奇树异草，靡不培植。屋皆徘徊连属，重阁移扉，行之移晷不能偏也。”看来，这种私人园林除了规模小于皇家禁苑外，在造园手法以及园林的奢靡布置上丝毫不让皇家园林。

四、魏晋南北朝时期

这时期，中国的绘画、雕塑、书法等艺术在玄学“崇尚自然”观念的影响下都有重大的发展，中国的园林建筑也从中吸收了丰富的营养，获得了新的发展。这时的园林艺术表现出崇尚自然山水的倾向，虽然仍有宫、殿、楼阁建筑，并充以禽兽，但人造宫苑的形式被淡化，而古代苑囿中体现自然山水的情趣被继承下来。例如构山，就要重岩覆岭、深溪洞壑，崎岖山路，涧道盘纡，显现山的自然形势；山上植树，就要高林巨树、悬葛垂萝；叠石，就要有石洞，能潜行数百步，仿佛进入天然岩洞一般。所建殿阁楼馆，列于上下，半山建亭，便于憩息；跨水为榭，流水荡漾。这样的园林，虽是人为营建，却能显出自然意趣。

三国时，魏文帝“以五色石起景阳山于芳林苑，树松竹草木，捕禽兽以充其中”。东吴的孙皓在南京“大开苑囿，起土山楼观，功役之费以亿万计”。晋武帝司马炎重修“香林苑”，并改名“华林苑”。到南朝时，梁武帝又重修齐高帝的“芳林苑”，“植嘉树珍果，穷极雕丽”。北朝在盛乐（今内蒙古和林格尔）建“鹿苑”，引附近武川之水注入苑内，广数十里。

在私家园林方面，豪富们竞相建造，把自然式的山水景色浓缩在自家园林中。如西晋以夸富得意的石崇，建造了当时著名的“金谷园”，称为“河阳别业”。他自己记述说：“余有别庐在金谷涧中，或高或下。有清泉茂林，众果竹柏药草之属，田四十顷，羊二百口，鸡猪鹅鸭之类莫不毕备。又有水碓鱼池土窟，其为娱目欢心之物备矣。”这只是其中一例。东晋书圣王羲之在会稽山阴兰亭与朋友雅集，行修禊事，有曲水流觞之美谈。后世园林中，也就常建有“曲水流觞”的亭台。南朝诗人谢灵运在《山居赋》中，阐述了他营建山居别业的感受，介绍了诸如园林相地卜居的原则、借景手法、因山岩水泽而设置建筑物以及如何开辟路径等经验。

洛阳自北魏孝文帝迁都后，作为北方政治、经济、文化中心，其中的私家园林也争相经营起来。《洛阳伽兰记》记载：“当时四海晏清……于是帝族王侯、外戚公主，擅山海之富、居川林之饶，争修园宅，互相竞争，祟门丰室、洞房连户，飞馆生风、重楼起雾。高台芸榭，家家而筑；花林曲池，园园而有，莫不桃李夏绿，竹柏冬青。”“入其后园，见沟渎赛产，石蹬碓尧。朱荷出池，绿萍浮水。飞梁跨阁，高树出云。”

那些贵族富豪常常在宅居的后部建园，这也成了后世的传统做法，无论大小，总是称为“后花园”。

皇家园林这时期也有出色的成绩。洛阳在东汉时已有皇家园林十余所之多，以后又不断扩大和增加。魏明帝时所建芳林苑就是其中之一。它在洛阳城内北偏东，史书《魏略》说：“于芳林苑中起陂池，楫棹越歌。又于列殿之北立八坊，诸才人以次序处其中……自贵人以下至尚保及给掖庭洒扫、习伎歌者，各有数千。通引谷水过九龙殿前，为玉井绮栏，蟾蜍含受，神龙吐出，使博士马均作司南车，水转百戏。岁首建巨兽，鱼龙曼延，弄马倒骑备如汉西京之制。”这里既延续了汉代苑囿的某些特点，又有新的发展，成为后世皇家园林的楷模。

这一时期，佛教在同中国传统文化的磨合中得到兴盛发展，无论北方还是南方，都有大量佛教寺庙建造起来，它们除了建有供奉佛像的殿宇外，还往往建有附属的园林部分，构成佛寺园林。这些佛寺园林大都选择在山林水畔、美丽幽静之处，即使在城市内，也尽量利用树木等渲染脱离尘世的恬静环境。当时的建康同泰寺（今南京鸡鸣寺）等都附带着这样的佛寺园林。与皇家园林和私人园林不同，佛寺园林允许广大贫苦百姓入内焚香游览，因此具有一定的公共园林性质。

五、隋唐时期

隋炀帝追求园林的奢华，《隋书·食货志》记载所修显仁宫“周围数百里。课天下诸州，各贡草木花果，奇禽异兽于其中”。隋炀帝在洛阳兴建的西苑，是继汉代上林苑后最豪华壮丽的皇家园林。《隋书》记载：“西苑周二百里，其内为海，周十余里，为蓬莱、方丈、瀛洲诸山，高百余尺，台观殿阁，罗塔山上。海北有渠，萦纡注海，缘渠作十六院，门皆临渠，穷极华丽。”《大业杂记》载：“苑内造山为海，周十余里，水深数十丈，上有通真观、习灵台、总仙宫，分在诸山。风亭月观，皆以机成，或起或灭，若有神变，海北有龙鳞渠，屈曲周绕十六院入海。”西苑的总体布局是以人工叠造山水，并以山水为园的主要脉络，特别是将全园主要水系龙鳞渠贯通十六个院，使每个庭院三面临水，以飞桥亭榭丰富园景。园中建筑隐映林间，隐露结合，构成层次分明、意境深远的效果，对以后唐代宫苑产生较大影响。

园林艺术在唐朝进一步发展。长安东南有曲江池，汉武帝曾在此造宜春苑，隋初改建为芙蓉园。唐代对水道重加疏浚，筑紫云楼等殿阁亭榭，遍植花草，成为京都第一胜景。凡遇中和（二月初一）、上巳（三月初三）等节日，达官显贵、商贾士众，皆来游玩。杜甫有诗《丽人行》云："三月三日天气新，长安水边多丽人"便是指此。每科新中的进士，也都在此宴会，称曲江会，盛极一时。

开封东南有睢园，原为西汉梁孝王筑，名梁园，为游赏宴会之处。唐初王勃在《滕王阁诗序》中说："睢园绿竹，气凌彭泽之樽"，对当年的园中宴饮盛况给予了很高的评价。

北宋李格非在《洛阳名园记》中记载，唐安史之乱前，公卿贵戚在东都洛阳建造的邸园，就达千处之多。唐朝文人、画家多自建园林，并将诗情画意与园林艺术融为一体。著名诗人白居易、王维等都是代表人物。柳宗元在其《零陵三亭记》、《柳州东亭记》等文章中都谈到园林的营建。他认为，即便是废弃地，只要因势利导、匠心独运加以改造，就能成园。白居易喜爱造园，长安有宅园，庐山建草堂，在杭州刺史任上构筑西湖白堤，营建了风景区。他的《草堂记》记述了庐山草堂怎样选址，怎样使建筑物与环境协调，怎样引泉水发出声音而造成雨露的景色，等等。白居易的庐山草堂至今仍是庐山的一处风景名胜。

被苏东坡誉为"诗中有画，画中有诗"的王维，晚年在陕西蓝田县南终南山下作辋川别业。新旧《唐书》本传记载："维别墅在辋川，地奇胜，有华子冈，歌湖，竹里馆，茱萸汴，辛夷坞。"他把自己的园林多次写入诗歌和书信中。诗歌使他的田园更加富于诗意，园林也使他的诗歌抒发了超逸的恬淡情趣。让人惋惜的是，唐朝的园林因五代十国战乱的蹂躏都被毁于一旦。

华清宫是唐朝著名的皇家园林之一，它位于陕西临潼县。其中的华清池温泉与杨贵妃的故事紧密联系在一起。早在3000年前西周幽王时，即在此修建骊宫，以为洗浴游乐之处。至唐朝时成为帝王勋贵沐浴的离宫别苑。华清宫是一座宫城，由宫殿、亭阁、回廊等组成，随地势高下曲折而筑。其间遍布青松翠柏，风光秀丽。绿荫丛中，亭、台、轩、榭，若隐若现。每当夕阳西下，落日余辉给青秀山岭罩上一抹金黄，令人流连忘返，被誉为"关中八景"之一，称为"骊山晚照"。宫内有专为唐玄宗、杨贵妃、太子们建造的温泉汤池殿宇。附近还有长生殿等遗址，不由得令人脑海中浮出白居易《长恨歌》中的名句和清代洪昇的著名戏曲《长生殿》。华清宫的建筑艺术饱含着历史文化内涵，令人顿生怀古之幽思。

六、宋元时期

宋代文人画家一心将山水风光与诗情画意交融在一起，于是形成文人构思的写意山水园林艺术。这些文人画家亲自参加造园设计，所造之园多以画设景，景含诗意，并且将楹联、诗句、书法与园林建筑相结合，形成一种整体艺术，对后世园林艺术的发展产生了深刻影响。北宋造园由唐代的山居别业转变为在城市中营建山林别苑，由依赖自然山水转而致力于人造丘壑溪瀑。这些都成为宋代造园的重要特点。

北宋园林的最高水平和最具典型性的当属寿山艮岳。它是当朝皇帝宋徽宗赵佶的杰作。赵佶在书法、绘画方面具备深厚的艺术修养，也喜欢造园。他命人搜集江浙一带的奇花异石进贡朝廷，号称"花石纲"。然后以千夫挽大舟，凿河断桥，运至汴京，建造艮岳。据记载，艮岳多用太湖石叠砌而成，"山周十余里，其最高一峰九十步，上有介亭，分东西二岭，直接南山"，同时"寿山两峰并峙，列峰如屏，瀑布下入雁池，池水清澈涟漪，凫雁浮泳水面，栖息石间，不可胜数"。这山和水构成全园的骨干，正合山水画的"先立宾主之位，次定远近之形"的宗旨。其间的殿宇及亭、台、轩、榭等，疏密错落分布，有的淡雅超逸，有的典雅堂皇，有的可供恬息宴饮，有的可资景色观赏。园中各种建筑已不是成群、成组的分布，而是因地势、因景色的特点而建，在很大程度上改变了唐以前的宫苑传统。艮岳的东麓植有玉梅万株，形成一片梅海。西庄则布置乡村农舍，让那些厌倦了殿堂朱门生活的帝王显贵们在此玩味田园野趣。艮岳中也驯养了各种飞禽异兽，但已不再供狩猎之用了，而是成为园林景观的点缀，增加了自然情趣。北宋艮岳的落成，是中国园林史上的一大成就，成为以后元、明、清宫苑的重要借鉴。不过，艮岳在园林上的艺术成就再高，也无法掩盖宋徽宗在政治上是个玩物丧志的失败者。

洛阳的园林，大多是在唐朝别业园林的基础上发展的。北宋初年，李格非撰《洛阳名园记》，介绍了当时洛阳名园有十九个。与以前园林相比，这些园景有的与住宅分开，单独建园，专供休息、游宴之用。有的只是广植花木，专为观赏，如当时的天王院花园，园中既无池也无亭，独有牡丹十万株。牡丹花开时引得人们纷纷前来赏花。

南宋最著名的园林主要集中在京城临安的西湖景区。这时营建园林的特点在于，以原有的西湖自然景观为基础，加以人工规划、修饰，创造出各种富于人文内涵的自然景观。在西湖景区的湖光山色之中，自古流传下来许多古人遗迹和神话传说，它们与自然风光都成了造园的素材，使得这里的园林充满文化氛围。古人赞誉西湖有若干"景"，如：苏堤春晓、柳浪闻莺、花港观鱼、曲院风荷、平湖秋月、断桥残雪、雷峰夕照、南屏晚钟、双峰插云、三潭印月等闻名中外的景点，不胜枚举，又有多少生动的故事和精彩的文学作品令人神往。

宋朝开始有评述名园的专文，如北宋李格非的《洛阳名园记》，南宋周密的《吴兴园林记》等，都对后世造园有一定影响。

元朝在园林建筑方面没有新的成就，值得一提的是元大都的大液池。大液池即今北京的北海公园。辽代曾在此建瑶屿行宫，金朝又在此修离宫和金海（即大液池）。当时琼华岛上有瑶光殿，又把北宋汴京的艮岳大湖石运来堆叠假山。忽必烈建大都时，把琼华岛改名万岁山，把金海改名为大液池。元朝大液池万岁山的正中山顶是广寒殿，许多盛典是在这里举行的。广寒殿左有金露亭，右有玉虹亭，前有三殿并列。方壶、瀛洲两亭左右对称相望。明朝时，这里又曾重新修治。琼华岛和大液池沿岸增加了一些建筑，扩建后易名为西苑（包括中、南海部分）。清朝时，这里进一步扩展，形成中、南、北三海，简称三海。

七、明清时期

明清两代继承了古代的造园经验，进一步大力营建皇家园林和私人园林。

皇家园林至清代康熙、雍正、乾隆时达到营建高潮。皇家园林集中于京师，有的属于宫廷的御苑（如故宫御花园、乾隆花园及三海），也有的是在郊区风景胜地建筑的离宫（如颐和园、圆明园等）。还有更远一些的行宫，如承德避暑山庄。

就皇家园林而言，除了前文已述的三海及琼华岛外，明清的皇家园林主要建在北京西郊一带。那里既多山丘，又富水网，佛寺禅林和园林别业点缀其间，早已是文人雅客宴集筹唱之处。特别是清代在这一带大力经营，著名的畅春园、圆明园、玉泉山静明园、香山静宜园、万寿山清漪园（即颐和园）等“三山五园”相继问世。

颐和园地处北京西北郊，距城10公里，附近玉泉山水汇成瓮山前的大片湖泊，明代称为西湖。瓮山前有长堤，圆通寺立于山顶，湖中遍植莲菱，远处西山碧影隐然如画。清乾隆皇帝为了给其母庆贺六十寿辰，开始对瓮山西湖扩大规模营建，称清漪园，并将瓮山更名为万寿山，西湖更名为昆明湖。又在后湖沿岸修建仿江南的临水街市，即今之苏州街。清漪园在1860年（清文宗咸丰十年）、1900年（清德宗光绪十六年）两次遭到英法联军及八国联军的焚烧洗劫，慈禧太后又挪用巨款进行修复，更名为颐和园。这里融会了南北园林建筑特色，既有宫殿建筑又有私家庭园。全园以仁寿殿政治活动区为中心，配以乐寿堂、玉澜堂、德和园等生活区以及万寿山昆明湖为主的游览区。

圆明园始建于清代康熙年间，在以后的150多年中仍陆续修建。主体为圆明园、长春园、万春园三部分，共占地5000多亩，有风景点100多处，被誉为“万园之园”，在建筑规模及艺术造诣上都达到登峰造极的境界。

圆明园内建筑形式丰富多彩。有供皇帝朝会的正大光明殿，也有景色开阔的九州清宴，湖面浩渺的福海，海中建有蓬岛瑶台，园中还有佛教建筑舍卫城、收藏四库全书的文源阁、刊刻淳化阁帖的淳化轩、观赏戏曲表演的同乐园、仿江南的喧闹街市和仿农家村落的北远山村。园中还仿建了杭州西湖、苏州狮子林、海宁安澜园、江宁瞻园等南方名胜景物。还建造了西洋式的建筑群，楼前安装人工喷泉，将西洋建筑融入中国传统建筑之中，既和谐又有新奇感，别具一格。

承德避暑山庄是清代帝王夏季避暑和从事政治活动的地方。北部木兰围场山林密布，是清代帝王秋季狩猎的好去处。山庄外围建有八座大佛寺，将宫廷、园林、庙宇相结合成一个完整的建筑群体。山庄内，以澹泊敬诚殿为中心，采用木结构，不加彩饰，体现出古朴自然的风格。

在外八庙中，普陀宗乘之庙建于1767年（清高宗乾隆三十二年），仿拉萨布达拉宫样式建成，是在准噶尔叛乱平定不久，为接待青海、新疆各族上层人物而建。1780年（清高宗乾隆四十五年），为了接待后藏宗教首领班禅六世到承德朝觐，仿照日喀则扎什伦布寺而兴建须弥福寿之庙。这两庙在外八庙中规模最大，分别仿前后藏喇嘛寺庙的风格，并融入汉族建筑艺术，蔚为壮观。

明清两代的私人园林也很兴盛，有的是在王府、会馆及大宅院中建有亭台池榭，有的是选在风景秀丽之处建造休闲别墅，还有的是在城市之中闹中取静建造精致秀美的园林。

北方的私家园林多集中在帝都北京，因气候寒冷，建筑形式比较封闭，布局也多使用轴线安排，建筑厚重端庄，堆叠的山石格调浑厚。冬季一片寒色，叶落水冻，令人置身萧瑟寒林之中。较为著名的有一亩园、清华园、勺园等。

清华园为明人李伟所建，原是一座以水面为主体的水景园，又叠石造山，建以厅堂、楼台、亭榭等，景色秀丽。今处于清华大学校址内。

勺园在清华之东，为万历年间米万钟所建，稍晚于清华园。勺园也是一座水景园，虽比清华园小，但建筑艺术上更为精致。园中分布的堤、桥将水面隔成许多小区，形成堤环水抱、柳浪塔影的景色。今处于北京大学校园内。

南方的私人园林胜景以经济繁荣、文人荟萃的苏州、扬州、无锡、杭州等处最负盛名。

苏州的名园有沧浪亭（始建于宋），狮子林（始见于元），拙政园、留园、五峰园（始建于明），怡园、藕园、网师园、鹤园等（始建于清），至今保存比较完好，因此苏州也被誉为花园城市。

扬州为盐商富豪聚居之所，也是文人雅集之地，又有清帝数次南巡，促使这一地区造园兴盛。市内以瘦西湖为中心，沿湖有平山堂等楼台相望，名园数十相连，花好月圆，美景动人。清人李斗所撰《扬州画舫录》对此有生动的描述。其他如上海的豫园、无锡惠山寄畅园等都是著名园林。江南园林不仅在建筑方面富有特色，它还融入了绘画、书法、诗歌、雕篆等多方面的艺术成就，往往还渗透着文人才子们的风流逸事以及各种历史典故，蕴涵着丰厚的文化内涵。

八、近现代公园的形成

在 17、18 世纪，西方的传教士和外交使团把中国古典园林的艺术传统带到欧洲，于是在西方掀起了一股所谓的洛可可风格，即以园林中人工堆砌山石为代表的中国风格。一时间，在欧洲的庭园中以堆砌假山石做点缀成为时髦。1730 年，在伦敦郊外的皇家植物园中，除模仿中国的自然式布局外，还出现了中国式的宝塔和桥。随后，中国园林艺术那种顺应自然的设计手法，在欧洲广为传播。

然而 1840 年鸦片战争后，中国遭受殖民主义侵略，园林建设也产生了重大变化。帝国主义在中国开设了租界，为了满足他们在中国土地上游乐的需求，便把欧洲式的公园建到了中国，这种殖民地公园建立最早和最多的地方当属上海。

在上海，1868 年建造的“公花园”（黄浦公园）是最早的西式园林，殖民者规定“华人与狗不准入内”，这不仅是对中国人民明目张胆的侮辱，也说明“公园”在当时并不姓“公”。之后又有 1905 年的“虹口公园”，1908 年的“法国公园”（复兴公园），1914 年的“极斯非尔公园”（中山公园）等。这些公园的规划布局多采取法国规则式和英国风景式两种，其中有大片草地和占地很少的建筑，为的是供洋人们散步、打网球和高尔夫球，以及饮酒休息之用，有着明显的西洋色调。

这时期由中国人建造的公园，是 1906 年在无锡、金匮两县乡绅俞仲等筹资营建的“锡金公花园”。辛亥革命后进行扩建，定名为“城中公园”，其特点是多建筑，无草地，有假山，有古典特色的自然式水池等。它对中国人开放，这与上海早期的公园有明显的不同。

辛亥革命前，孙中山曾在广州的越秀山麓读书。辛亥革命后，孙中山指定将越秀山辟为公园，即越秀公园。民国初期，以朱启矜等为代表的一批开明人士，致力于改造旧城市，积极筹建公园。于是中国的一些大城市中，相继出现了面向公众开放的公园，如广州的中央公园、武汉的汉口市府公园、昆明的翠湖公园、北平的中央公园(今中山公园)、南京的玄武湖公园、厦门的中山公园、长沙的天心公园等。当时也有一些民族资本家私人办园向公众开放，如无锡的惠山公园等。

上述公园大都是在原有风景名胜处加以改建而成的；或者就是利用原有的古典园林，如无锡惠山公园等；也有的是在空地或农地上参照欧洲公园特点新建起来的。这都为以后公园的建设开辟了发展道路。中华人民共和国成立后，全国的城市规划和公园建设又进入了一个全新的发展阶段。

第四章
中国的民俗文化

第一节　传统节日

一、春节

春节一般指除夕和正月初一。但在民间，传统意义上的春节是指从腊月初八的腊祭或腊月二十三的祭灶，一直到正月十五这一段时间，其中以除夕和正月初一为高潮。在春节期间，中国的汉族和很多少数民族都要举行各种活动以示庆祝。这些活动均以祭祀神佛、祭奠祖先、除旧布新、迎禧接福、祈求丰年为主要内容。活动丰富多彩，带有浓郁的民族特色。

春节在不同时代有不同名称。在先秦时叫“上日”、“元日”、“改岁”、“献岁”等；到了两汉时期，又被叫做“三朝”、“岁旦”、“正旦”、“正日”；魏晋南北朝时称为“元辰”、“元日”、“元首”、“岁朝”等；到了唐宋元明，则称为“元旦”、“元”、“岁日”、“新正”、“新元”等；而清代，一直叫“元旦”或“元日”。

1949 年 12 月 23 日，中华人民共和国中央人民政府规定每年春节放假三天。中国是个多民族的国家，各民族过新年的形式各有不同。汉族、满族和朝鲜族等过春节的风俗习惯差不多，全家团圆，人们吃年糕、水饺以及各种丰盛的饭菜、张灯结彩，燃放鞭炮，并互相祝福。春节期间的庆祝活动极为丰富多彩，有舞狮耍龙的，也有踩高跷、跑旱船的。在有些地区，人们沿袭过去祭祖敬神的活动，祈求新的一年风调雨顺，平安丰收。古代的蒙古族，把春节叫做“白节”，正月叫白月，是吉祥如意的意思。藏族过藏历年。回族、维吾尔族、哈萨克族等过“古尔邦节”。春节也是苗族、壮族、瑶族等的盛大节日。

二、清明节

清明节古代也叫三月节，已有2500多年历史。每年公历4月5日前后为清明节。清明节也是二十四节气之一。在二十四个节气中，既是节气又是节日的只有清明。清明节是中国重要的传统民俗节日之一。清明节后雨水增多，大地呈现春和景明之象。这一时节万物“吐故纳新”，无论是大自然中的植被，还是与自然共处的人体，都在此时换去冬天的污浊，迎来春天的气息，实现由阴到阳的转化。

清明节自古以来还是中国人扫墓和祭奠亡人的重要日子。唐朝诗人白居易在《寒食野望吟》中说到扫墓的凄凉情景：“乌啼鹊噪昏乔木，清明寒食谁家哭？风吹旷野纸钱飞，古墓累累春草绿。……萧萧暮雨人归去。”宋朝时，这一天也是“官员士庶俱出郊省坟，以尽思时之敬”（吴自牧《梦粱录》）。至今人们仍然遵行这一风俗，在清明节这一天进行扫墓等活动，表达对革命先烈及先人的缅怀和追思。

清明节还有许多失传的风俗，如古代曾长期流传的戴柳、射柳、打秋千等。据记载，辽代风俗最重清明节，上至朝廷下至庶民百姓都以打秋千为乐，仕女云集，踏青之风也极盛。

自2008年开始，中国政府规定，把清明节作为全国的法定节日，放假一天。

三、端午节

农历五月初五是端午节。端午节又名端阳节、重午节。据史料记载，公元前278年（秦昭襄王二十九年）农历五月初五，楚国大夫、爱国诗人屈原听到秦军攻破楚国都城的消息后，悲愤交加，心如刀割，愤然写下绝笔作《怀沙》，此后抱石投入汨罗江，以身殉国。沿江百姓纷纷引舟竞渡前去打捞，沿水招魂，并将粽子投入江中，以免鱼虾蚕食他的身体。这一习俗绵延至今，已有2000多年历史。千百年来，屈原的爱国精神和感人诗词，深入人心。人们“惜而哀之，世论其辞，以相传焉”（东汉王逸《楚辞章句》）。

在民俗文化领域，中国民众从此把端午节的龙舟竞渡和吃粽子等，与纪念屈原紧密联系在一起。随着屈原影响的不断增大，始于春秋战国的端午节也逐步传播开来，成为中华民族的节日。中国的端午节还有许多别称，如：午日节、五月节、浴兰节、女儿节、天中节、诗人节、龙日，等等。虽然名称不同，但各地人们过节的习俗却大同小异。内容主要有：女儿回娘家，挂钟馗像，悬挂菖蒲、艾草，佩香囊，赛龙舟，比武，击球，荡秋千，给小孩涂雄黄，饮用雄黄酒，吃咸蛋、粽子和时令鲜果等，除了有迷信色彩的活动逐渐消失外，其余习俗至今仍流行于中国各地及邻近国家。自2008年开始，中国政府规定，把端午节作为全国的法定节日，放假一天。

四、中秋节

每年农历八月十五日是中国传统的中秋佳节。这时是一年秋季的中期，所以被称为中秋。这是中国仅次于春节的第二大传统节日。在中国的农历里，一年分为四季，每季又分为孟、仲、季三个部分。八月十五的月亮比其他几个月的满月更圆，更明亮，所以又叫月夕、秋节、仲秋节、八月节、八月会、追月节、玩月节、拜月节、女儿节或团圆节，是流行于全国众多民族中的传统文化节日。此夜，人们仰望天空如玉如盘的朗朗明月，自然会期盼家人团聚。远在他乡的游子，也借此寄托对故乡和亲人的思念之情。所以，中秋又称“团圆节”。

“中秋”一词，最早见于《周礼》一书，而真正形成全国性的节日是在唐代。中国人民在古代就有“秋暮夕月”的习俗。夕月，即祭拜月神。在古代，每逢中秋夜都要举行迎寒和祭月。设大香案，摆上月饼、苹果、红枣、李子、葡萄等祭品，其中月饼和西瓜是绝对不能少的，西瓜还要切成莲花状。将月亮神像放在月下，红烛高燃，全家人依次拜祭月亮，然后由当家主妇切开团圆月饼。切的人预先算好全家共有多少人，在家的，在外地的，都要算在一起，不能切多也不能切少，大小要一样。如今月下游玩的习俗，已远没有旧时盛行。但设宴赏月仍很盛行，人们把酒问月，庆贺美好的生活，或祝远方的亲人健康快乐。自2008年开始，中国政府规定，把中秋节作为全国的法定节日，放假一天。

五、重阳节

农历九月九日是中国传统节日重阳节。“重阳”也叫“重九”，因为《易经》中把“九”定为阳数，九月九日，两九相重，古人认为是一个值得庆贺的吉利日子。据文献记载，早在战国时代，逢重阳日民间就有登高、饮菊花酒的风俗。作为节日，当在西汉时期。

重阳节这一天的活动丰富多彩，一般包括出游赏景、登高远眺、观赏菊花、遍插茱萸、吃重阳糕、饮菊花酒等。古代民间在重阳节有登高的风俗，故重阳节又叫“登高节”。相传这一风俗始于东汉。登高的地点，没有统一的规定，一般是登高山、登高塔。重阳节饮菊花酒的习俗起源于晋朝大诗人陶渊明。陶渊明以隐居、作诗、饮酒、爱菊出名。后人效仿他，遂有重阳赏菊的风俗。

1998年，中国政府将每年的重阳节定为老人节。每到这一日，各地都要组织老年人登山秋游，交流感情，锻炼身体。不少家庭的晚辈也会搀扶年老的长辈到郊外活动。

六、少数民族传统节日

1. 傣族的泼水节

泼水节实为傣族的新年，是云南西双版纳、德宏等傣族地区最隆重的传统节日之一，一般在傣历六月中旬举行（约为公历4月13日至15日三天）。

傣族泼水节为期三至四天。第一天为“麦日”，类似于农历除夕，傣语叫“宛多尚罕”，意思是送旧。此前，人们要收拾房屋，打扫卫生，准备年饭和节间的各种活动。第二天称为“恼日”，“恼”意为“空”，按习惯这一日既不属前一年，亦不属后一年，故为“空日”。第三天叫“麦帕雅晚玛”（帕雅晚玛是传说中的英雄人物），据称这天是帕雅晚玛的英灵带着新历返回人间之日，人们习惯将这一天视为“日子之王来临”，是傣历的元旦。

到了节日，傣族男女老少就穿上节日盛装，挑着清水，先到佛寺浴佛，然后就开始互相泼水，你泼我，我泼你，一朵朵水花在空中盛开，它象征着吉祥、幸福、健康，青年手里明亮晶莹的水珠，还象征着甜蜜的爱情。朵朵水花串串笑，泼水节成了欢乐的海洋。

泼水节的内容，除泼水外，还有赶摆、赛龙舟、浴佛、诵经、章哈演唱、斗鸡、跳孔雀舞、白象舞、丢包、放高升、放孔明灯等民俗活动，以及其他艺术表演、经贸交流等。

2. 蒙古族的那达慕大会

那达慕的前身是蒙古族“祭敖包”，是蒙古族人在长期的游牧生活中创造和流传下来的具有独特民族色彩的竞技项目和游艺、体育项目。

过去，那达慕大会期间要进行大规模祭祀活动，喇嘛们要焚香点灯，念经颂佛，祈求神灵保佑，消灾消难。现在，那达慕大会的内容主要有摔跤、赛马、射箭、赛布鲁（投掷比赛）、套马、下蒙古棋等民族传统项目，有的地方还有田径、拔河、排球、篮球等体育竞赛项目。此外，那达慕大会上还有武术、马球、骑马、射箭、乘马斩劈、马竞走、乘马技巧运动、摩托车等精彩表演。参加竞走的马，必须受过特殊训练，四脚不能同时离地，只能快走，不能跑。夜幕降临，草原上飘荡着悠扬的马头琴声，篝火旁男女青年轻歌曼舞，人们沉浸在节日的欢乐之中。

3. 彝族的火把节

火把节是彝族人民特有的传统佳节，自汉唐起，已沿袭1000多年。火把节一般于每年农历六月二十四日举行，历时三天。火把节是彝族最盛大的传统节日，届时家家饮酒，吃坨坨肉，并杀牲以祭祖先。人们穿新衣，开展具有民族特色的文体活动。男人们参加斗牛、斗羊、斗鸡、赛马、摔跤；妇女则唱歌，吹口弦，弹月琴。晚上举火把在房前屋后游转。第三天晚上成群结队地举着火把遍游山野，火光一片，然后又集中到一处点燃篝火，打着火把，喝酒、唱歌跳舞，一直玩到天亮结束。

4. 瑶族的达努节

“达努”在瑶语中的意思是“不要忘记”。达努节以农历五月二十九日为正日，一般欢庆三天。节日的周期各地略有不同，是根据当地习俗、作物收成、人畜兴旺等情况决定的，一般一年一次，也有的地方三五年一次，或十二年才一次。节日来历有不同说法。

达努节这天，瑶族村寨几乎家家户户都杀猪宰羊，杀鸡染蛋，聚餐痛饮。各个村寨大摆歌台。人们衣着节日盛装，提酒带肉，敲起铜鼓，吹奏唢呐，对唱山歌，还举行赛马、斗鸟、赛弓箭等比赛活动，将节日的气氛推至高潮。特别是那些年轻的姑娘，头裹刺绣图案精致的黑头巾，耳戴银环，胸挂项链，手戴银镯，身围彩裙，使节日更添美丽的色彩。达努节最重要的活动是打铜鼓、跳铜鼓舞。

5. 白族的三月街

三月街是白族人民的传统佳节，每年三月在大理县的中和峰麓中溪河畔的空旷地上举行。每到“三月街”期间，远至千里，近到邻县的商人群众，从四面八方赶来参加交易。市场上的商品，从药材到食品、家具、牲畜，应有尽有，它是滇西商品交易的最大聚集地。

6. 壮族的三月三歌节

农历三月初三，是壮族的传统歌节。每年的这一天，许多地方举行歌圩活动。歌节期间，男女老少到村边的山坡、草坪、晒场、树下，互用山歌对答，歌声此起彼落，热闹非凡。山歌内容广泛，有情歌、赞美歌、农事歌、古歌等。歌手们根据对方盘歌内容，随编随唱，表现壮族人的聪明和才智。参加者多为未婚的男女青年。大家以歌代言，以歌会友，以歌择偶，以歌倾诉衷情。许多青年或歌技出众者，在歌圩上找到了意中人，最后通过抛绣球互表爱意。有的地方，此日祭祀先人，各家各户做五色糯饭，备上祭品去拜山（即扫墓），祭奠祖先。

7. 藏族的藏历年

藏历年是藏族人民的传统节日。藏历年初一，男女老少见面都要互道“扎西德勒”（吉祥如意）、“洛萨尔桑”（新年好）。新年里，孩子们燃放鞭炮，大家喝青稞酒、酥油茶，互相祝酒，尽情欢乐。城乡演唱藏戏，跳锅庄和弦子舞。在牧区，牧民们点燃熊熊篝火，通宵达旦地尽情歌舞。节日期间，民间还有角力、投掷、拔河、跑马射箭等一系列比赛活动。

传统的藏历年，是藏族人民最隆重的节日，从藏历十二月初，人们便开始准备供过年吃、穿、玩、用的东西。这时家家户户开始在水盆中浸泡青稞种子，培育青苗。藏历年初一那天，要将长了一二寸的青苗，摆于佛龛茶几上，预祝新年粮食丰收。从十二月中旬开始，家家户户准备酥油和白面，并陆续炸果子（卡赛），这是家庭主妇们大显身手的时候。“卡赛”的种类很多，有耳朵状的“苦过”，有长条形的“那夏”，有大麻花似的“木东”，有圆盘状的“不鲁”，还有勺子形的“宾多”。接近新年，每家每户都要准备一个叫做“竹素琪玛”的五谷斗，斗内装满酥油拌成的糌粑、炒麦粒和人参果等食品，上面插上青稞穗、鸡冠花和酥油制作的彩花板（名叫“孜卓”），还要准备好一个彩色酥油花塑的羊头（名叫“鲁过”）。所有这些摆设，标志过去一年的收成，预祝在新的一年里风调雨顺，农牧业获得丰收。

8. 苗族的跳花节

跳花节是苗族最为隆重、历史最为悠久的传统节日。传说是苗族英雄人物杨鲁兴起的。“跳花”一词出于汉语，因坡上栽有花树而得名，与苗语意思不尽相同。苗语称跳花为“欧道”，是苗族人对自己的民族节日的称呼，也是苗族人在自己节日上所做的一切文娱表演活动的代称或总称。

跳花日期全都在农历正月间举行，现仍有 24 处固定跳花坡。节日期间，苗族人民，尤其是男女青年，穿上节日盛装。男子吹笙舞蹈，女子摇铃执帕起舞附和，围绕花树翩翩起舞。此外，还有爬花杆比赛、射弩比赛、针线手艺比赛、武术表演、倒牛、斗牛等文体活动。

每个花坡跳花日期为三天。第一天栽花树，苗家人遥见花树而作准备；次日清晨空寨前往；第三日，跳花结束，客人就近处苗寨食宿，饮酒吹笙弄弦欢乐，通宵达旦。花树由寨老送至长期不生育者家中，不生育者见之大喜，宴请宾客。男女青年借此择偶，老人吹笙奏笛，以庆丰年。如今跳花节已成各族人民参与的盛大节日。

9. 维吾尔族的肉孜节和古尔邦节

维吾尔族传统节日有肉孜节（即开斋节）、库尔班节（即古尔邦节）和诺鲁孜节。前两个源于伊斯兰教，日期是按回历计算的，每年都在变动，因此有时在冬季，有时则是在夏季或其他季。

肉孜节是在封斋一个月以后开斋的那一天举行的，因此，也叫“开斋节”。伊斯兰教规定，成年的教徒每年都要封斋一个月。封斋期间，只在日出前和日落后进餐。白天绝对禁止任何饮食。一个月斋期满后，维吾尔族成年男子要去清真寺会礼，教徒聚集礼拜寺作盛大的礼拜，乐师们高坐在清真寺内的拱门处，吹奏唢呐，敲击手鼓。人们互相登门拜访，赠送礼品，还要举行刁羊、赛马、歌舞等娱乐活动。家家户户都备有丰盛的节日食品，并且互相登门贺节， 男女老少都出来游玩，这个节日一般要过 3 天。

古尔邦节即宰牲节，也是伊斯兰教的节日，在肉孜节以后的第 70 天举行，节期三天。家境稍好一点的，都要宰一只羊。节前家家都要打扫房屋，节日清晨要去清真寺会礼，观看宰牲仪式。会礼结束后要把宰的羊肉分送给清真寺、亲友或留以待客。宰杀的牲畜不能出卖，除将规定的部分送交寺院和宗教职业者外，剩余的用作招待客人和赠送亲友。节日那天，居民多烧油葫芦，形成满村灯火，宗教人士则通宵念经。

诺鲁孜节是一个十分古老的传统节日。在新疆，凡信仰伊斯兰教的少数民族都过这个节。

“诺鲁孜”一词来自古伊朗语，意为“春雨日”。相当于伊朗古太阳历的每年三月二十二日，也即公历 3 月 22 日，相当于汉族的春分，故而“诺鲁孜”节也叫迎春节。这一天，男女老少都要着民族盛装举行各种节日活动。各家的家长首先起床，在房屋正中燃烧起一堆松柏树枝，将冒烟的树枝在每人头上转一圈，预祝他们在新的一年中平安快乐。然后，家长把冒烟的松枝带到牲畜圈门口，让畜群在烟上通过，祈求新的一年里，牲畜膘肥体壮，迅速繁殖。

节日当天日出以后，维吾尔人要做诺鲁孜饭，家家户户用剩余的粮食和食物加上多种作料（包括野生调味作料）煮成稠粥，称作“克缺”或“冲克缺”（丰盛粥）。做这种饭时，不再宰牲畜。从当天午时起，维吾尔人成群结队地相互拜年。到日落以后，每户请客吃饭，男女老少分别跳舞和唱歌，尽兴表达对新春的欢悦之情。在农村，诺鲁孜节过后，紧张的春耕生产就开始了。

第二节　饮食文化

一、日常饮食

中国人的传统饮食习俗是以植物性食料为主。主食是五谷，辅食是蔬菜，外加少量肉食。形成这一习俗的主要原因是，中原地区以农业生产为主要的生产方式。但在不同阶层中，食物的配置比例不尽相同。因此古代把在位的统治者称为“肉食者”。

以热食、熟食为主，也是中国人饮食习俗的一大特点。这和中国文明开化较早和烹调技术发达有关。中国古人认为：“水居者腥，肉攫者臊，草食者膻。”热食、熟食可以“灭腥去臊除膻”（《吕氏春秋·本味》）。中国人的饮食历来以食谱广泛、烹调技术精致而闻名于世。史书记载，南北朝时，梁武帝萧衍的厨师能将一个瓜变出十种式样，一个菜做出几十种味道，烹调技术的高超令人惊叹。

在饮食方式上，中国人也有自己的特点，那就是聚食制。聚食制的起源很早，从许多地下文化遗存的发掘中可见，古代炊间和聚食的地方是合而为一的，炊间在住宅的中央，上有天窗出烟，下有篝火，在火上做炊，就食者围火聚食。这种聚食古俗，一直延续至后世。聚食制的长期流传，是中国重视血缘亲属关系和家族家庭观念在饮食方式上的反映。在食具方面，中国人的一大特点是使用筷子。筷子，古代叫箸，在中国有悠久的历史。《礼记》中曾说：“饭黍无以箸。”可见至少在殷商时代，已经使用筷子进食。筷子一般以竹制成，一双在手，运用自如，既简单经济，又很方便。许多欧美人看到东方人使用筷子，叹为观止，赞为一种艺术创造。实际上，东方各国使用筷子其源多出自中国。中国人的祖先发明筷子，确实是对人类文明的一大贡献。

二、节日饮食

1. 饺子

大年三十包饺子，是中国北方广大地区民间过年最重要的内容之一，俗称“好吃不过饺子。”年三十的饺子，由于是节日的重要内容，所以还规定了许多规矩和约定俗成的习俗。这些习俗都是为了配合过年的气氛需要。中国各地饺子的名品甚多，如广东用澄粉做的虾饺、上海的锅贴饺、扬州的蟹黄蒸饺、山东的高汤小饺、东北的老边饺子、四川的钟水饺等，都是受人欢迎的品种。西安还创制出饺子宴，用数十种形状、馅心各异的饺子组成宴席待客。

2. 年糕

春节期间，很多地区都讲究吃年糕。年糕有黄、白两色，象征金银，年糕又称“年年糕”，与“年年高”谐音，寓意着人们的工作和生活水平一年比一年提高。所以前人有诗称：“年糕寓意稍云深，白色如银黄色金。年岁盼高时时利，虔诚默祝望财临。”

3. 元宵

农历正月十五元宵节是中国的传统节日，早在西汉时就有了，它的由来有多种传说。元宵节的主要吃食叫元宵。在南方也叫“汤圆”、“圆子”。据说元宵象征阖家团圆，吃元宵意味新的一年阖家幸福、万事如意。

正月十五吃元宵由来已久。宋代民间即流行这种新奇食品，最早叫“浮元子”，后称“元宵”，生意人还美其名曰“元宝”。元宵以白糖、玫瑰、芝麻、豆沙、黄桂、核桃仁、果仁、枣泥等为馅，用糯米粉包成圆形，可荤可素，风味各异。可汤煮、油炸、蒸食，有团圆美满之意。北方的元宵不是包的，而是在糯米粉中“滚”成的，或水煮或油炸，热热火火，团团圆圆。

4. 粽子

又名角黍，为端午节所食。粽子在晋代已经出现。晋周处《风土记》已有五月五日用菰叶裹黏米煮熟，谓之角黍的记载。出现的原因说法不一，以祭屈原说影响较大。据记载，中国古代粽子的名品很多。如南北朝时有益智粽；唐代长安有庾家粽、九子粽；宋代的汴京、临安有巧粽、栗粽、果粽；明代的苏州等地有果馅粽；清代的扬州有火腿粽，广州有灰粽、肉粽、筒粽，台湾有肉粽等。如今，粽子的著名品种有浙江省嘉兴“五芳斋”的鲜肉粽、八宝粽；广东省肇庆的裹蒸粽，北京的小枣粽等。

现代粽子的制法是：将糯米用水浸泡两天，用芦叶数片折成漏斗状，把米装入，再折成三角锥形，外面用线捆扎起来放入锅内盖严，大火煮熟即成。粽子的包装材料，还可以用箬竹叶、竹筒、荷叶、玉米皮、棕叶等。馅料也可用黍米或再加入枣、栗、赤豆，以及鲜肉、火腿、叉烧、咸蛋、豆沙等。其形状也可以包成枕头形、秤锤形、菱角形等。粽子在古代就流传到日本、朝鲜、越南等国。

5. 月饼

中秋吃月饼，和端午吃粽子、元宵吃汤圆一样，是中国民间的传统习俗。古往今来，人们把月饼当做吉祥、团圆的象征。每逢中秋，皓月当空，阖家团聚，品饼赏月，谈天说地，尽享天伦之乐。月饼，又称胡饼、宫饼、小饼、月团、团圆饼等，是古代中秋祭拜月神的供品，沿传下来，便形成了中秋吃月饼的习俗。

6. 春盘和春卷

春盘又称春饼，流行于全国各地，江南等地尤盛。民间除供自己家食用外，常用于待客。饼与生菜以盘装之，即称为春盘。源于汉代，与六朝元旦之五辛盘也有一定联系。五辛就是五种辣味的蔬菜，如大蒜、韭菜等。食五辛盘是魏晋以来就有的风尚。古人认为，在寒冷的新年里吃这些辛辣蔬菜，可以刺激五脏，增强抵抗力。因此春盘亦称辛盘。唐宋以后，立春之日有食春饼与生菜之俗。明、清之时，于春饼、生菜外，兼食水红萝卜，谓能去春困，因而整个尝新活动称为“咬春”。表示迎接春天之意。近代以来，将春饼裹菜后，用油煎炸，即成春卷，也是人们喜爱的一种食品。

三、地方风味菜系

中国菜肴在烹饪中有许多流派。其中最有影响和代表性的、也为社会所公认的有：鲁、川、粤、闽、苏、浙、湘、徽等菜系，即所谓的“八大菜系”一个菜系的形成和它悠久的历史与独到的烹饪特色分不开，同时也受到这个地区的自然地理、气候条件、资源特产、饮食习惯等影响。有人把“八大菜系”用拟人化的手法描绘为：苏、浙菜好比清秀素丽的江南美女；鲁、徽菜犹如古拙朴实的北方健汉；粤、闽菜宛如风流典雅的公子；川、湘菜就像内涵丰富充实、才艺满身的名士。中国“八大菜系”的烹调技艺各具风韵，其菜肴之特色也各有千秋。下面作一些介绍：

1. 鲁菜

山东菜简称鲁菜，是黄河流域烹饪文化的代表。山东菜可分为济南风味菜、胶东风味菜、孔府菜和其他地区风味菜，并以济南菜为典型，有煎炒烹炸、烧烩蒸扒、煮氽熏拌、溜炝酱腌等 50 多种烹饪方法。济南菜以清香、脆嫩、味厚而纯正著称，特别精于制汤，清浊分明，堪称一绝。胶东风味亦称福山风味，包括烟台、青岛等胶东沿海地方风味菜。该菜精于海味，善做海鲜，珍馔佳品，肴多海味，且少用作料提味。此外，胶东菜在花色冷拼的拼制和花色热菜的烹制中，独具特色。孔府菜做工精细，烹调技法全面，尤以烧、炒、煨、炸、扒见长，而且制作过程复杂。以煨、炒、扒等技法烹制的菜肴，往往要经过三四道程序方能完成。“美食不如美器”，孔府历来十分讲究盛器，银、铜等名质餐具俱备。此外，孔府菜的命名也极为讲究，寓意深远而典雅。

2. 粤菜

广东菜简称粤菜，由广州、潮州、东江客家菜三种地方菜构成，而三支地方菜又有各自不同的特色。广州菜是粤菜的主体部分，以味美色鲜、菜式丰盛而赢得“食在广州”的美誉。广州菜有三大特点：一是鸟兽虫鱼均为原料，烹调成形态各异的野味佳肴；二是即席开刀和烹制，别具一格，吃起来新鲜火热；三是夏秋清淡、冬春香浓，深受大众的喜爱。潮州菜在广东菜中占有重要的位置。潮菜主要以海味、河鲜和畜禽为原料，擅烹以蔬果为原料的素菜，制作精妙，加工多样。潮州菜刀工讲究，汤菜功夫尤深，其中以清炖、红烧、汤泡最具特色。东江菜又称客家菜，用料以肉类为主，原汁原味，讲求酥、软、香、浓。注重火功，以炖、烤、煲、焗见称，尤以砂锅菜见长。做法上仍保留一些奇巧的烹饪技艺，具有古代中原的风貌。

3. 川菜

四川菜简称川菜，历史悠久，驰名中外。随着生产的发展和经济的繁荣，川菜在原有的基础上，吸收南北菜肴之长及官、商家宴菜品的优点，形成了北菜川烹、南菜川味的特点，享有“食在中国，味在四川”的美誉。川菜讲究在“味”字上下工夫，以味的多、广、厚著称。川菜主要有“麻、辣、咸、甜、酸、苦、香”7 种味道组成，巧妙搭配，灵活多变，创制出麻辣、酸辣、红油、白油等几十种各具特色的复合味。其味别之多，调制之妙，堪称中外菜肴之首，从而赢得了“一菜一格，百菜百味”的称誉。川菜在烹调方法上，善于根据原料、气候和食者的要求，具体掌握，灵活运用。38种川菜烹调方法中，现在流行的仍有炒、煎、炸、烧、腌、卤、煸、泡等多种。在烹调方法中，特别以小煎小炒、干烧干煸见长。

4. 苏菜

江苏菜简称苏菜，以苏州和扬州菜为代表。江苏的历代名厨造就了苏菜风格的传统佳肴，而古有“帝王洲”之称的南京、“天堂”美誉的苏州及被史家叹为“富甲天下”的扬州，则是名厨美馔的摇篮。江苏菜系正是以这三方风味为主汇合而成的。概括起来，江苏菜有如下几个特点：一是选料严谨，制作精细，因材施艺，按时治肴；二是擅长炖、焖、煨、焐、蒸、烧、炒等烹饪方法，且精于泥煨、叉烤；三是口味清鲜，咸甜得宜，浓而不腻，淡而不薄；四是注重调汤，保持原汁。其中南京菜刀工细腻，火工纯熟，菜肴滋味醇，兼有四方之美，适应八方口味，尤以鲜香酥嫩取胜；苏州菜口味趋甜，以烹制四季佳蔬、江河湖鲜见长；扬州菜史称淮扬风味，刀工精细，火候精微，色调清新，造型别致，突出主料，强调本味，清淡可口，适应面宽，尤以擅长制汤而著称。

5. 浙菜

浙江菜简称浙菜。浙江是江南的鱼米之乡。浙菜发展到现代，精品迭出，日臻完善，自成系统，有“佳肴美点三千种”之盛誉。归纳起来，浙菜有如下几大特征：一是用料广博，配伍严谨。主料注重时令和品种，配料、调料的选择旨在突出主料、增益鲜香、去除腥腻；二是刀工精细，形状别致；三是火候调味，最重适度；四是清鲜嫩爽，滋、味兼得；五是浙菜三支，风韵各具。浙江菜主要由杭州、宁波、绍兴三支地方风味菜组成，携手联袂，并驾齐驱。杭州素有“天堂”之称。杭州菜制作精细，清秀隽美，擅长爆、炒、烩、炸等烹调技法，具清鲜、爽嫩、精致、醇和等特点。宁波地方厨师尤善制海鲜，技法以炖、烤、蒸著称，口味鲜咸适度，菜品讲究鲜嫩爽滑，注重本味，用鱼干制品烹调菜肴更有独到之处。绍兴菜品香酥绵糯，汤浓味醇，富有水乡古城之淳朴风格。

6. 闽菜

福建菜俗称闽菜，以福州菜为代表，素以制作细巧、色调美观、调味清鲜著称。福建菜以海鲜类为主，口味方面咸、甜、酸、辣具备。咸的调味品有虾酱、虾油、豉油等；酸的有白醋、乔头等；甜的有红糖、冰糖等；辣的有胡椒、芥末等；香的有五香粉、八角、桂皮等。福建菜对清汤的调制特别讲究，一般都以油鸡、火腿、蹄膀为用料。方法是先用小温火将油鸡、火腿、蹄膀等熬出汤汁，并过滤；另将生鸡骨斩碎，加水和盐调和，放入汤内，继续用小温火边烧边搅匀（又称吊汤），然后再过滤一次，便成为莹洁鲜美的清汤，用来调制菜肴，对色、香、味均有帮助。福建菜也有煎、炸、烤、炖、拌、醉、卤、扒、糟、煨、扣、熘、炒、熏、焖、扛、腌、炝等烹饪方法，其中最具特色的是糟，有扛糟、炝糟、爆糟、炸糟之分。

7. 湘菜

湖南菜又称湘菜。湖南民丰物博，素称鱼米之乡，湖南菜以腴滑肥润为主，多将辣椒当主菜食用，不仅有北方的咸，也有南方的甜，更有本地特色之辣与酸。香、嫩、清、脆是其特色，所用材料以新鲜、价廉物美为原则。湖南菜特别讲究原料的入味，技法多样，有烧、炒、蒸、熏等方法，尤以“蒸”菜见长。最为精湛的是煨，原汁原味。且刀功精妙，形味兼美，菜肴千姿百态，变化无穷。湖南菜的特殊调料有豆豉、茶油、辣油、辣酱、花椒、茴香、桂皮等，使菜品增色不少。湖南菜以辛辣著称，特别值得一提的是湖南的辣椒特别辣。湖南人对辣椒宠爱有加，几乎吃什么都放辣椒。

8. 徽菜

徽菜是安徽菜的简称，又叫皖菜。安徽风味主要由皖南、沿江和沿淮三方菜式组成，其中以皖南菜为代表。皖南菜源于古徽州府，即现今世界闻名的旅游胜地黄山脚下歙县一带；沿江菜指合肥、芜湖、安庆一带的地方菜；而沿淮菜则由蚌埠、宿县、阜阳等地方风味构成。三支徽菜各有千秋，丰富多彩。归纳起来主要有四个方面的基本特征： 一是就地取材，以鲜制胜。徽地盛产山珍野味河鲜家禽，就地取材使菜肴地方特色突出并保证鲜活。二是善用火候，火功独到。根据不同原料的质地特点、成品菜的风味要求，分别采用大火、中火、小火烹调。三是娴于烧炖，浓淡相宜。除爆、炒、熘、炸、烩、煮、烤、焐等技法各有千秋外，尤以烧、炖及熏、蒸菜品而闻名。四是注重天然，以食养身。徽菜继承了祖国医食同源的传统，讲究食补，这是徽菜的一大特色。

四、清真菜

中国的清真菜自成系统，起源于唐代，发展在宋元，在明清时期基本定型，并且形成完整的体系。它与伊斯兰教各国的菜品有相似之处，但又具有中国烹饪的基本特点，因此称为中国清真菜。

1. 中国清真菜的历史

中国清真菜点的历史，最早可追溯到唐宋时期。当时，阿拉伯、波斯的商队不断来到中国，把穆斯林的饮食习俗和各式菜点带到中国来。唐末刘恂在《岭表录异》中记载了他在穆斯林家中做客时，曾品尝到从波斯带来的波斯枣，说："色类砂糖，皮肉软烂，饵之，乃火烁水蒸之味也。"唐朝人称阿拉伯帝国为大食。唐朝的杜环在《经行记》中提到，大食人戒饮酒，"粳米白面，不异中华"。杜佑在《通典》卷一百九十三《西戎传》中说："其大食法者……不食猪、狗、驴、马等肉。"宋代朱彧《萍洲可谈》卷二中说，广州蕃坊的穆斯林"饮食与华同"，"但不食猪肉而已"，而且强调一定要吃刚刚宰杀的新鲜牛羊肉。从这些记载可以看出，当时穆斯林的饮食习俗已经传入中国。元代宫廷中，回回饮食已占有一定地位。元代忽思慧所撰《饮膳正要》中专门有关于回回饮食的记载。当时的戏曲唱词中就说到回回人经营的菜点，如肥羊肉、大烧饼，都以价廉物美而受到人们的称赞。

明清以来，清真菜点不仅花样增多，而且逐渐形成了自己的独特风格，堪与八大菜系并驾齐驱。清代学者袁枚在《随园食单》中，称赞全羊席为"屠龙之技"，说此席食品多达 72 种，一盘一碗虽全用羊肉烹制，但味各不同，反映出清真菜肴的烹饪技术已达到很高水平。

中华人民共和国成立后，自 20 世纪 50 年代至今，各地有关部门不断挖掘、整理，出版了数十种清真菜点的食谱，如《中国清真菜谱》、《回民菜谱》、《北京小吃》、《北京地区清真宴席传统分类参考表》等，都是由各地著名的穆斯林厨师参与编撰而成，既有传统名菜，也有改进和创新的佳肴，体现了中国清真食品烹饪技艺发展到一个崭新的阶段，对于继承和发展这份具有民族特色的饮食文化遗产起到了积极作用。

2. 中国清真菜的特色

中国清真菜点严格遵守伊斯兰教的饮食教规，都以牛羊肉为主，绝对不用禁食的家畜及其他凶禽猛兽，不用牛羊的血液等物；水产类只用那些有翅、有鳞、形美而性善的鱼类。

中国清真菜点用料极为讲究，主料突出，注重香料的使用，所以一般醇香味浓，甜咸分明，色深油重。中国清真菜点不仅注意色、香、味、形，而且特别强调食品卫生和食物的医疗价值。《饮膳正要·食疗方》中，记载"羊密膏"、"牛肉脯"等清真牛羊食品甚多，对各种病症都分别有一定疗效。

中国清真菜点品种繁多，做工精细，经济实惠，雅俗共赏。清真菜点的制作方法很多，凡是汉民的扒、烧、爆、炒、炸、烤、涮、炖、煨、焖、烩、熘、蒸、塌、烹、汆以及面点制作的蒸、煮、烤、烙、炸等传统烹制方法，在清真菜点中也都加以运用。如“全羊席”，对于羊的不同部位，采用不同的制作手法，分别制成大件菜、熘炒菜、炸菜、凉菜、甜菜、汤菜等多种菜肴，丰富多彩。

细分起来，中国的清真菜是由西路（含银川、乌鲁木齐、兰州、西安）、北路（含北京、天津、济南、沈阳）、南路（南京、武汉、重庆、广州）3个分支构成，它们的风味各具特色。例如，南路喜用鸡鸭蔬果，西路和北路习用牛羊粮豆。烹饪方法上，西路、北路擅长煎炸、爆熘、煨煮和烤炙，本味为主，既有清鲜脆嫩，也有肥浓香醇，著名菜肴有：葱爆羊肉、扒肉条、清水爆肚、黄焖牛肉、甘肃炒鸡块、麻辣羊羔肉、烤全羊、烤羊肉串、红烧鱼、清蒸鱼等。

手抓饭的原料是用新鲜羊肉、胡萝卜、洋葱、清油、羊油和大米。做法是先将羊肉剁成小块用清油炸，然后再放洋葱和胡萝卜在锅里炒，并酌情放些盐和水，等20分钟后，再把洗泡好的大米放入锅内，不要搅动，40分钟后，抓饭即熟。做熟的抓饭油亮生辉，味香可口。维吾尔族群众把手抓饭视为上等美食。

烤全羊是新疆少数民族，尤其是维吾尔族人民膳食中的一种传统地方风味肉制品。在赛马节、巴扎（新疆民族特色的商品贸易交流会）上以及年节夜市里，常常有巴郎（维吾尔族小伙子）叫卖烤全羊。烤全羊既可整只出售，又可切分零售，深受各族消费者青睐。目前，烤全羊已成为新疆少数民族招待外宾和贵客的传统名肴。新疆地产阿勒泰羊是哈萨克羊的一个分支，在生物学分类上属于肥臀羊，肉质肌美鲜嫩而无膻味。

五、风味小吃

大体可分为南方小吃和北方小吃两大类。南方小吃又可分为江苏小吃、浙江小吃和上海小吃。北方小吃以北京小吃为代表，集宫廷小吃、清真小吃、北方各民族与各地小吃为一炉，较有名的有炸卷果、驴打滚、爱窝窝、豌豆黄、茶汤和糖葫芦等。

第三节　服饰文化

中国服饰的历史源远流长，从原始社会、商周、春秋战国以降，直到近现代，都以鲜明的特色为世界所瞩目。

一、原始社会服饰

战国时撰写的《吕氏春秋》、《世本》及稍晚的《淮南子》都提到，黄帝时的嫘祖、胡曹、伯余等发明了衣裳。从出土文物方面考察，服饰史的源头，可上溯到原始社会旧石器时代晚期。如在北京周口店山顶洞人遗址中，发现有1枚骨针和141件钻孔的石、骨、贝、牙装饰品。证实当时已能利用兽皮一类自然材料缝制简单的衣服。中华服饰文化史由此发端。

距今约1万年前，进入了新石器时代，纺织技术发明，服装材料从此有了人工织造的布帛，服装形式发生变化，功能也得到改善。贯头衣（罩住全身）和披单服等披风式服装已成为典型的衣着，饰物也日趋繁复，并对服饰制度的形成产生重大影响 。在纺织品出现之后，贯头衣已发展为一种定型服式。在相当长的一段时期内，贯头衣在极广阔的地域和较多的民族中普遍应用，基本上替代了旧石器时代的部件衣着，成为人类服装的祖型。新石器时代除有笼统式服装外，还从一些陶塑遗物中发现有冠、靴、头饰、佩饰等。

二、商周服饰

由商代到西周，是区分等级的上衣下裳形制、冠服制度以及服章制度逐步确立的时期。商代衣服材料主要是皮、革、丝、麻。由于纺织技术的发展，丝麻织物已占重要地位。商代人已能很精细地织造出极薄的绸子，如提花几何纹的锦、绮。衣料用色表现厚重。

西周时，等级制度逐步确立，周王朝设“司服”、“内司服”等职官，掌管王室服饰。根据文献记载和出土文物分析，中国冠服制度初步建立于夏商时期，到周代已经完善，春秋战国之交被纳入礼制。王室公卿为表示尊贵威严，在不同礼仪场合，顶冠既要冕弁有序，穿衣着裳也须采用不同形式、颜色和图案。从周代出土的人形文物看，服饰装饰虽繁简不同，但上衣下裳已分明，奠定了中国服装的基本形制。

三、春秋战国服饰

春秋战国时期，织绣工艺有了巨大进步，服饰材料日益精细，品种名目日见繁多。河南襄邑的花锦，山东齐鲁的冰纨、绮、缟、文绣，风行全国。织绣工艺的广泛传播，使多样、精美的衣着服饰脱颖而出。春秋战国时期，不仅王侯本人一身华服，从臣客卿也是足饰珠玑，腰金佩玉，衣裘冠履，均求贵重。古人佩玉，尊卑有度，并赋以人格象征。影响所及，上层人士不论男女，都须佩带几件或成组的美丽雕玉。剑，是当时的新兵器，贵族为示勇武兼用自卫，必佩带一把镶金嵌玉的宝剑。腰间革带还流行各种带钩，彼此争巧。男女的帽，更引人注目，精致的用薄如蝉翼的轻纱，贵重的用黄金珠玉点缀。鞋多用小鹿皮制作，或用丝缕、细草编成。冬天皮衣极重白狐裘，价值千金。女子爱用毛皮镶在袖口衣缘，还有半截式露指的薄质锦绣手套，非常美观。春秋战国时期的衣着，上层社会宽博、下层社会窄小，已趋迥然。深衣有将身体深藏之意，是士大夫阶层居家的便服，又是庶人百姓的礼服，男女通用。前 307 年（东周赧王五十八年），赵武灵王颁胡服令，推行胡服骑射，便于骑射活动。春秋战国时期的衣服款式空前丰富多样。乐人有戴风兜帽的，舞人有长及数尺的袖子，有人还常戴鸱角或鹊尾冠，穿小袖长裙衣和有褶的下裳。这些都与多彩的社会生活相关，也体现了各个民族之间服饰文化的融合。

四、秦汉服饰

这一时期的衣料较春秋战国时期丰富，深衣也得到了新的发展。特别是在汉代，随着舆服制度的建立，服饰的官阶等级区别也更加严格。秦汉统治阶层的服装面料仍重锦绣。绣纹多有山云鸟兽或藤蔓植物花样，织锦有各种复杂的几何菱纹，以及织有文字的通幅花纹。前 139 年（西汉武帝建元二年）、前 119 年（西汉武帝元狩四年），张骞奉命两次出使西域，开辟了中国与西方各国的陆路通道，成千上万匹丝绸源源外运，历经魏晋隋唐，从未中断，史称丝绸之路。于是，中华服饰文化传往世界。自秦而汉，深衣（上衣与下裳相连）有了一些发展和变化。秦代服制与战国时无大差别，保持深衣的基本形制。西汉男女服装，仍沿袭深衣形式。不论单、绵，多是上衣和下裳分裁合缝连为一体，上下依旧不通缝、不通幅；外衣里面都有中衣及内衣，其领袖缘一并显露在外，成为定型化套装。下着紧口大裤，保持“宽衣大裙”风格。内衣的代表服装是衫。衫，又称单襦，就是单内衣，它没有袖端。外衣的代表服装是襦和袭。襦是一种着棉絮的短上衣。因其长仅及膝，所以必须与有裆裤配穿。当时的显贵多用纨（细绢）做裤，故有“纨裤”之称。后来，这个词便逐渐演变成了浪荡公子的代名词。汉代的履主要有三种：一种是用皮革制成的，也叫鞜；一种是丝鞋，即锦履；一种是麻鞋，腰间束带。

秦代服制，服色尚黑。史书列有汉代的皇帝与群臣的礼服、朝服、常服等 20 余种。服饰上的等级差别已十分明显。主要表现在：冠服在因袭旧制的基础上，发展成为区分等级的基本标识；佩绶制度确立为区分官阶的标识。

五、魏晋南北朝服饰

魏晋和南北朝时期，等级服饰有所变革，民族服饰相互交融。冠帽已多用文人沿用的幅巾代替，有折角巾、菱角巾、紫纶巾、白纶巾等。魏文帝制定九品中正制度，“以紫、绯、绿三色为九品之别”。这一制度为此后历代相沿用，直到元明。晋代的首服除幅巾为社会沿用之外，有官职的男子还戴小冠子，而冠上再加纱帽的称漆纱笼冠，本是两汉武士之制，传之又传，不仅用于男官员，并流传到民间男女通用。

南北朝时，北方少数民族入主中原，人民错居杂处，政治、经济、文化、风俗相互渗透，形成大融合局面，服饰也因而改易发展。北方民族短衣打扮的袴褶渐成主流，不分贵贱、男女都可穿用。女子衣着“上俭下丰”。东晋末至齐、梁间，衣着为襦裙套装，原始于汉代，晋代时具有了上衣短小、下裙宽大的特色。足穿笏头履、高齿履（一种漆画木屐），流行一时。另一方面，少数民族受汉朝典章礼仪影响，穿起了汉族服装。494 年（北魏孝文帝太和十八年），北魏迁都洛阳后，魏孝文帝推行汉化政策，改拓跋姓氏，率群臣皆服汉魏衣冠 。原来鲜卑族穿着的夹领小袖衣服被改革，史称孝文改制，使秦汉以来的冠服旧制得以沿续，推动了中华服饰文化的发展。

六、隋唐服饰

隋唐时期，中国由分裂而统一，由战乱而稳定，经济、文化繁荣，服饰的发展无论衣料还是衣式，都呈现出一派空前灿烂的景象。彩锦，是五色俱备织成种种花纹的丝绸，常用作半臂和衣领边缘的装饰。特种宫锦，花纹有对雉、斗羊、翔凤、游鳞之状，章彩华丽。刺绣，有五色彩绣和金银线绣等。印染花纹，分多色套染和单色染。隋唐时期男子冠服的特点主要是上层人物穿长袍，官员戴幞头，百姓着短衫。幞头是由鲜卑帽演变而来的，它本是一幅头巾，系裹时两个巾角向前包住发髻，其余两个巾角在脑后结扎，多余的部分自然垂下。直到五代，这些变化不大。天子、百官的官服用颜色来区分等级，用花纹表示官阶。隋唐女装富有时装性，往往由争奇的宫廷妇女服装发展到民间，被纷纷仿效，又往往受西北少数民族影响而别具一格。隋唐时期最时兴的女子衣着是襦裙，即短上衣加长裙，裙腰以绸带高系，几乎及腋下。

隋唐女子好打扮，从宫廷传开的“半臂”，历久不衰，后来男子也有穿着的。当时还流行长巾子，系用银花或金银粉绘花的薄纱罗制作，一端固定在半臂的胸带上，再披搭肩上，旋绕于手臂间，名曰披帛。唐代妇女的发饰多种多样，各有专名。女鞋一般是花鞋，多用锦绣织物、彩帛、皮革做成。唐人善于融合西北少数民族和天竺、波斯等外来文化。唐朝前期十分流行胡服新装。

七、宋辽夏金元服饰

宋代基本保留了汉民族服饰的风格，辽、西夏、金及元代的服饰则分别具有契丹、党项、女真及蒙古族的特点。这时期，各民族的服饰再度交流与融合。

宋代服饰大致有官服、便服、遗老服等三式。宋代官服面料以罗为主，政府因五代旧制，每年要赠送亲贵大臣锦缎袍料。官服服色沿袭唐制，三品以上服紫，五品以上服朱，七品以上服绿，九品以上服青。官服服式大致近于晚唐的大袖长袍，但冠帽等已是平翅乌纱帽，名直脚幞头，君臣通服，成为定制 。宋代官服又沿袭唐代章服的佩鱼制度。唐代有资格穿紫、绯色官服的官员都须在腰间佩挂“鱼袋”，袋内装有金、银、铜饰制成的鱼，以区别官品。而宋代官员只佩带鱼袋，袋里并没有鱼。“方心曲领”也是朝服的特征，即朝服项间套上圆下方的饰物。宋代官员公服、制服之外的日常便服，主要是小袖圆领衫和帽带下垂的软翅幞头，依然采用唐式，脚下却改着更便于平时起居的便鞋。宋代遗老的代表性服饰为合领（交领）大袖的宽身袍衫、东坡巾。袍用深色材料缘边，以存古风。东坡巾为方筒状高巾子，相传为文学家苏东坡创制，实为古代幅巾的复兴，明代的老年士绅还常戴用。

宋代民间冠帽也有种种流行。男子流行幞头、幅巾，女子则流行花冠和盖头。妇女发式和花冠，是当时对美追求的重点，最能表现宋代装束的变化。唐及五代的女子花冠已日趋危巧，宋代花冠又加以发展变化，通常以花鸟状簪钗梳篦插于发髻之上，无奇不有。

辽、西夏、金分别为中国古代契丹、党项、女真民族建立的政权，其服饰反映了少数民族在与汉民族进行长期文化交流的过程中，各自发扬民族传统的发展轨迹。党项族妇女多着翻领胡服，领间刺绣精美。契丹、女真族一般穿窄袖圆领齐膝外衣，足下着长统靴，宜于马上作战射猎；妇女穿窄袖交领袍衫，长齐足背，都是左衽，正与汉人相反，所习惯穿用的钓墩传到内地曾广为流行。所谓钓墩，是女子的袜裤，没有裤腰，两腿分离，与毡笠、弯头双色鞋等都属当时契丹、女真风俗。汉人士庶仿效，无法禁绝。朱熹曾为之感慨："今世之服，大抵皆胡服"，可见流行之广而盛。

辽金政权考虑到与汉族杂处共存的现实，都曾设"南面官"制度，以汉族治境内汉人，对汉族官员采用唐宋官服旧制。辽代以丝绸官服上刺绣山水鸟兽纹样区分官品，影响到明清官服的等级标识。金代则以官服上花朵纹样大小定尊卑，品级最低的用无纹或小菱纹的芝麻罗。契丹、女真男服因便于行动，也渐为汉人采用。

元代于1314年（元仁宗延佑元年）参酌古今蒙汉服制，对上下官民服色等作了统一规定。汉官服式仍多为唐式圆领衣和幞头；蒙古族官员则穿合领衣，戴四方瓦楞帽；中下层为便于马上驰骋，最时兴腰间多褶的辫线袄子（圆领紧袖袍，宽下摆、折褶、有辫线围腰），戴笠子帽。

元代纺织物有纳石矢金锦、浑金搭子、金段子、兜罗锦、三棱罗、大绫、小绫、南绢、北绢、木锦布、番锦布等种种名目。元代每年举行十余次大朝会，届时万千官员穿同一颜色的质孙服。所谓质孙服，或称只孙、济逊，意思是一色衣，形制是上衣下裳相连，衣式紧窄、下裳较短，腰间打许多褶裥，称为襞积，肩背间贯有大珠，这是一种便于骑马的戎服。这种服式到明代却被用做差役服装。

八、明清服饰

明代以汉族传统服装为主体，清代则以满族服装为大流，而两代上下层社会的服饰均有明显等级差异。上层社会的官服是权力的象征，历来受到统治阶层的重视。自隋唐以降，龙袍和黄色就为王室所专用。百官公服自南北朝以来紫色为贵。明朝因皇帝姓朱，遂以朱为正色，又因《论语》有"恶紫之夺朱也"，紫色自官服中废除不用。最有特色的是用"补子"表示品级。补子是一块约40~50厘米见方的绸料，织绣上不同纹样，再缝缀到官服上，胸背各一。文官的补子用鸟，武官用走兽，各分九等。平常穿的圆领袍衫则凭衣服长短和袖子大小区分身分，长大者为尊。明代官员的主要冠帽沿袭宋元幞头而稍有不同。皇帝戴乌纱折上巾，帽翅自后部向上竖起。官员朝服戴展翅漆纱幞头，常服戴乌纱帽。受到诰封的官员妻、母，也有以纹、饰区别等级的红色大袖礼服和各式霞披。此外，上层妇女中已着用高跟鞋，并有里高底、外高底之分。明代普通百姓的服装或长、或短、或衫、或裙，基本上承袭了旧传统，且品种十分丰富。服饰用色方面，平民妻女只能衣紫、绿、桃红等色，以免与官服正色相混；劳动人民只许用褐色。一般人的帽，除唐宋以来的旧样依然流行外，朱元璋又亲自制订两种，颁行全国，士庶通用。一种是方桶状黑漆纱帽，称四方平定巾；一种是由六片合成的半球形小帽，称六合一统帽，取意四海升平、天下归一。后者留传下来，俗称瓜皮帽，是用黑色绒、缎等制成。

清王朝时，以暴力手段推行剃发易服政策，按满族习俗统一男子服饰。1652 年（清世祖顺治九年），钦定《服色肩舆条例》颁行，从此废除了浓厚汉民族色彩的冠冕衣裳。明代男子一律蓄发挽髻，着宽松衣，穿长统袜、浅面鞋；清时则剃发留辫，辫垂脑后，穿瘦削的马蹄袖箭衣、紧袜、深统靴。但官民服饰依律泾渭分明。

清代官服主要品种为长袍马褂。官帽与前朝截然不同，凡军士、差役以上军政人员都戴似斗笠而小的纬帽，按冬夏季节有暖帽、凉帽之分，还视品级高低装上不同颜色、质料的“顶子”。皇帝有时还赏穿黄马褂，以示特别恩宠。影响所及，其他颜色的马褂遂在官员士绅中逐渐流行，成为一般的礼服。五品以上官员还项挂朝珠，朝珠用各种贵重珠宝、香木制成，构成清代官服的又一特点。丝纺绣染及各种手工技艺的进步，为清代服饰品种的丰富创造了条件。

清代女装，汉、满两族发展情况不一。汉族妇女在康熙、雍正时期还保留明代款式，时兴小袖衣和长裙。乾隆以后，衣服渐肥渐短，袖口日宽，再加云肩，花样翻新，无可底止。到晚清时都市妇女已去裙着裤，衣上镶花边等，一衣之贵大都花在这上面。满族妇女着“旗装”，梳旗髻（俗称两把头），穿“花盆底”旗鞋。至于后世流传的所谓旗袍，主要用于宫廷和王室。清代后期，旗袍也为汉族中的贵妇所仿用。

九、现代服饰（1912 年以来）

辛亥革命结束了 2000 多年的封建君主专制，中华民族的服饰进入了新的时代。在此之前，改良主义者康有为于 1894 年（清德宗光绪二十年）、外交大臣伍廷芳于 1909 年（清宣统初年），都曾上书建议改革服制和服式。中国留学生也开始改穿西装。随着中外交流的加强，服饰五彩纷呈，终于冲垮了封建的衣冠等级制度。传统的袍、衫、袄、裤、裙越来越多地受到西方服饰的影响，并被许多新品种新款式取而代之。

男装方面，民国初年出现西装革履与长袍马褂并行不悖的局面。穿着中西装都戴礼帽，被认为是最庄重的服饰。20 世纪 20 年代前后出现中山装，逐渐在城市普及。

广大农村一直沿用传统的袄裤，头戴毡帽或斗笠，脚着自家缝纳的布鞋。

女装方面，辛亥革命带来了多样化，一身袄裤之外，又多穿用袄裙套装。20 年代以来，妇女喜爱旗袍，旗袍逐渐成为时装而不衰，而且样式也变化多端。

中华人民共和国建立后，服饰崇尚简朴实用 。50~70 年代，中山装渐成男子主体服装，此外流行过军便装，人民装；女装受苏联影响，连衣裙风靡城市，此外还流行过列宁装等。但在农村，上衣下裤一直是大多数农民的传统装束。1978 年后，中国实行改革开放政策，体现时代精神、具有中华民族特色的服饰如雨后春笋般发展起来，面貌簇新，同时夹克衫、西装等也流行起来。

第四节　民间工艺

民间手工艺品是指民间的劳动人民为适应生活需要和审美要求，就地取材，以手工生产为主的一种工艺美术品。手工艺品的品种非常繁多，如织锦、竹编、草编、手工刺绣、蓝印花布、蜡染、手工木雕、泥塑、剪纸、民间玩具等。由于各地区、各民族的社会历史、风俗习尚、地理环境、审美观点的不同，使各地的手工艺品体现出不同的风格特色，充分展示了中国手工艺术的丰富多彩。

手工制作工艺在中国民间有着悠久的历史，是中华民族文化艺术的瑰宝。几千年来，传统手工艺产品始终是代表中华民族的一大特色产业，以其悠久的历史、精湛的技艺、丰富的门类、传世佳作蜚声海内外。传统的工艺品既是文化艺术品，又是日常生活用品，与人民生活息息相关。时尚手工在现代都市如此红火并流行，确实是一个非常奇特的现象。有人说这是因为怀旧，是一种对往昔手工岁月的追忆。在追求个性化的今天，手工制作工艺以其独特的艺术魅力、装饰和实用的性能、手工随心所欲的乐趣，已经不可抗拒地在我们身边流行起来，她像风一样渗透到我们生活的方方面面，带来巨大的市场前景。

当今科技不断发展，机器作为生产工具，已日益减少了人们的手工劳动；日益发展的电子计算机，不但能准确无误地进行数学运算，还能把一种语言文字译成另一种语言文字，代替人们的脑力劳动。现代机器人的出现，不仅可以代替人类双手去操作危险的工作或试验，甚至还能从事艺术创作，如写字、绘画、绣花等。我们设想不久的将来，人类手工创造的一切艺术品，渐渐就会被电子计算机之类的科技产品所代替。那么，过去与人民生活密切相关的陶艺、编织、纸扎、玩具等手工制作技艺，慢慢就无人详知了。现代化的冲击，使传统的手艺正从我们身边悄然逝去。随之消逝的还有人与物的沟通，生命与自然的和谐。当今，日用品、工艺品琳琅满目，但却没有了制作人留下的体温和情感。

手工制作工艺美术是生产者的艺术，它出自民间，服务于民众。它始终把实用和审美融合于一体，带有物质和精神的双重性，不是纯艺术现象。民间工艺美术植根社会最基层，在不同的民族，不同地域生生不息，构筑了基础雄厚的大众文化底蕴，并对其他文化艺术产生过深远的影响。因此，我们应该对古代先人创造的多彩多姿的非物质文化遗产给予重视，加以研究和保护。

代表中国特色的手工艺品有：中国结、风筝、泥人、剪纸、年画、唐三彩、虎头鞋、鼻烟壶、刺绣、面人，等等。

第五节 婚丧礼俗

一、婚姻礼仪

1. 同姓不婚

中国传统婚俗，同姓不能结婚。《左传》僖公二十三年云：“男女同姓，其生不繁。”这在当时很重要，因为那时的人口较少，同姓难免有近亲血缘关系。但几千年后的今天，台湾仍保持着这种传统观念，如周姓、苏姓、连姓三姓，陈姓、胡姓、姚姓三姓，以及萧姓、叶姓二姓，许姓、柯姓二姓，也互不通婚，因为他们被认为是生于同一祖先。这一婚姻原则有利于中华民族优生优育，子子孙孙绵延万代。

2. 古代婚礼的一般程序

（1）相亲

这是结亲的第一步，即在媒人的安排下，让男女双方相互偷看，如两情相悦，便可定亲。相亲之日，媒人陪同男方及父母亲友前往女方家。坐定后女方出来端茶待客，顷刻间，男女双方“惊鸿一瞥”，女方即刻回房。不论是否中意，当女方再次出来收茶杯时，男方就将红包放入茶杯。女方如见给的是大红包，便知男方中意，就再拿出芝麻、红枣、花生泡茶待客。相亲即告成功。

（2）大娶、小娶和户内娶

这是三种不同的旧式婚礼。“大娶”即“明媒正娶”，仿照传统的婚庆“六礼”程序举行。据《仪礼·士昏礼》和《礼记·昏义》记载，中国古代婚庆“六礼”为：纳采、问名、纳吉、纳征、请期、亲迎。小娶指“招婿”和“招夫”（寡妇再嫁，男住女家）两种。“户内娶”也分两类：一是以少许聘金抱人家的幼女回来养，成年后和自己的儿子成婚，称“童养媳”；二是以少许聘金抱人家的男孩回来养，长大后和自己的女儿成亲，或由外面娶媳妇进门，称“螟岭子”或“养子”。小娶和户内婚的仪式十分简单，如“童养媳”成婚，一般选在除夕夜举行，“围炉”后，长辈便嘱咐自己的儿子和“童养媳”双双进房，就算是完成婚礼，正式结成夫妻。

大娶则要隆重得多，一般按以下五个程序进行：

先是“问名”，即“议婚”，男女互换庚帖，请算命先生看双方是否适宜结婚，也就是合八字。八字是一张宽 1 寸、长 8 寸的红纸，上有男女当事人的出生年、月、日、时。交换八字以后，男女两家分别请算命先生进行占卜。如果占卜结果确定这一婚姻可以成立，便继续进行第二步“送定”，即订“婚约”。是男方由媒人陪同到女家，送金银首饰等礼品，女方以礼回赠。

然后是“完聘”，又称“大聘”。男方由媒人陪同，送婚书、聘金等到女家，这才算正式订婚。订婚后，女方请吃订婚宴。吃完后，男方的亲戚应抹抹嘴自已悄悄离去，而女方也应故做不知情地照旧谈天，忌讳说“送”或者“再见”，否则不吉利。

四为“请期”，即决定结婚日期。由媒人请算命先生选定吉日，男家将“亲迎书”、“礼书”附礼品送到女家，女家以返书及衣物回礼。

最后才是“亲迎”，即正式“成婚”。成婚礼仪各地也有不少独特习俗：如新娘上花轿时，女家要泼一碗水在轿上，以示女儿嫁出如“泼出去的水”，祈求婚姻美满，不会发生休弃之事；花轿后面还需挂一米筛，据说可“避邪招福”；花轿抬出不远，新娘要丢把折扇或手帕、钥匙之类，表示从此不再归娘家；如路遇其他花轿，双方媒人以人造花互赠，据说这样可以避免 “喜冲喜”的不吉之兆。

花轿到了男方家还有许多讲究，如“过火盆”，即跨过一盛有炭火的火盆，表示日子越过越红火之意。进入宅内还有拜天地高堂、入洞房、宴宾客等。

（3）归宁

新娘出嫁后数日内由新郎陪同第一次回娘家，俗称“归宁”。当日，新婚夫妇须由娘家弟妹前来迎接；须在日落前返回男家，据说这样才能有望生男孩。

上述是古代婚礼的一些习俗，随着社会的发展进步，许多封建迷信的做法已被抛弃，代之而起的是自由恋爱、旅行结婚等等，但也时有追求排场、铺张浪费的现象存在，应该给予批评，提倡节俭、实惠的良好社会风气。

二、丧葬礼仪

死亡对于人们来说是没有办法避免的。几千年来人们形成的丧葬礼仪，主要是让活着的人获得慰藉。在整个丧葬的过程中，是生者与死者的对话，两者之间存在着一个坚韧的结——念祖怀亲。这个情结，表现在生者和死者之间的实体联系中，也表现在两者之间的精神联系中，揭示了中国人生死观的深层内涵。

1. 停尸仪式

中国的传统丧葬文化非常讲究寿终正寝。在病人生命垂危时，亲属要给他穿戴好内外新衣。在古代，病人在咽下最后一口气前，亲属们要把他移到正屋明间的灵床上，守护他度过生命的最后时刻，这叫做“挺丧”。整套服装不能够有扣子，而且要全部用带子打活结、系紧。“带子”，是表示后继有人的意思。寿衣一定要是传统的式样，哪怕改朝换代、时过境迁，服饰有了改变，等到临死的那一天，也还得恢复原来的装束。因为按照传统的观念，人死之后就要去见远古的老祖宗，如果老祖宗认不出自己的子孙，就不让他认祖归宗。

病人临终前沐浴更衣，这实际上是给死者进行的第一次化妆整容。这之后，亲属要马上把尸体移到灵床上。同时还要采取一些仪式，把死者的灵魂也引到灵床上去。还要举行饭含仪式。饭含是指在死者的口中放入玉或米饭之类的东西。这是为了不让死者张着空嘴、饿着肚子到阴间去受罪，而成为饿死鬼。

2. 报丧仪式

停柩一段时间之后，诸事准备就绪，就要选日子报丧。报丧仪式早在周代的时候就已经形成了。它用发信号的方式把有人逝世的消息告诉亲友。

不同的地方有不同的报丧方式。在广西一带，按照旧规矩，响三次火炮就表示报丧，这叫做“报丧炮”，然后派人告诉给亲友。也有的地区死了人的家中要拿白纸扎成旗帜立在门前作为报丧的信号。还有的地方，报丧的孝男孝女必须头上裹白布、戴斗笠，手上拿一条白布巾，跪在娘家或外婆家人的面前哭报丧事。哭报完之后马上回家。在东北一带，是用在门外悬挂纸条来报丧的。纸条数依死者年龄来确定，一岁一条，另外加上两条，表示天和地。死者是男性则悬挂在门的左面，死者是女性则悬挂在门的右面，人们一看到门口的纸条就知道这家死了人，死者的寿数、是男是女，就一目了然了。

3. 招魂送魂仪式

死者的尸体安排就绪之后，就要举行招魂仪式。据说，客死在他乡的魂魄，找不到归途。这个孤魂就会成为最悲惨的饿鬼，长久地漂泊，没有投胎转生的希望。除非他的家人替他“招魂”，使他能够循着声音归来。

招魂仪式的举行，必须选择一个适当的日子。到了那天，丧家就在门前树起招魂幡，或者挂上魂帛。有的地方亲属还要登上屋顶呼喊招魂，让死者的灵魂回家来。现代医学知道，有的人并非真死，而是“休克”。古人不了解这些，发现有的人死而复生，以为是灵魂附体才活转回来，因此有了“招魂”的做法。招魂和送魂仪式，表现了人们两种相互矛盾的民俗心态：一方面希望死者灵魂活转回来，另一方面则要告诉死者的灵魂迅速离开。

4. 做“七”仪式

按照古代的丧俗，灵柩最少要停三天以上。据说是希望死者还能复生。三天还不能复活，希望就彻底破灭了。近代以后，灵柩一般都在“终七”以后入葬。人们认为，人死后七天才知道自己已经死了，所以要举行“做七”，每逢七天一祭，“七七”四十九天才结束。这主要是受佛教和道教的影响。

5. 吊唁仪式

在“做七”的同时要进行吊唁仪式。唁是指亲友接到讣告后来吊丧，并慰问死者家属；死者家属要哭尸于室，对前来吊唁的人跪拜答谢并迎送如礼。一般吊唁者都携带赠送死者的衣被，并在上面用别针挂上用毛笔书写的“某某致”字样的纸条。首先要布置灵堂，然后搭灵棚。接下来就要举行开吊仪式。现在，在城市里吊唁仪式已经大大简化了，主要是遗体告别和开追悼会。前来吊唁的人身着素装，佩戴白花和黑纱，在悠戚的哀乐声中，一一向遗体鞠躬致哀，而后在绕遗体一周瞻仰遗容。吊唁的人可以向死者的主要亲属说些简短的劝慰的话，如“请多保重”、“望您节哀”等。

6. 入殓仪式

吊唁举行完毕之后，就要对死者进行入殓仪式。入殓有“大殓”和“小殓”之分。小殓是指为死者穿衣服。根据史籍的记载，古代小殓是在死亡的第二天早晨在卧室门里进行的。穿好以后，亲属用被子把尸体裹上，然后用绞带捆紧。再把布囊（称“冒”，分为上下两截）套在尸体上，然后盖上被子，覆盖好尸体。

在民间的习俗里，入殓的衣服和被子忌讳用缎子，因为“缎子”谐音“断子”，唯恐因为这个原因遭到断子绝孙的恶报。一般是用绸子，“绸子”谐音“稠子”，可以福佑后代多子多孙。殓衣又忌讳用皮毛制作。兽皮，虽然是难得的贵物，但是对于已经死去的人没有益处，留下来对生者倒还可以有用。还有一种说法是用兽皮做被子的话，死者来世会转生为兽类的。

“大殓”是指收尸入棺，汉族民间俗称为“归大屋”。这就意味着死者与世隔绝，与亲人最后一别，所以举行大殓仪式非常隆重。当尸体放入棺内时，亲属们都要捶胸顿足号啕大哭，以示悲恸。

在合上棺盖之前还要往棺内放些葬物。民间的讲究是让死者左手执金，右手握银。多是让亡人左手拿一个一两重的小金元宝；右手拿一个一两重的小银元宝；而穷人就只好放些铜钱，或当时社会上通用的硬币。最不济也得给亡人手里放一块手绢。

尸体、殉葬物放妥后，接着要钉棺盖，民间称为“镇钉”。镇钉一般要用七根钉子，俗称“子孙钉”，据说这样能够使后代子孙兴旺发达。入殓前后，停棺在堂，直至出殡。

7. 丧服

在所有这些丧葬仪式中，丧家必须穿戴丧服。在丧礼中，晚辈给长辈穿孝主要是为了表示孝意和哀悼。这本来是出自周礼，是儒家的礼制，后来，又被人们引申成为亡人“免罪”。每个家族成员根据自己与死者的血缘关系，和当时社会所公认的形式来穿孝、戴孝，称为“遵礼成服”。传统礼制是根据丧服的质料和穿丧服的时间长短，来体现血缘关系的尊与卑、亲与疏的差异的。一般分为五等，称做五服。

8. 择日出丧

尸体收殓之后就要把灵柩送到埋葬的地方下葬，叫“出丧”，又叫“出殡”，俗称“送葬”。停尸祭祀活动后就可以出丧安葬。在许多民族中对出丧日期都要慎重选择。

9. 哭丧仪式

哭丧是中国丧葬礼俗的一大特色。哭丧仪式贯穿丧仪始终，大的场面多达数次。而出殡时的哭丧仪式是最受重视的。

出殡的时候必须有全体后代尤其是男人们“唱哭”，否则按照旧俗就会被视为不孝。另外，哭的音量大小也非常重要，如果哪家死者在黄泉路上没有响彻天地的哭声相伴，便在方圆数十里传为笑柄，其子孙后代也要被人们视为不孝，天理难容。为了求得孝的美名，孝子贤孙们在此确实颇费了一番心机，花钱请人替死者哭丧便是历代惯用的手法。有些地方甚至出现了职业性的哭丧夫或哭丧妇。

10. 下葬仪式

经过了初丧、哭丧、做七、送葬等仪式之后，最后的环节就是下葬了。这是死者停留在世间的最后时刻了。

由于各个民族所处的生存环境不同等原因，形成了很多不同的下葬风俗仪式。这种下葬的仪式反映了人们对灵魂的崇拜。汉族主要是实行土葬。墓地是死者的最终归宿，所以墓地的选择是埋葬死者的头等大事。墓地要选在地势宽广，山清水秀的地方，找出生气凝结的吉穴，从而可以使死者安息地下，庇佑子孙。

民间的习俗认为，人死后的灵魂随时可能从坟墓里跑出来，跟着活人回家。所以参与下葬仪式的人必须绕墓转三圈，在回家的路上也严禁回头探视。否则看见死者的灵魂在阴间的踪迹，对双方都是不利的。实际上这也是一种节哀的措施。不然的话，死者的亲人不停地回头观望，总也不舍得离开，是很难劝说的。

埋葬之后，人们必须要洗手，有的还要用酒来洗。这样是表示今后再也不死人，用来驱除晦气。接着丧家要谢吹鼓手和客人。之后还要举行辞灵仪式，祭拜死者的灵位。有的地方在辞灵之后，只要是亲属就要在一起吃饭，这叫做“抢遗饭”。在江浙一带有喝“长寿汤”，吃“长寿豆”的习俗。就是说，七十岁以上的老人去世之后，在出丧的那天丧家要准备一大桶肉骨头汤，叫“长寿汤”，一大盆煮得烂烂的黄灿灿的大豆，叫“长寿豆”。送丧的人回来都要喝一小碗长寿汤，随意吃一些长寿豆，意思就是“添福添寿”。有的地方还把又香又糯的长寿豆分给邻里左右的小孩吃，说法是：吃了长寿豆，日后会长寿。

第六节　民间信仰

一、自然神崇拜

中国的自然神崇拜从崇拜对象上划分，约有以下四类：第一类是天体崇拜，主要包括天神、地神、日神、月神与星神。第二类是天象崇拜，主要包括对风神、雨神、雷神、电神、云神、虹神等自然现象的崇拜。第三类是自然物崇拜，包括火神、水神、山神、石神崇拜等。第四类是动植物崇拜，包括鸟兽鱼虫树谷草花等。

二、图腾崇拜

"图腾"是印第安语的音译，意为"亲属"。图腾崇拜是对自然物的崇拜，是一种古老的信仰形式。古老的图腾崇拜物都是某种动物，也有少数是植物或无生物。崇拜图腾的部族都认为部氏族与所崇拜的图腾之间有一定的血缘关系。对于图腾物，全部族的人都加以崇拜，不能随意伤害，如无意中伤害了图腾物，必须举行赎罪仪式。图腾既是本部族的标志，又是本部族的保护神，对它的崇拜，有特定的仪式和一些禁忌。同一图腾的部族内部禁止通婚。部族的名称常常以所崇拜的图腾来命名，后来有的发展为这一部族的姓氏。

三、祖先崇拜

祖先崇拜在中国民间信仰中占有极重要的地位，它是指人们对自己的祖先所怀有的一种宗教式的虔诚与信奉的情感。其核心是相信祖先的灵魂始终存在，并能够以不同的方式对后代的生活产生影响。炎帝和黄帝都是中国远古传说中的人物，他们为开创中国古代文明做出了巨大贡献，因此被尊奉为中华民族的始祖。商朝统治者经常利用甲骨占卜，向天帝和祖先询问吉凶，体现了早期的祖先崇拜。

四、家神崇拜

家神是家庭的保护神，民间流行的主要家神除祖先神外，还有门神、灶神与财神等。

五、行业崇拜

古代各个行业都有自己本行的祖师爷，把他们尊奉为行业的开创者和保护者。例如木匠、石匠、泥瓦匠等行业的祖师为鲁班；造纸业为蔡伦；酿酒业为杜康；戏剧界为唐玄宗，等等。